Les yeux dans les yeux

Daniel Marcelli

Les yeux dans les yeux

L'énigme du regard

Albin Michel

Ouvrage publié sous la direction
de Mahaut-Mathilde Nobécourt

A Camille

Introduction

Elle le reconnaît : elle parle si bas qu'elle en est à peine audible. Il faut tendre l'oreille pour comprendre ce qu'elle dit. Nous savons, elle et moi, que cette stratégie longtemps restée inconsciente répond à son besoin de capter l'attention de son interlocuteur afin de l'avoir pour elle exclusivement. Désormais elle en joue et sourit quand parfois je lui demande de répéter, en particulier quand elle a ponctué sa phrase d'un incertain « J'sais pas ! » avec un air triste et abattu. Elle ne me quitte pas des yeux, ce qui me donne l'impression constante d'être « mangé du regard ». Parfois mes yeux se posent sur son visage et nous croisons nos regards pendant quelques secondes, puis je porte mon propre regard sur l'extérieur : le fouillis sur mon bureau, une reproduction de Gauguin, la fenêtre et les arbres du parc... Mais je sais que son regard reste fixé sur moi. Je me sens surveillé, épié même. Il m'arrive de fermer les yeux, de poser les mains sur le sommet de ma tête et de chercher un instant de détente physique. Être ainsi capté par le regard d'un autre, placé sous le feu de son attention est particulièrement éprouvant, fatigant. Précisément, n'est-ce pas à cela que Sigmund Freud avait voulu échapper en s'asseyant derrière le patient qui était allongé sur le divan, évitant par ce dispositif le croisement des regards ?

Née après le décès d'une sœur aînée, elle a passé sa vie assignée au rôle de remplacement que sa mère dépressive exigeait d'elle. Enfant, elle a tout fait pour satisfaire cette mère et lire dans ses yeux les marques de cette satisfaction. Mais avec l'adolescence, écartelée entre l'injonction de ne rien changer et son propre désir de vie, elle a commencé à ne pas se supporter, à se dévaloriser constamment, à s'enfermer durablement dans une anorexie/boulimie sévère. Elle en sort petit à petit mais demeure hantée par l'idée que cette amélioration fasse envisager la fin de la thérapie : elle a encore besoin de me manger des yeux pour pouvoir se penser elle-même, penser son propre désir.

Le face-à-face semble ainsi nécessaire à de nombreux patients que la position psychanalytique « académique » sur le divan renvoie à une insupportable confrontation narcissique ou à un sentiment d'abandon trop envahissant. C'est particulièrement vrai pour la plupart des adolescents, sinon tous. Travailler avec des adolescents rend nécessairement sensible au regard : tous sans exception regardent attentivement leur thérapeute, parfois ouvertement, parfois « du coin de l'œil » ; tous sont aussi d'une sensibilité extrême au regard de leur thérapeute et s'il convient de poser de temps à autre notre regard sur eux, il est tout aussi indispensable de leur rendre une liberté relationnelle en détournant notre attention sur un objet tiers afin que l'entretien en face-à-face ne dégénère pas en affrontement face contre face.

« *Dans l'antre d'eux* »

Les yeux ne parlent pas. Et pourtant, dans la communication humaine, on leur fait tout dire... Est-ce si insensé ?

La fonction du regard n'appartient en propre ni à l'un ni à l'autre : elle est dans l'entre-deux, dans l'antre d'eux... Dans cette part qui échappe à l'un comme à l'autre bien qu'elle soit aussi sous la dépendance de l'un et de l'autre. Une communication par téléphone ou par e-mail n'a absolument pas la même valeur émotionnelle qu'un échange en face-à-face, pourquoi ? Quand deux personnes se parlent, quel que soit l'objet de cet échange, outre le discours proprement dit, l'une et l'autre sont attentives à tout ce qui accompagne les mots, non seulement les intonations de la voix, la prosodie, mais aussi la posture, les gestes, la mimique et, couronnant le tout, le regard : il existe toujours une sorte de danse relationnelle dans l'échange des regards, dans le désengagement du regard de l'un comme pour se reposer, se reprendre, la recherche d'engagement du regard de l'autre comme étayage et renforcement des mots prononcés, le partage des regards comme engagement possible d'un accord commun : « Tu *vois* ce que je veux dire ? »

Ce ballet des regards est si constant, si naturel qu'il en paraît évident et que, de ce fait, il reste silencieux, ne faisant pas l'objet d'une prise de conscience claire chez l'un et l'autre des interlocuteurs. En revanche, quand existent des achoppements et des anomalies, par exemple un évitement systématique du croisement des regards ou un regard vide, absent, alors rapidement un malaise s'installe, la communication semble parasitée, perdant de sa fluidité naturelle. A l'opposé, quand l'échange se trouve cadré par un contexte social précis, il n'est pas rare qu'une emprise sur le regard accompagne ce cadrage, au moins pour la personne assignée à une position hiérarchique « basse » : l'un doit baisser les yeux ou regarder droit devant lui ou encore fixer son vis-à-vis tandis que l'autre, celui qui occupe la position haute, jouit en général d'une liberté du regard. Ainsi, dans le plus intime d'une relation égalitaire comme dans le plus conformiste d'une relation sociale, l'échange de regards est omniprésent.

Le regard, organe psychique du sens

Psychiatre, psychologue, psychothérapeute, métiers en « psy », professionnels de la rencontre, qu'est-ce qui est attendu, espéré de celle-ci et de ceux-ci ? Le psychiatre s'adresse à la « psyché », à l'esprit. « Psyché », d'origine grecque, et « esprit », d'origine latine, ont le même sens : le souffle, la respiration, l'haleine. A une époque où il est de bon ton de récuser le dualisme entre le matériel et le spirituel, entre le corps et l'âme, quel peut bien être l'objet de travail du « psy » ? Le cerveau laisse-t-il une place à l'esprit dans notre civilisation occidentale toute tournée et absorbée par la technologie et la science ? Puisque les neurologues sont les médecins du cerveau, de quoi peuvent bien s'occuper les psychiatres ? Ces derniers ne seraient-ils que des neurologues ignorants, voire incompétents ? Comment saisir le souffle, la respiration du cerveau ?

Assistant récemment à un colloque où se rencontraient des psychiatres dits « biologistes », c'est-à-dire des spécialistes du fonctionnement des synapses, ces commutateurs des neurones, et des neuro-cognitivistes, spécialistes des représentations idéiques, les briques de Lego de la pensée, j'étais habité par un sentiment confus, impressionné d'un côté par l'extraordinaire somme de savoir qui émerge actuellement sur le fonctionnement intime et instantané du cerveau, mais en même temps profondément perplexe devant l'absence totale de réflexion ou de prise en compte du sens que telle ou telle pensée pouvait avoir pour le sujet. Plus exactement, il me semblait que le présupposé partagé par tous les orateurs reposait sur la conviction qu'en décrivant le plus minutieusement possible le fonctionnement instantané de ce cerveau on en connaîtrait la pensée. Un peu comme si en décrivant le fonctionnement du moteur, de l'embrayage, de la boîte de vitesses, des suspensions et l'état de la carrosserie, on pouvait savoir vers où le véhicule se dirige et quel est l'objet de ce voyage. A l'évidence, non. On saura simplement si le véhicule risque de tomber en panne, ce qui n'est pas rien, mais on ne saura certainement pas où le conducteur a envie d'aller ni pourquoi...

La psyché est l'organe du sens, de la direction prise ou à prendre par la vie. Dit autrement, la psyché est l'organe qui garantit au sujet un sentiment de continuité d'existence. Pour distinguer neurologie et psychiatrie, je dirais volontiers que la première s'attache au fonctionnement du cerveau dans l'instant, tandis que la seconde prend en compte ce fonctionnement dans la durée avec l'effet de sens qui nécessairement en résulte. La psychiatrie s'intéresse à l'ensemble des conditions qui peuvent altérer cet effet de sens. Mais alors, d'où vient le sens ?

Le mot « sens » se rattache d'un côté à la sensation, aux organes des sens, mais il signifie aussi la direction, le cheminement et par extension la signification elle-même : non seulement dans quel sens il faut se diriger mais aussi quel est le sens de ce voyage. En islandais, *sinni* signifie le compagnon de route. De même que l'organe des sens reçoit nécessairement de l'extérieur sa stimulation, de même le voyage n'a de sens qu'en référence à ce compagnon, réel ou imaginaire, qui va lui donner sens : un voyage dénué de sens devient une errance.

Chez l'individu, le sens n'est pas la propriété exclusive

du cerveau mais siège en grande partie hors de lui, dans le rapport aux autres, en interrogeant du regard ce compagnon, avant même de parler. Si la vue est l'organe sensoriel de la vision, le regard est l'organe psychique du sens, il est le souffle, la respiration du cerveau. De même que l'œil du chaton doit recevoir en début de vie l'empreinte d'une stimulation lumineuse et d'une perception sensorielle pour développer la compétence de la fonction visuelle, de même le nouveau-né, l'enfant humain doit recevoir le regard chargé de sens d'un autre humain pour que ce partage de sens enclenche la respiration du cerveau. Toute la complexité et l'originalité de la communication humaine sont là.

Du besoin du regard de l'autre au souci d'être vu

Les êtres humains ont cette étrange faculté de pouvoir se regarder, non pas simplement de se voir les uns les autres, mais bien de se regarder y compris dans les yeux, paroxysme de l'intimité du regard où chacun semble se dévoiler, s'offrir à l'autre. La mère et son bébé tout comme les amoureux se fondent dans un regard partagé, moment de fusion mais aussi moment de fondation qui autorise la naissance, celle d'une personne ou d'un amour. Au fondement de l'humanité, n'y a-t-il pas ce partage de regard dont le besoin semble faire autorité sur chacun d'entre nous ?

Cette faculté est si naturelle qu'on finit par ne pas en voir la dimension tout à fait exceptionnelle : les êtres humains sont capables de se regarder les uns les autres, de croiser assez longtemps leurs regards et de s'interroger des yeux avant même de se parler. Chercher le regard de l'autre, quêter son approbation ou ses encouragements, se sourire et partager ainsi une émotion, tous ces échanges tissent le quotidien de notre vie ; ils semblent même aussi indispensables à notre bien-être que l'oxygène de l'air à nos poumons. C'est à cette histoire d'un regard partagé que le présent ouvrage est consacré.

Dès les premières minutes de vie, le nouveau-né cherche un regard. Il pose ses yeux grand ouverts sur ceux de l'adulte et l'interroge : « Quel est ce monde ? Quelle énigme recèle-t-il ? » La pureté limpide du regard d'un bébé attire celui de l'adulte littéralement fasciné par cette quête d'humanité, il s'y plonge et s'empresse de lui transmettre ses premières impressions. L'émergence du sens est là, dans cet entre-deux, trans-subjectivité qui peu à peu se déplisse jusqu'à l'apparition progressive d'une conscience de soi. Alors le jeu intersubjectif se déploie chez le petit enfant dont le regard se pose impudiquement sur son vis-à-vis : « Qui es-tu, toi là en face de moi ? », « Que me veux-tu ? »

Dans le monde animal, et d'autant plus s'il s'agit d'une espèce carnassière, le croisement du regard est évité au profit d'un réflexe de détournement du regard. L'animal se garde d'interroger du regard son congénère, comme s'il y avait là un danger. L'être humain semble avoir bravé ce risque, mais en acceptant de partager son regard il renonce à une part de son individualité : le sens de sa vie procède nécessairement d'un partage.

Les individus des temps modernes semblent parfois vouloir s'abstraire de ce besoin, celui de recevoir d'un autre un regard à partager, un échange de regards dont ni l'un ni l'autre ne possède la maîtrise exclusive. La société dans laquelle nous vivons, cette société libérale occidentale, chantre de la liberté individuelle, propose à ses membres l'idéologie d'un individu « individué », maître de son existence dont il fonde, par et pour lui-même, le sens de façon exclusive. Comment a-t-on pu en arriver là ? D'où nous vient ce fantasme qui en fait souffrir plus d'un, au premier rang desquels les adolescents qui manifestent bruyamment la souffrance liée à ce paradoxe où pour devenir soi il faudrait se couper des autres ? La technologie moderne leur tend une main complaisante et leur donne le sentiment d'être le maître de la communication : ils peuvent se débrancher, zapper quand bon leur semble.

Ce faisant, l'homme scie la branche de son humanité. Car cette possibilité de coupure a un prix. Dans le même temps, en effet, où l'individu refuse de dépendre du regard d'un autre, il semble animé par la frénésie d'une nouvelle forme de reconnaissance : être vu. La devise de cet individu « hypermoderne » ne serait-elle pas : « M'a-t-on vu ? » Dit autrement, quand la société semble disqualifier la notion de dépendance communautaire, être vu devient la nouvelle valeur fondatrice de sens, porteuse de ce souffle dont chaque être humain a besoin. La technologie de la communication, de l'image à l'e-mail, est au service de cette idéologie. Lorsque l'être humain se détourne du regard d'un proche pour y trouver le sens de ce qu'il fait ou de ce qu'il est, il ouvre son e-mail pour demander à un correspondant éloigné : « M'as-tu vu ? » Incontestablement, la technologie moderne met à la disposition de chacun des moyens qui peuvent corrompre sa propre dimension d'humanité : tel est le défi que, tous, nous devons collectivement affronter et que chacun doit individuellement tenter de surmonter.

Première partie

Un regard qui inspire

Chapitre 1

Entre la vision et le regard

« Regarde là ! Tu vois l'oiseau... ? » Comme cette phrase le suggère, il est possible de voir sans regarder tout comme on peut regarder sans voir : l'œil peut être attiré par un détail qui fait écran à la perception d'ensemble et inversement. C'est particulièrement vrai lorsque les yeux ou le regard se posent sur une autre personne, son visage plus précisément : voir un détail, par exemple un petit défaut ou une anomalie (un bouton, une cicatrice), peut empêcher de voir le visage dans son ensemble, de regarder la personne. A l'opposé, regarder une personne consiste souvent à se laisser imprégner par une émotion, un sentiment qui se dégage de la silhouette et nous envahit, nous inspire une idée sans toujours savoir d'où elle vient.

Qui, se promenant, n'a pas un jour été inspiré de la sorte par un paysage particulier ? Au nord de l'Ecosse, au milieu du loch Assynt bordé de monts pelés et caillouteux, aux eaux sombres à peine animées d'un clapotis venteux, sur une petite île, le tronc noir d'un arbre mort tend ses branches dénudées et implorantes vers un ciel bas, d'un gris aussi sombre que les eaux. Suspendus entre cieux et eaux mêlés, l'arbre et son reflet donnent au paysage une splendide et indicible mélancolie. Imprégné de toutes ces infinies tonalités de gris, de ce frémissement imperceptible, je me sens soudain envahi par un flot d'émotions tristes auxquelles s'attachent quelques fugaces idées... Ainsi, l'atmosphère dégagée par ce qui s'offre au regard semble pénétrer en soi, imprégner toute la personne et parfois, comme inspirées par cette ambiance, des images, des représentations, des idées résonnent au plus intime de soi-même. D'où provient cette porosité du regard rendant possible une communion d'émotion qui donne à chacun un sentiment rassurant d'être relié au monde ?

Et que dire alors du croisement des regards ! Car regarder un regard plonge aussitôt l'un et l'autre dans une quête interrogative dont la tonalité dépend à l'évidence du contexte social où le croisement du regard s'installe. Sentiment de malaise et de gêne si cet échange survient dans un lieu social anonyme (« Que me veut-il ? pourquoi me regarde-t-il ainsi ? ») ; sentiment d'intérêt et de reconnaissance mutuelle dans une conversation entre amis (« Ah, oui ! Je vois ce que tu veux me dire ») ; trouble d'un amour naissant quand les regards s'attardent (« Ce regard m'attire, j'ai envie d'y plonger... »). Le partage des regards inspire toujours des pensées, des émotions, des sentiments. D'où vient cette inspiration qui circule entre les deux personnes sujet/objet de ce regard mutuel ? Entre l'œil et le regard, qu'est-ce qui s'interpose ?

De l'œil, porteur de « flesches », à l'œil, organe récepteur

L'œil n'a pas toujours été considéré comme un organe sensoriel. Certes, dès le XIe siècle, un savant arabe, Ibn al-Haytham, développe une conception réceptive de l'œil selon laquelle la vision proviendrait d'un rayon lumineux issu des choses et aboutissant à former une image sur le cristallin[1]. Longtemps l'Occident refusera cette conception. En effet, jusqu'au début du XVIe siècle, la vue jouissait d'un statut particulier parmi les organes des sens. Contrairement au goût, au toucher, à l'odorat et à l'audition, la vue n'était pas considérée comme une fonction réceptrice au sens où nous l'entendons de nos jours : par analogie avec la lumière du phare qui envoie ses rayons au loin, l'œil a été conçu tantôt comme un feu, une lanterne qui émet des rayons, tantôt comme un réceptacle qui reçoit ce qui est émis par les objets du monde[2]. La vue est pour les anciens une fonction émettrice et les poètes, tel Maurice Scève au XVIe siècle, utilisent abondamment cette analogie : les yeux sont porteurs de « flesches », de « traictz », de « rayons », de « venin », de « courroux », semblables au soleil, aux étoiles célestes, etc.[3]. En 1550, Fracastor raconte que « les Thessaliens et certaines familles de Crète sont habitués à frapper du mauvais œil et qu'en regardant les enfants ils les rendent malades ». Ce même auteur parle aussi d'« exhalaisons pernicieuses sortant de l'œil » d'une personne infectée pour pénétrer celui de l'observateur et l'infecter à son tour[4]. A la base de cette croyance, la fonction prédatrice de la vision : l'animal carnassier vise sa proie avant de l'attaquer et de s'en saisir. Par analogie, chez les humains, quand une personne en fixe une autre des yeux, cette dernière est en danger avec un risque potentiel

1. G. Simon, *Archéologie de la vision*, Seuil, 2003.
2. C. Havelange, *De l'œil et du monde, Une histoire du regard au seuil de la modernité*, Fayard, 1998.
3. M. Scève, *Délie, objet de plus haulte vertu* (1544).
4. G. Vigarello, « Du regard projeté au regard affecté », *Communication*, n° 75, 2004.

de pénétration, d'intrusion, de captation. Mais inversement, l'œil, porte ouverte de l'esprit sur le monde, est sensible aux émanations que les autres, êtres vivants et objets du monde, exhalent : l'œil reçoit l'« espèce[1] » qui imprègne l'œil. On comprend alors le danger de recevoir dans l'œil des contaminations pestilentielles : tout échange de regards comporte un risque de contamination.

Il faudra attendre le XVIIe siècle pour que la perspective change avec les théories de l'optique qui font du regard « non plus un fanal projetant le feu mais un sentiment, un état, non l'émission de lumière mais son accueil ou son reflet... L'œil devient un organe récepteur, changement de conception lui aussi basé sur une analogie : puisque l'œil contient du liquide et que le propre de l'eau est de recevoir[2] », l'œil et le regard s'imprègnent de ce qu'ils reçoivent. La qualité de ce regard, sa profondeur sont du coup autrement analysées, ouvrant plus que jamais les portes de l'intériorité. La profondeur du regard est une ouverture sur les pensées, l'esprit. Dès lors, on peut lire dans le regard la nature profonde des pensées et l'œil, ou plutôt le regard, se charge de qualités affectives : un regard mélancolique, rieur, passionné... Changement fondateur : là où précédemment le croisement de regard était potentiellement dangereux, désormais on cherche à croiser ce regard pour mieux percevoir l'intimité des pensées.

---

1. L'espèce est cette « qualité immatérielle qui se rapporte à l'objet et en est immédiatement produite comme l'ombre du corps... Cette espèce se multiplie par tout l'air... ne se voit pas mais elle nous fait voir », A. Du Laurens, cité par C. Havelange, *op. cit.*, p. 157.

2. G. Vigarello, *op. cit.*, p. 12.

Ce que l'œil voit

Dans le monde vivant, l'œil est l'organe sensoriel chargé d'assurer la protection et la survie de l'individu au sein de son milieu naturel. Les photorécepteurs apparaissent très précocement dans l'évolution des espèces, permettant à l'organisme de se diriger et de gérer son comportement selon les informations reçues. Puis ces photorécepteurs se regrouperont dans un organe spécialisé, l'œil, mais la fonction de ce dernier restera identique : déclencher l'approche ou l'évitement, c'est-à-dire protéger, soit par la fuite, soit par l'attaque, la survie de l'animal[1]. Bien évidemment, l'œil et la vision ajoutent à la photosensibilité une compétence supplémentaire, celle de pouvoir former une image sur la rétine et éventuellement de pouvoir la suivre.

Quels sont les enjeux de la vision chez les mammifères en général et chez les humains plus précisément ? La vision se caractérise par l'acuité et la sensibilité de l'œil. L'acuité est ce qui permet de percevoir des détails et les structures les plus fines. Comme pour un appareil photographique, l'acuité dépend de la profondeur de champ, laquelle est gérée par le mécanisme d'accommodation. Chez les mammifères l'accommodation est obtenue par la modification de forme du cristallin grâce à la contraction des muscles ciliaires, ce qui permet de focaliser la vue sur des objets proches. Particulièrement développée chez les primates et les êtres humains, cette accommodation assez puissante (plus de quinze dioptries) leur permet d'examiner en détail des objets rapprochés et d'en extraire ainsi de nombreuses

1. V. Bruce et P.-R. Green, *La Perception visuelle, Physiologie, psychologie et écologie*, Grenoble, PUG, 1993.

informations. La sensibilité définit l'intensité (le flux des photons) nécessaire à l'activation des photorécepteurs. Plus la surface de ceux-ci est grande, plus la sensibilité augmente. Mais, inversement, moins l'acuité est forte. La structure de l'œil est un compromis entre sensibilité et acuité. On comprendra aisément que les animaux nocturnes aient besoin d'avoir des yeux à haute sensibilité dans la lumière faible dispensée par la lune et les étoiles. Mais leur vision présente une faible acuité, de telle sorte qu'ils ont souvent développé des organes sensoriels complémentaires pour subvenir à cette déficience relative, comme le sonar dans le cas des chauves-souris. En revanche les animaux diurnes sont en général pourvus d'une vision à acuité élevée mais avec une moindre sensibilité.

La vision se caractérise aussi par son champ, c'est-à-dire l'étendue géographique de ce qui peut être perçu sans bouger ni l'œil ni la tête. La vision latérale donne un champ très étendu : d'une façon générale, chez les vertébrés, la disposition latérale des yeux est caractéristique des animaux vulnérables aux prédateurs : poissons vivant en eau libre, oiseaux vivant au sol (telles la caille ou la poule), mammifères ruminants comme le lapin ou le cheval. Cette disposition permet à l'animal de détecter les prédateurs qui peuvent s'approcher de n'importe quelle direction. Mais plus les yeux ont une position latérale, donc plus le champ est vaste, moins le recouvrement binoculaire est important. Ce recouvrement binoculaire contribue à la perception de la troisième dimension de l'espace : la profondeur. Percevoir la profondeur, la plus ou moins grande proximité, permet de mieux localiser dans l'espace l'agresseur ou la proie. Comme pour l'acuité et la sensibilité, il y a une opposition entre vision latérale qui augmente la surface du champ visuel et vision binoculaire qui permet la perception de la profondeur. Toutefois il existe une réponse de compromis possible : la mobilité des yeux par rapport à la tête. Les animaux dont les yeux sont immobiles les ont placés latéralement de façon à permettre une vision panoramique, mais cela oblige à un déplacement du corps, ou tout au moins de la tête, pour percevoir les inéluctables angles morts. La mobilité de l'œil par rapport à la tête évite d'avoir à déplacer le corps et surtout permet une vision ciblée et binoculaire. Parmi les mammifères, ce sont les yeux des primates qui exécutent les mouvements oculaires les plus grands, les plus rapides, les plus précis.

L'œil des primates et des êtres humains est ainsi doté d'une remarquable capacité d'accommodation qui leur permet à la fois de voir relativement loin (surveiller la survenue de prédateurs possibles, repérer les lieux et voir de loin des partenaires ou des ennemis) mais aussi de voir de près, ce qui leur permet de distinguer des petits détails et de mieux prendre connaissance des objets très proches (les diverses baies en distinguant celles qui sont comestibles et celles qui ne le sont pas, la face et l'expression des congénères les plus familiers, etc.). La vision binoculaire assure à ces mêmes primates et humains une excellente perception de l'espace et des volumes permettant de viser très précisément la cible optique tandis que la mobilité des yeux accroît très sensiblement le champ visuel sans avoir à bouger le corps (ce qui améliore la possibilité de surveillance et diminue le risque de repérage). La vision des primates et des êtres humains réalise ainsi un excellent compromis entre la nécessité d'une vision lointaine et étendue comme fonction de protection d'un côté, et de l'autre une vision de près efficace jusqu'au moindre détail.

Par conséquent, les particularités de la vision des primates et des êtres humains doivent nous rendre prudents dans les comparaisons avec les autres espèces animales. Ainsi « nous sommes habitués à détecter ce qu'une autre personne regarde en nous basant sur la direction de son regard... Un cheval, un mouton ou un lapin n'ont pas besoin de regarder directement un objet pour le voir et l'angle entre la tête d'un oiseau et un objet peut être très différent selon que l'animal fixe de façon monoculaire ou de façon binoculaire[1] ». C'est pourquoi il est difficile de comparer avec exactitude la qualité de la vision entre différentes espèces animales.

L'œil, organe d'attaque ou de protection

Cependant, pour s'en tenir aux mammifères, les fonctions sociales auxquelles la vision participe sont de trois ordres : outre le repérage et la vision des proies de même que la détection et l'identification des prédateurs que nous avons déjà évoqués, il faut ajouter la reconnaissance et l'approche des congénères. Dans toutes ces situations un animal doit être capable de percevoir ce que fait la proie, le prédateur ou le congénère pour ajuster lui-même son comportement et atteindre efficacement son but : attaquer, fuir, partager avec un partenaire (parade amoureuse), rivaliser avec un concurrent (combat des mâles entre eux) ou jouer avec d'autres (les jeux des petits avec ceux de leur âge ou avec des adultes).

Sur ce point, il existe une grande différence entre les animaux qui sont principalement des proies et ceux qui sont essentiellement des prédateurs. Les herbivores, qui sont surtout des proies potentielles pour les carnassiers,

1. V. Bruce et P.-R. Green, *op. cit.*, p. 142.

bénéficient en général d'une vision latérale avec des yeux assez écartés l'un de l'autre (lapin, cheval...). Les espèces carnassières en revanche ont une vision binoculaire avec des yeux plus rapprochés et ont particulièrement développé leur vision focale : l'objectif est en effet de viser le plus précisément possible dans l'espace la cible de façon à l'atteindre. C'est le cas des oiseaux carnassiers dont l'aigle est l'exemple type. Par conséquent, la vision périphérique déclenche plutôt la fuite dès que le prédateur est perçu tandis que la vision focale cible la proie et précède l'attaque. Mais les choses se compliquent pour les espèces carnassières qui sont à la fois prédatrices et proies potentielles, chasseurs et chassés en même temps. Outre une bonne vision focale, ces espèces ont donc aussi intérêt à disposer d'un champ étendu de vision. La mobilité oculaire répond en grande partie à ces contraintes opposées. Cette mobilité des yeux par rapport au corps et à la tête facilite la capacité à diriger puis fixer le regard sur la cible. C'est la raison pour laquelle, pratiquement pour toutes les espèces carnassières et pas seulement les mammifères, le regard focal signifie le déclenchement probable d'une attaque.

Le réflexe de détournement du regard

Mais s'il faut surveiller l'espace et viser la cible, encore convient-il de ne pas s'attaquer entre membres de la même espèce ! C'est une condition indispensable à la survie : les congénères de la même espèce doivent éviter de s'attaquer systématiquement. La reconnaissance des congénères devient essentielle. Dans toutes les espèces animales carnassières, celles où le congénère pourrait être également une proie potentielle, cette reconnaissance est quasi automatique et s'accompagne d'un réflexe protecteur : le détournement de la vision focale assuré par un mouvement de la tête ou des yeux. C'est pourquoi entre congénères, entre animaux de la même espèce, il n'y a pratiquement jamais de regard focal sur les partenaires, encore moins de regards partagés : ceux-ci sont rares, pour ne pas dire inexistants. Quand ils surviennent, c'est à l'occasion d'un conflit ou d'un comportement de menace et ces échanges sont toujours extraordinairement brefs, à peine deux ou trois secondes maximum. Ainsi chez les geais, l'oiseau dominant mange en premier, et si un dominé s'approche de la nourriture, le dominant tourne la tête vers lui et le fixe de façon monoculaire ou binoculaire ; en général, le dominé recule alors, et ce comportement est plus fréquent lorsque le dominant fixe de façon binoculaire que de manière monoculaire [1]. Chez ces oiseaux, le regard fixé droit sur le congénère constitue une menace contraignant celui qui est ainsi visé à s'éloigner. Ce réflexe d'éloignement déclenché par un regard focal n'empêche pas ces animaux de reconnaître leurs congénères, d'être sensibles à la position du corps des autres et de se servir utilement de ces informations. Ainsi, ils sont capables de reconnaître ce que font les autres animaux de l'espèce, mais toujours grâce à une vision latérale. Cette attention aux mouvements du corps des congénères est habituelle. Mais la vision n'est probablement pas dans le monde animal, surtout carnivore, l'organe sensoriel principal qui participe du lien social de proximité, échanges entre congénères et surtout reconnaissance entre partenaires. L'audition (les cris d'appel), l'odorat, le toucher (léchage) ont certainement une fonction plus importante

1. L. Bossema et R.R. Burgler, « Communication during monocular and binocular looking in European jays », *Behaviour*, 1980, 74, p. 274-283.

que la vision dans le processus d'attachement privilégié entre partenaires.

Il en va de même chez les primates supérieurs : les individus du groupe s'observent souvent, sont attentifs aux postures des uns et des autres, mais entre congénères le regard focal fixé dans les yeux est là aussi soigneusement évité[1]. Ce qui paraît paradoxal quand on compare les simiens et primates supérieurs aux êtres humains devient plus compréhensible quand on prend en compte les autres espèces animales, en particulier carnassières. Du point de vue précis de la capacité à échanger des regards entre congénères, il y a peut-être moins de différences entre un oiseau, un loup de Tasmanie et un chimpanzé qu'entre ce même chimpanzé et un être humain.

En effet, si les primates supérieurs sont très attentifs aux gestes de leurs congénères, à leurs attitudes et à leurs comportements y compris à la direction de leur regard, en revanche il y a très peu de situations où ils semblent capables de croiser durablement et de façon stable leurs regards entre eux. Très rares sont les références concernant un

---

1. « Chez les primates, hommes inclus, le regard et l'orientation du corps, indices perçus par le regard des autres, jouent un rôle fondamental dans les interactions sociales. Il faut peut-être y voir une conséquence du développement extraordinaire des régions du cerveau impliquées dans la perception et le traitement des informations visuelles. Chez la plupart des simiens, aussi paradoxal que cela puisse paraître, la rencontre entre deux regards est soigneusement évitée. Si elle survient, le regard perçu comme une menace générera une réaction d'évitement chez le partenaire. Dans un deuxième cas de figure, l'un des primates – voire les deux – accompagnera ce regard d'informations sonores pacifiques atténuant son caractère agressif », J. Vauclair et B.L. Deputte, « Se représenter et dire le monde », in P. Picq et Y. Coppens, *Aux origines de l'humanité*, Fayard, 2001, tome 2, p. 314.

éventuel partage de regards entre primates. Chez les grands singes, même les plus proches des humains, les chimpanzés ou les bonobos, il n'y a pratiquement pas de regard partagé et d'attention conjointe entre une mère et son nouveau-né ou son petit, en particulier lorsque cette mère est en situation d'apprentissage avec son enfant, ce qui contraste très fortement avec ce qu'on observe chez les humains. Toutefois, dans la situation de l'épouillage, activité sociale vitale et donc essentielle, les bébés chimpanzés « demandent » à leur mère de les épouiller mais d'abord, entre deux et quatre mois, sans « vérifier » que celle-ci les regarde : ils tendent simplement leur bras ou leur jambe vers leur mère. Cependant, à environ dix mois et demi, le petit examine les yeux de sa mère, vérifie qu'elle le regarde, et c'est seulement alors qu'il tend le bras ou la jambe vers elle[1]. Il faut donc un long apprentissage de la situation d'épouillage pour que le petit chimpanzé cherche le regard de sa mère et cela en reste au stade d'une ébauche car le partage de regards ne semble pas s'installer complètement : la mère ne rend pas au petit son regard et s'il y a effectivement un appel du petit à sa mère il n'y a pas vraiment un échange de regards. Chez les chimpanzés adultes, on n'observe pas plus d'échange de regards entre l'épouilleur et l'épouillé, situation où le rapport de dominance est fondamental (l'épouillé est le dominant). Lorsque deux animaux de même espèce se regardent, cela entraîne toujours de façon quasi immédiate une attitude d'évitement, laquelle se manifeste au minimum par un réflexe de détournement des yeux, donc du regard. La capacité à croiser les yeux et

1. F.X. Plooij, « Some basic traits of language in wild chimpanzees ? », in A. Lock ed., *Action, Gesture and Symbol*, Academic Press, New York, 1978. Cité par D. et A. Premack, *Le Bébé, le Singe et l'Homme*, Odile Jacob, 2003, p. 171.

surtout à partager durablement des regards semble donc bien spécifique à l'espèce humaine.

Reconnaissance entre congénères et entre individus

Assurément un processus de reconnaissance des membres de la même espèce existe dans la très grande majorité des animaux. Il faut toutefois distinguer la reconnaissance des congénères de la reconnaissance d'un individu précis.

Si la vision périphérique peut permettre de se reconnaître entre congénères de la même espèce – car pour cela il suffit la plupart du temps d'identifier la morphologie du corps ou une de ses parties caractéristique –, en revanche pouvoir se différencier et s'identifier entre individus de la même espèce implique un regard plus soutenu, centré sur « l'autre ». En effet, ce type de reconnaissance individuelle exige une prise d'information sur des détails propres à un individu d'autant qu'il s'agit non seulement de détails statiques, morphologiques (forme du crâne, corpulence, taille et forme des membres, etc.), mais aussi d'indices dynamiques, expressifs (allure de la marche, des mouvements, mimiques particulières du visage...). Pour ce type de reconnaissance, un regard focal sur l'individu est nécessaire. D'ailleurs, quand une personne croyant en connaître une autre la regarde avec une certaine insistance, celle qui est ainsi observée se sent parfois gênée au point de demander : « Pourquoi me dévisagez-vous de cette manière ? » Inversement, celui qui s'interroge évite souvent de fixer son regard sur cette personne, ne jetant sur elle que de brefs coups d'œil, la fixation du regard étant perçue comme socialement impolie. C'est un peu comme si ce regard focal sur un congénère contenait encore une part de cette fonction prédatrice déjà évoquée. « Manger des yeux » une autre personne est la marque d'un désir de captation, de possession et le « coup d'œil » représente une stratégie de compromis...

Les primates, surtout les grands singes, s'observent les uns les autres, sont très attentifs à ce que font les divers partenaires et on ne s'étonnera pas que la reconnaissance entre individus soit particulièrement développée chez ces derniers. Ainsi, des singes rhésus peuvent aisément apprendre à reconnaître des diapositives montrant le visage d'un congénère représenté sous différentes incidences. Ils peuvent également faire la différence entre les diverses photos du visage de cet individu précis et des photos du visage d'autres singes rhésus[1]. Ils sont également capables de reconnaître parmi différents petits ceux qui sont les enfants d'une mère connue[2]. Selon Premack[3], les singes reconnaissent en fait l'intensité de l'association entre individus. Il semble que les primates soient aussi capables de reconnaître les expressions présentes sur le visage des partenaires : des chimpanzés qui voient un congénère connu dans un état affectif marqué, par exemple satisfait et excité d'avoir trouvé une banane ou, inversement, effrayé d'avoir découvert un serpent, présentent eux-mêmes une mimique analogue, laissant penser qu'ils sont eux aussi soit satisfaits, soit effrayés. Ainsi les chimpanzés sont capables de transférer une perception visuelle en une commande effectrice : la contraction adéquate des muscles de la face. Ils peuvent reproduire sur leur propre visage, qu'ils ne voient pas, l'ex-

1. S.A. Rosenfeld et G.W. Van Hoesen, « Face recognition in the rhesus monkey », *Neuropsychologia*, 1976, 17, p. 503-509.

2. V. Dasser, « A social concept in Java monkeys », *Animal Behavior*, 1988, 36, p. 431-438.

3. D. et A. Premack, *op. cit.*, p. 257.

pression mimique qu'ils perçoivent sur le visage de leurs congénères. Toutefois, la question se pose de savoir, d'une part, si cette reconnaissance de l'expression mimique et de l'état affectif supposé l'accompagner est consciente chez le chimpanzé observateur et, d'autre part, s'il peut en déduire pour lui-même des conclusions.

Reconnaître un visage et ses expressions

La reconnaissance des visages atteint un niveau de développement bien plus important chez l'être humain. Un visage peut se reconnaître par sa forme mais aussi par les caractéristiques de sa mimique ; par ailleurs, dans le processus de reconnaissance, l'identification des émotions joue un rôle important. Les recherches portant sur ces mécanismes d'identification sont actuellement très développées étant donné leur intérêt économique (et certainement aussi politique). En effet des logiciels de reconnaissance automatique fiable et rapide des visages seraient très utiles dans de nombreux domaines : recherche et identification des personnes, repérage des clients, surveillance ciblée, etc. Comme pour toutes les compétences humaines, la capacité de reconnaissance des visages varie beaucoup d'un individu à un autre, les plus doués restant de ce point de vue encore plus compétents que les meilleurs logiciels actuels, comme c'est le cas chez les professionnels dont c'est le métier à l'entrée des casinos.

La reconnaissance d'un visage utilise deux stratégies complémentaires : la reconnaissance de la forme globale et du contour du visage (la reconnaissance de la « tête » en quelque sorte) d'un côté, de l'autre la reconnaissance des différents traits caractéristiques de ce visage (forme des yeux, des sourcils, de la bouche, du nez, etc.) et de leur configuration (les relations entre ces divers traits pris isolément). Les visages non familiers sont d'abord identifiés par les traits externes : contour du visage et cheveux. La reconnaissance des visages familiers repose en revanche sur l'identification des traits internes, essentiellement ceux de la partie supérieure : le front, les sourcils et surtout les yeux. Les yeux représentent en effet le trait interne le plus sensible pour cette reconnaissance, celle-ci restant même possible lorsque les yeux sont vus sous des angles différents ou lorsqu'ils sont en partie déformés comme lors du froncement des sourcils. D'autres indices sont utilisés pour une reconnaissance catégorielle : la forme du crâne, en particulier ce qu'on appelle la cardioïde, permet une reconnaissance rapide de l'âge ; la configuration du nez par rapport à l'ensemble du visage serait un des éléments utilisés pour définir le sexe de ce visage[1]. Détail intéressant, les mouvements oculaires de l'examinateur ne sont pas identiques pour l'exploration d'un visage inconnu et celle d'un visage connu : en cas de visage non connu, l'exploration procède par un balayage oculaire régulier fait de petites saccades, tandis que si le visage est connu son exploration se fait par des mouvements de balayage plus larges et en apparence plus anarchiques ; cette stratégie différente est totalement inconsciente et persiste même quand le sujet a perdu la capacité consciente de reconnaissance des visages connus.

Cependant, à côté de la reconnaissance de l'identité du

---

1. A.D. Roberts et V. Bruce, « Feature salience in judgements of sex and familiarity of faces », *Perception*, 1988, 17, p. 475-481. L'explication selon ces auteurs provient du fait que, comme les mâles ont une plus grande capacité pulmonaire et respiratoire que les femelles, leur nez est plus développé et les arcades sourcilières plus proéminentes, les femelles ayant quant à elles un profil de nez plus concave ..

visage par des indices morphologiques, un autre processus de reconnaissance apparaît essentiel : celui des émotions et des mimiques présentes sur le visage. Il semble que les expressions faciales peuvent être identifiées indépendamment du visage lui-même[1], ce qui tendrait à démontrer que nous possédons au niveau du système nerveux central des aires corticales distinctes affectées à cette identification. L'incapacité à reconnaître un visage familier est un trouble neurologique bien connu qui se nomme prosopagnosie[2]. Mais on a aussi identifié de nos jours un trouble psychique (ou neurologique ?) particulier qui se caractérise par une grande difficulté voire une incapacité à identifier correctement les émotions exprimées sur un visage : l'alexithymie.

Cependant, les expressions émotionnelles d'un visage sont essentiellement mobiles et dynamiques, tandis que l'étude des processus de reconnaissance des émotions a surtout utilisé des photos ou des dessins (souvent en forme de caricatures simplifiées). Malgré ce biais, un individu peut aisément percevoir les différentes émotions représentées et les attribuer à des catégories assez larges comme la joie, la surprise, la colère ou le dégoût. L'universalité de ce jugement est également assez grande puisque des sujets provenant de diverses cultures, lettrés ou non, identifient ces émotions de la même manière (en revanche, les condi-

1. Des petits points lumineux fixés sur le visage permettent à des observateurs de reconnaître l'émotion présente sur ce visage dans l'obscurité, donc indépendamment du visage lui-même. J.N. Bassili, « Emotion recognition. The role of facial movement and the relative importance of upper and lower areas of the face », *Journal of Experimental Psychology : Human Perception and Performance,* 1979, 4, p. 373-379.

2. Trouble fréquent en cas de démence, plus rarement de tumeur ou de traumatisme cérébral résultant de lésions situées dans les régions occipito-inféro-temporales bilatérales.

tions dans lesquelles ces émotions peuvent se manifester dépendent de chaque culture).

L'énigme de la condition humaine

Ainsi la capacité des êtres humains à se regarder, la forte attirance que représente le regard de l'autre sont accompagnées du développement d'une compétence à discriminer non seulement la forme globale d'un visage mais plus encore ses traits et les expressions émotionnelles, ce qui conduit à une meilleure discrimination et différenciation interindividuelle à l'intérieur de l'espèce. Ceci renforce l'aspect singulier du processus d'attachement chez les êtres humains. Dès le plus jeune âge, le bébé humain semble capable de transférer l'expression d'une émotion perçue sur le visage de son vis-à-vis en une expression identique sur son propre visage. On appelle transmodalité ou intermodalité cette capacité à transférer une connaissance ou une représentation d'un domaine sensoriel à un autre : dans le cas présent, il s'agit du transfert d'une perception visuelle, l'expression vue sur un visage, au domaine de la motricité, les contractions coordonnées d'un nombre assez important de muscles de la face pour reproduire cette même expression sur son propre visage. Cette transmodalité semble très caractéristique des primates supérieurs et des êtres humains. Les problèmes théoriques soulevés par cette incontestable observation sont multiples et importants : il est probable que la reconnaissance du visage humain et de ses principales expressions émotionnelles soit un mécanisme en grande partie inné, mais il est certainement renforcé, stabilisé par la capacité à croiser durablement le regard entre mère et bébé et par l'imitation croisée qui l'accompagne. Cette connaissance précoce des visages familiers participe secondairement à la capacité de mieux différencier les visages et leurs expressions puis de distinguer les visages familiers et ceux qui ne le sont pas.

Il reste cependant à se demander pourquoi et par quel mécanisme les êtres humains ne présentent pas ce réflexe de détournement du regard qu'on observe dans toutes les autres espèces animales carnassières, y compris chez les primates les plus proches des êtres humains. En effet, par l'inhibition de ce détournement, la fonction visuelle de l'être humain change irrémédiablement de qualité. Car l'œil ne se contente pas de voir, il regarde et plus encore se regarde dans l'œil qui lui fait face. Dès cet instant la vision perd sa fonction sensorielle indicielle. Elle interpose entre les deux regards une qualité nouvelle, hétérogène à l'organe de l'œil : l'intention. Les anciens n'avaient peut-être pas tort lorsqu'ils parlaient des rayons visuels qui pénètrent l'œil et, au-delà, entrent dans l'intimité de la personne, ou inversement qui sortent et jaillissent de l'œil pour aller frapper la victime. Ces rayons qui selon les anciens traversaient les yeux continuent d'occuper nos regards : c'est l'intention que chacun quête ou attribue au regard de l'autre dans une tentative de partage dont le caractère nécessairement énigmatique fonde la condition humaine.

Chapitre 2

La spécificité du regard humain : naissance de l'intersubjectivité

Fatiguée par le dernier effort expulsif, la jeune parturiente s'accorde quelques secondes de pause. Yeux mi-clos, elle souffle, se sent presque légère. Mais soudain elle éprouve un poids sur son ventre et non plus dans son ventre... Elle cherche alors ce nouveau-né, penche la tête, cherche son regard. Soudain le regard du bébé croise les yeux de sa mère et cette dernière, attendrie, pose son regard sur celui de son bébé. Ils restent comme cela silencieux plusieurs secondes, puis la mère parle doucement, murmure, osant à peine toucher ce bébé. Mais son regard continue d'être posé sur celui du bébé... Que fait-elle ? Nous dirons qu'elle *en-visage* le bébé. Elle regarde le regard de son bébé et pense à lui. Elle ne va pas au-delà de ce regard et se met à rêver : elle imagine ce qu'il sera, ce qu'il deviendra... Et d'abord : est-ce une fille, un garçon ? Puis elle pense au géniteur, à ses propres parents, etc. Que rencontre alors le regard du bébé ? Il rencontre la flamme d'une vie dans ce regard doucement, tendrement posé sur lui, une rêverie qui caresse ses yeux. Ce regard est une invite mystérieuse à pénétrer dans la profondeur de cette rêverie maternelle, comme une fenêtre ouverte sur l'âme de cette personne en face de lui, celle qui deviendra sa maman, même s'il ne le sait pas encore aujourd'hui. Ce regard tranquille, tantôt posé doucement sur lui, tantôt comme ouvert sur l'intérieur de sa mère, semble lui insuffler quelque chose, le remplir, l'animer. Il ne bouge pas les yeux, ne les détourne pas, semble aimanté. Il regarde sa mère avec sérénité et dans ce calme la mère découvre que son bébé la reconnaît. En envisageant ce bébé, cette mère l'humanise, elle l'inscrit d'emblée dans une histoire, un paysage qui le précède, l'entoure, le soutient. Elle lui offre le rhizome de sa pensée. En retour ce bébé fait de cette femme une mère, sa mère. Cependant, pour ne pas le fatiguer et pour, comme on dit, reprendre ses esprits, la maman régulièrement ferme les yeux pour se reposer et poursuivre sa rêverie... Le bébé lui aussi peut fermer les yeux, s'assoupir jusqu'à l'échange suivant. Rêve-t-il de ce regard ?

Voici d'autres mères. Celle-ci inquiète parce que, à la première échographie, on a parlé d'une anomalie. Certes les échographies suivantes ont été rassurantes : il n'y avait rien, tout était normal, lui a-t-on dit. Mais est-ce bien vrai ? L'inquiétude a persisté d'autant que sa propre mère a eu un enfant infirme moteur cérébral... Celle-là a pensé à une interruption volontaire de grossesse parce que cette grossesse survenait beaucoup trop vite après la précédente ou à un moment de conflit dans le couple. L'une se demande si son enfant est vraiment normal, l'autre si ce bébé n'a pas été atteint par son désir temporaire d'IVG. Peut-être a-t-il ressenti quelque chose, peut-être même lui en veut-il. Allez donc savoir, les fœtus, les bébés ont de telles compétences aujourd'hui !

Aussi, dès que le bébé est sorti de son ventre, cette mère s'empresse de l'examiner, de l'observer. Son regard inquiet cherche le regard du bébé, elle le scrute. Au-delà du plan des yeux, elle est inquiète de savoir ce que ce bébé a dans la tête, comment il « fonctionne », si tout marche bien[1]... Que fait-elle ? Nous dirons qu'elle *dé-visage* ce bébé. Elle fixe sur lui un regard inquisiteur, un regard dont le souci est de vérifier que tout est normal : il n'y a pas d'anomalie morphologique... Mais peut-être plus encore elle cherche à percer le mystère de ce regard posé sur elle et se demande si ce bébé ne lui en veut pas, ne lui en voudra pas. Son propre regard va au-delà des pupilles du bébé pour tenter de découvrir ce qu'il pense. Effectivement, elle dévisage le bébé : par ce regard focal « ciblé », elle l'isole du contexte, elle rompt le lien qui unit les êtres humains entre eux. Elle le déshumanise. Un tel regard transperçant est douloureux... Il risque chez ce bébé de susciter une réaction de protection, un détournement du regard ou son ébauche. « Il m'en veut ! » pense cette mère qui, derechef, cherche à capter le regard de cet enfant, par exemple en inclinant la tête pour se retrouver dans l'axe du regard détourné. Or plus le regard de la mère se fera scrutateur, plus celui du bébé risque de devenir évitant...

Il est d'autres situations : par exemple, une mère en début de grossesse a perdu son père. Elle aurait tant aimé que ce dernier voie son bébé ! Une autre mère s'est retrouvée seule après la disparition du géniteur à l'annonce de la grossesse. Fatiguée par un accouchement long et difficile,

---

1. Derrière la banalité apparente de ces propos, souvent entendus dans le cas de mères très angoissées pour quelque motif que ce soit, on perçoit une dimension quasiment machinale : comprendre comment cette machinerie mystérieuse fonctionne, en découvrir la clef. Cette métaphore de la clef est d'ailleurs assez souvent utilisée par ces mêmes mères, soulignant si besoin en était le fantasme d'une intrusion pour décortiquer l'intérieur de la machinerie et savoir enfin comment « opérer ».

la jeune parturiente pose ses yeux sur son bébé et pense au père décédé ou au géniteur disparu... Que fait-elle ? Elle *in-envisage*[1] son bébé. Son regard absent n'est pas vraiment posé sur celui du bébé : il l'englobe, l'engloutit. La jeune maman cherche surtout la trace de l'image du disparu : son regard n'accommode pas sur les yeux de son bébé mais sur son propre objet perdu, sur son souvenir, sur son image interne. Elle est « ailleurs ». Le bébé n'est pas porté par le regard absent/vide de cette mère. Manquant d'arrimage, son propre regard se met à flotter. Peut-être finira-t-il par s'accrocher à ce regard maternel absent, cherchant à scruter ce qu'il peut bien y avoir en son fond : qu'est-ce que cette personne en face de moi regarde qui n'est pas moi ? Ce regard flou, qui ne semble pas mis au point sur les yeux du bébé, qui semble en quelque sorte l'inenvisager, aspire le regard du bébé qui devient vif et brillant. Il scrute avec perplexité le visage maternel et surtout ces yeux énigmatiques, mystérieux. Cette brillance et cette vivacité ont la vertu de réanimer le regard maternel, ce que reconnaissent bon nombre de mères déprimées[2].

---

1. J'ai longtemps cherché un terme qui corresponde aux deux autres, « envisager » et « dévisager ». Je n'ai trouvé que l'adjectif « inenvisageable », lequel ne connaît pas de forme verbale. Je m'accorde ce néologisme que je préfère à « désenvisager », lequel n'est qu'une redondance d'un travail de déconstruction déjà contenu dans « dévisager ». En revanche « inenvisager » laisse percevoir un travail de superposition.

2. Ici aussi bon nombre de mères qui ont présenté une dépression postnatale disent combien le bébé, en particulier quand il les regardait, leur faisait du bien, les extrayant de leur dépression. Certaines disent même qu'il les réanimait. C'est encore plus vrai quand le bébé fait des efforts et devient un bébé « pitre », ce type de bébés devant lesquels nul ne résiste et qui font rire tout le monde.

La rencontre du regard

Dans la relation mère-bébé, ce premier regard conditionne souvent la qualité émotionnelle, la tonalité dans laquelle la relation va se déployer. Moment symbole, nœud de fixation, les exemples que nous venons d'exposer sont proposés ici comme des modèles relationnels. Dans les premières semaines de vie de l'enfant, mère et bébé s'installeront-ils durablement dans ce mode relationnel ? Selon les circonstances, les éléments de réalité rassurants ou au contraire inquiétants, passeront-ils d'un mode d'échange à un autre ? Assurément il ne suffit pas d'une fois. Toute mère un jour ou l'autre scrute plus ou moins anxieusement le regard de son bébé ou pose un regard absent parce qu'elle pense à autre chose à ce moment-là. Mais, on le constate en clinique, certaines interactions se figent dans une qualité déviante créant des cercles vicieux pathogènes tant pour la mère que pour le bébé. Par exemple, comme nous l'avons laissé entendre, l'ébauche de détournement du regard chez le bébé ou un simple évitement de son regard peut provoquer, renforcer ou confirmer une inquiétude chez la mère qui se met alors à scruter activement ce regard fuyant, à tenter de « percer » le regard de son bébé, éventuellement dans une interaction à la dynamique intrusive. Certaines mères le disent : « Ce bébé a toujours été une énigme pour moi ! » C'est bien là le problème car une énigme, on cherche à la percer. Bien évidemment un tel engagement relationnel intrusif suscite toujours un mouvement de retrait. Quoi qu'il en soit, pour que la qualité de cet échange relationnel par le regard se stabilise et perdure, il faut que la situation se répète régulièrement.

Quand la mère pose doucement ses yeux sur ceux de

son bébé, ce dernier maintient son regard dans celui de sa mère et semble littéralement animé d'un souffle de vie partagé. Il installe ses yeux dans ceux de la personne qui devient sa mère. Le regard humain représente un stimulant puissant pour le regard du bébé, comme inversement le regard du bébé semble représenter un fantastique attracteur pour le regard de l'adulte. A partir de là, mère et bébé ne cesseront plus de se regarder tout en se parlant. Bien sûr au début c'est la mère qui parle, d'abord doucement, lentement, puis la prosodie se fera plus vive, plus aiguë, la mélodie plus nuancée. Et le bébé se mettra peu à peu à répondre puis à initier lui-même cet échange. A peine âgé de quelques semaines, le bébé recherche activement son partenaire habituel et engage cet appel. Par ce système d'échange régulièrement répété, renforcé, complexifié, nuancé, la capacité du bébé à fixer ses yeux dans le regard d'autrui se stabilise. Rapidement il cherche lui aussi activement à accrocher le regard de sa mère. Le regard d'autrui devient un attracteur puissant, le partage du regard un stabilisateur comportemental qui auto-entretient cette propension. Le modèle de l'interaction mère/bébé pourra se généraliser à d'autres personnes.

Ainsi, la rencontre d'un regard humain est nécessaire pour stabiliser cette capacité d'accroche, de maintien puis d'échange par le regard. Pourquoi cette stabilisation est-elle nécessaire ? Pour neutraliser le réflexe naturel à tous les mammifères omnivores carnassiers, celui de détournement du regard. Ce réflexe, on l'a dit, est au service de la préservation de l'espèce. Dès qu'un mammifère carnassier perçoit un congénère de la même espèce, il détourne son regard, signe d'une non-agression. Bien évidemment le même carnassier fixe sa proie pour pouvoir l'attaquer et s'en nourrir. Ne pas se regarder entre animaux de même espèce évite probablement ce genre d'attaque. D'une certaine manière on pourrait dire que le réflexe de détournement du regard témoigne d'une capacité de reconnaissance automatique des congénères de même espèce.

L'être humain, un carnassier omnivore pas tout à fait comme les autres...

Or l'être humain est lui aussi un mammifère omnivore volontiers carnassier. Une alimentation riche en protéines lui permet une croissance rapide surtout de son système nerveux central. En effet, le développement d'un cerveau de plus en plus volumineux et performant, en particulier le développement du néocortex et des aires préfrontales, a nécessité un certain nombre d'adaptations originales. Le cerveau consomme une grande quantité d'énergie : alors qu'il ne représente que 2 % du poids du corps, il consomme 25 % de l'énergie produite par notre métabolisme. Ceci distingue l'humain des autres primates supérieurs. Alors que la consommation d'oxygène est à peu près similaire pour les différents organes (foie, cœur, poumons, etc.), deux organes ont une consommation très différente : le cerveau comme nous venons de le dire, mais aussi l'intestin. L'intestin des primates est beaucoup plus développé et consomme une grande quantité d'énergie (quasiment l'équivalent des 25 % du cerveau humain...), nécessaire à la digestion d'une alimentation essentiellement végétale. « L'homme, qui a introduit dans son alimentation une part carnée importante, métabolise des graisses et des protéines sous une forme concentrée et n'a donc pas besoin de l'important appareil digestif de ses proches cousins (les grands singes). L'énergie "économisée" dans la transformation des aliments peut ainsi être mise à profit pour alimenter un cerveau très gourmand[1]. »

Au moment de son développement, le cerveau est encore plus consommateur d'énergie. Le bébé humain a grand besoin de ces protéines et lipides, il a donc comme destin de devenir cet omnivore carnassier : passée la période de l'alimentation lactée maternelle qui précisément lui apporte ces nutriments essentiels, le petit d'homme se nourrira entre autres de protéines et lipides d'origine animale, comme les autres mammifères carnassiers... Bénéfice secondaire non négligeable, comme le souligne J.-J. Hublin, « le développement d'un encéphale très performant entraîne la complexification des comportements et, par voie de conséquence, la possibilité de développer une chasse beaucoup plus efficace que celle que nous connaissons chez les grands singes actuels ». Est-ce parce que les grands singes n'ont pas fait le choix d'une alimentation essentiellement carnée, parce qu'ils ont conservé leur alimentation principalement végétale ou plus probablement n'ont pas été contraints d'en changer, qu'ils n'ont pas divergé comme l'a fait l'ancêtre (les ancêtres ?) de l'homme ?

Mais si le fait d'avoir une alimentation à base de protéines et de lipides impose de prendre ces nutriments là où ils sont, chez les autres, encore faut-il ne pas se dévorer entre congénères. S'il partage avec tous les autres mammifères carnassiers prédateurs cette source alimentaire précieuse, en revanche l'être humain présente une différence de comportement fondamentale. Les carnassiers sont dotés quasiment dès leur naissance d'un réflexe protecteur : le

1. J.-J. Hublin, « La conquête des vieux continents », in *Aux origines de l'humanité*, *op. cit.*, p. 355.

réflexe de détournement du regard. Les primates supérieurs les plus proches de l'homme ont un statut intermédiaire entre l'être humain et les principaux mammifères carnassiers. S'ils mangent volontiers de la viande, l'essentiel de leur alimentation reste toutefois végétal : ce ne sont que des carnassiers occasionnels. En revanche, comme les humains, ils se regardent avec attention et peuvent même ponctuellement croiser leurs regards. Est-ce cette alimentation principalement végétale qui les protège et autorise ces brefs échanges de regards qui cependant ne durent jamais très longtemps ? En dehors de l'espèce humaine, quand des regards partagés surviennent, ils sont toujours très brefs, de l'ordre de quelques secondes maximum, et s'accompagnent de grands mouvements ou de cris de dénégation, comme si en même temps qu'ils se regardent brièvement ces primates supérieurs éprouvaient le besoin de se déclarer non ennemis, de nier toute intention agressive [1].

---

1. Chose étrange, un humain peut croiser le regard d'un primate supérieur et réciproquement, sans que cela déclenche une agression. Citons cet exemple relaté par D. Premack : « Sarah scrutait souvent de près ma peau à la recherche de coupures d'où extraire du sang. Parce que son pouce n'était pas opposable, elle plaçait ses index de chaque côté d'une coupure et pressait doucement jusqu'à ce qu'un mince filet rouge apparaisse. Elle me regardait alors dans les yeux, puis elle tournait son regard vers la ligne rouge suintante, puis elle cherchait de nouveau mon regard, comme pour me dire : "Tu ne trouves pas ça aussi intéressant que moi ?" » Sarah est la femelle chimpanzé avec laquelle les Premack ont réalisé de nombreuses expériences et qui a vécu longtemps et de façon intime avec des humains.

Cet exemple pourrait être considéré comme un moment charnière. En effet, force est de penser à une situation d'agression : la vue du sang est une situation prototypique qui dans de nombreuses espèces animales déclenche puis renforce le comportement d'attaque. Mais il est aussi certain que l'homme, et surtout D. Premack, est pour Sarah un quasi-congénère si ce n'est un « dominant » qui lui fournit réguliè-

La spécificité du regard humain

Dès sa naissance le petit d'homme laisse son regard s'installer dans celui de l'adulte lui faisant face, disons pour faire simple : sa mère. Et cette dernière le regarde... L'espèce humaine semble avoir perdu le réflexe automatique de détournement du regard, habituellement présent dès la naissance chez tous les autres carnassiers. Qu'est-ce que cela change ? Beaucoup de choses. On peut même dire que cela introduit une révolution radicale aussi bien pour le développement de chaque individu que pour celui des liens sociaux.

Une inhibition du réflexe de détournement du regard ?

A la naissance, pour la très grande majorité des bébés, le réflexe de détournement ne semble pas exister et le regard du bébé semble accrocher initialement celui de son

rement une très bonne nourriture. Sarah est certainement prise dans un conflit émotionnel intense entre son désir de faire saigner une proie potentielle, son inquiétude vis-à-vis de D. Premack, son désir de ne pas l'agresser et les liens d'attachement qui l'unissent à lui. Est-ce alors parce qu'elle est totalement désemparée par la réaction inhabituelle de ce congénère si bizarre qui offre son bras et une plaie potentielle à son exploration curieuse, qu'elle cherche à comprendre cette énigme ? Devant cette ambiguïté, cette incertitude, Sarah, habituée à ce qu'on lui pose des problèmes cognitifs, réagit comme un petit d'homme et cherche la solution dans le regard de son partenaire... Phénomène essentiel, D. Premack répond bien évidemment à cette ébauche de croisement du regard mais surtout il attribue une pensée et même un partage d'intention au chimpanzé. Un autre chimpanzé n'aurait certainement pas offert ainsi sa peau avec une petite plaie à l'exploration d'un congénère. Il l'aurait plus sûrement repoussé, s'en détournant et s'en éloignant, rompant ainsi toute possibilité d'échange interactif et toute possibilité d'apparition d'un début de partage intersubjectif. D. et A. Premack, *op. cit.*, p. 145.

vis-à-vis. D'où peut provenir cette capacité d'accroche ? La fonction la plus primitive de la vision est de viser une cible : l'œil est fait pour scruter, observer. L'œil du prédateur est conçu pour cette vision focale fixée sur les proies potentielles. N'est-ce pas un sacrilège que de comparer nos adorables bébés à des carnassiers cherchant leur proie ? Pourtant une maman disait un jour ne pas supporter d'allaiter son bébé parce que, au moment de la tétée, elle avait l'impression qu'en la regardant il voulait littéralement la dévorer, d'abord des yeux puis avec sa bouche ouverte et avide... Bien sûr cette mère avait jadis souffert d'une anorexie mentale dont elle s'était difficilement dégagée !

Mais ce fantasme d'un bébé dévorateur est-il si rare ? Nous l'avons croisé à plusieurs reprises chez des mères qui ne souffraient pas toutes d'antécédents d'anorexie mais qui avaient seulement une oralité un peu envahissante. Si le dieu Chronos avale ses enfants, peut-être est-ce en rétorsion parce que ces mêmes bébés menacent d'avaler leur mère, fantasme d'avalement/dévoration d'autant plus présent qu'à l'époque l'allaitement était généralisé. « Manger des yeux » laisse entendre le sens sous-jacent de cette vision focale : se regarder dans les yeux contient un danger potentiel entre membres de la même espèce, celui de se dévorer, de se détruire... Lequel des deux mangera l'autre ? Aussi ce danger doit-il être neutralisé. Il l'est chez les carnassiers par le réflexe de détournement du regard dès que l'œil voit sa propre image. Il l'est chez les humains par la rencontre apaisante du regard de l'autre : la douceur du regard humain neutralise probablement ce qu'un regard inquisiteur et intrusif pourrait avoir d'effrayant, de dangereux. Le regard de la mère se laisse prendre par celui du bébé et ce dernier peut tranquillement garder ses yeux dans ceux de la personne qui lui fait face. Un partenaire le regarde, l'accueille, l'interroge. Cette rencontre initiale et nécessaire permet ensuite une stabilisation rassurante des regards dans un échange qui fonde la relation humaine. Toutefois ce partage des regards qui porte l'intersubjectivité représente un processus non seulement vulnérable mais aussi éminemment fragilisant.

Pourquoi vulnérable ? Comme nous invitent à le constater certains enfants autistes, le réflexe de détournement du regard semble parfois exister dès la naissance, parfois apparaître peu après. Cela signifie-t-il que ce réflexe continue de persister de façon latente, masquée ? En effet, par quelle soudaine magie l'espèce humaine aurait-elle perdu ce réflexe qui semble si utile à la survie de nos proches cousins dont nous continuons de partager 95 à 98 % du patrimoine génétique ? Gageons que le codage génétique d'un tel système neuro-développemental n'a pas totalement disparu dans notre espèce. Son développement potentiel doit certainement faire l'objet d'un processus d'inhibition, de neutralisation ou de désactivation. La rencontre, dès la naissance, du regard de l'autre est nécessaire, indispensable même au bébé pour que l'expression potentielle du réflexe de détournement soit neutralisée. Ce croisement du regard pourrait fonctionner comme une empreinte pour les humains, le regard du bébé s'attachant au regard humain d'abord, puis rapidement à ceux des adultes qui se penchent sur lui le plus souvent, l'un ou/et l'autre de ses parents.

Mais l'échange des regards représente aussi une fragilisation pour l'être humain : un tel partage constitue nécessairement une menace pour la clôture existentielle protectrice de l'individu. Le regard partagé est certes une ouverture à autrui sur laquelle va se fonder la sociabilité humaine, mais c'est aussi une brèche en soi, une menace permanente d'incomplétude fondamentale. De ce point de vue, on peut admettre que l'échec dans l'élaboration de la communication interpersonnelle se traduise par la réapparition de ce réflexe de détournement du regard dans le cours de la deuxième année de vie, comme on l'observe chez un certain nombre d'enfants autistes. Ces derniers n'ont-ils pu bénéficier du rôle protecteur d'un partage précoce des regards entre mère et bébé, partage permettant de neutraliser et d'inhiber la survenue ultérieure de ce réflexe devenu alors symptôme : le détournement du regard [1] ?

Un terme nouveau : l'intersubjectivité ou, plus encore, la transsubjectivité...

Le besoin du regard de l'autre, ce partage des regards, est structurel à la relation mère/bébé. Depuis quelques décennies, le terme d'« intersubjectivité » est utilisé fré-

---

1. Signalons que, chez l'adulte, les troubles de la poursuite d'une cible par les mouvements oculaires sont particulièrement fréquents chez les schizophrènes. On retrouve très souvent les mêmes perturbations parmi les ascendants au premier degré (les parents) qui ne sont pas nécessairement schizophrènes eux-mêmes. Ces troubles des mouvements oculaires suscitent un intérêt grandissant dans la communauté scientifique et on commence à percevoir leur extrême complexité, depuis des perturbations dans la poursuite d'une cible en mouvement, en passant par les troubles de l'inhibition des mouvements de saccades automatiques jusqu'aux perturbations dans l'engagement sur la cible (capture d'attention) ou de désengagement de la cible (détournement visuel contrôlé). Le contexte émotionnel apparaît également essentiel. Ces perturbations sont connues depuis longtemps mais elles commencent seulement à être appréhendées de nos jours comme un marqueur privilégié des troubles schizophréniques. L'analogie avec ce que nous avons décrit entre la mère et le bébé peut paraître audacieuse mais cette audace ne nous semble pas dépourvue de fondement !

quemment pour décrire ces relations précoces mère-bébé. Quel sens lui donner ? Dans le sens commun, le domaine de l'intersubjectivité « est relatif à la communication qui se produit entre deux sujets » (*Larousse*). Allant un peu plus loin, dans son acception philosophique l'intersubjectivité caractérise un mode de communication entre deux sujets qui s'intéressent réciproquement à leurs pensées, l'un tenant compte de l'avis de l'autre pour élaborer sa réponse ou structurer sa pensée. L'intersubjectivité se résume-t-elle alors à un échange conscient qu'on définirait plus simplement comme une relation interpersonnelle, deux personnes qui communiquent entre elles ? Dans ce cas, l'intersubjectivité ne serait qu'un terme savant à l'usage des pédants pour parler simplement de la communication. Qu'est-ce qui différencie communication et intersubjectivité ? Pourquoi et dans quelle mesure l'échange de regards est-il à la source de cette intersubjectivité ?

Qu'il s'agisse des domaines intellectuel, affectif, émotionnel ou créatif, l'intersubjectivité pose la question de la part respective dans tout échange entre deux ou plusieurs personnes de ce qui est d'un côté strictement intrapersonnel, propre à ce sujet singulier indépendamment des conditions de la rencontre, et de l'autre ce qui est de nature interpersonnelle, ce qui émerge de cette rencontre et qui ne serait jamais apparu chez l'un ou l'autre des participants pris isolément si cette rencontre n'avait pas eu lieu. Au-delà de l'acte de communication *stricto sensu*, l'intersubjectivité sous-entend la possibilité d'une création commune, d'un apport nouveau pour l'une ou l'autre des deux subjectivités *et* peut-être plus encore pour l'une *et* l'autre. On comprend que la notion d'intersubjectivité soit tout à fait pertinente dans le champ de la pédagogie et des apprentissages. Ainsi on peut percevoir le rôle porteur de l'intersubjectivité au travers de l'écart entre les réalisations auxquelles peut parvenir un enfant lorsqu'il est laissé seul face à sa tâche et celles qu'il peut accomplir lorsqu'il est guidé par un pédagogue (sans que ce pédagogue ne réalise lui-même la tâche, cela va de soi !). Les psychologues du développement (en particulier Vygotski) avaient d'ailleurs parlé de « zone proximale de développement » pour définir cet écart.

La relation mère-enfant est le domaine privilégié où l'on peut observer le déploiement de cette « zone proximale de développement » et, de façon encore plus évidente, la relation mère-bébé permet de saisir les conditions d'émergence et de construction de la pensée comprise dans son sens le plus général ; dans ce cadre, l'intersubjectivité traduit une certaine proximité de pensée entre deux personnes, qu'il s'agisse de pensée consciente ou inconsciente, de pensée émotionnelle, affective, cognitive... Cette proximité est proche d'une copensée, celle de l'un étant en quelque sorte portée par celle de l'autre, étayée dans son déroulement et ses associations, phénomène dont ni l'un ni l'autre n'ont une claire conscience quand il existe mais dont l'absence conduit à une menace de suspension dans la continuité de cette pensée.

Ainsi comprise, l'intersubjectivité caractérise le processus qui porte la pensée de l'un et de l'autre, la pensée de l'un vers l'autre, dans une prise en compte réciproque créant des boucles d'interaction, au cours d'un échange entre deux êtres humains désireux d'un partage intellectuel, affectif, émotionnel ou créatif : l'intersubjectivité traduit une ouverture fondamentale du sujet, comme on le dit d'un « esprit ouvert », et elle pourrait être laconiquement décrite comme l'échange propre à deux esprits ouverts... Si ce n'était la force du consensus, il serait certainement préférable, plutôt que de parler d'intersubjectivité, terme qui laisse entendre la confrontation de deux subjectivités déjà installées, d'utiliser l'expression « transsubjectivité » qui traduit mieux le transport, le transfert, la traversée d'une pensée de l'un à l'autre susceptible de transformer chaque subjectivité. Peut-être est-ce la raison qui explique l'extrême difficulté non seulement à définir ou à décrire l'intersubjectivité mais plus encore à en apporter la preuve, à en faire la démonstration. Comme les trous noirs en astronomie, l'intersubjectivité ne s'appréhende que par son négatif, son défaut ou son absence. On en devine la trace dans le rythme, le tempo d'un échange qui conduit les deux êtres humains à une coordination motrice, gestuelle, idéique, affective... L'intersubjectivité n'existe en soi ni chez l'un ni chez l'autre, elle n'est qu'une disposition ; elle nous contraint donc à nous décentrer de l'objet, de la personne dans sa singularité individuante pour ne prendre en compte que le processus. Elle est le rhizome souterrain qui tisse la trame des pensées dont tige et fleur émergentes singularisent chaque individu. Et cette disposition à l'intersubjectivité est présente dès la naissance du petit d'homme. Comment le petit d'homme est-il ainsi programmé ? Que disent les scientifiques à ce sujet ?

Le bébé, un être fondamentalement social

Longtemps le nourrisson a été perçu à sa naissance comme un être clos sur lui-même, sur le modèle de l'œuf dans sa coquille. Certes, ce nourrisson devait être nourri, comme son nom l'indique, mais en dehors de cet apport alimentaire et hormis un minimum de soins, il était supposé avoir en lui tout ce dont il avait besoin pour croître.

Au plan relationnel et psychologique en particulier, on considérait volontiers le nourrisson comme replié sur lui-même, sans véritable relation avec le monde environnant. Certains auteurs parlaient d'ailleurs d'une « période autistique » normale dans les premières semaines de vie, ou d'une « phase symbiotique[1] », pour décrire la relation entre la mère et l'enfant, lequel vivait en symbiose psychique avec celle-ci sans en être véritablement séparé : la mère assurait entièrement non seulement ses besoins mais aussi toute sa capacité de régulation interne. En un mot elle pensait pour le nourrisson et éprouvait diverses sensations à sa place et en son nom. M. Malher décrivait au cours du second semestre de la vie de l'enfant une « éclosion psychologique », sorte de seconde naissance, celle-ci consacrant le début de prise de conscience par le nourrisson d'une vie psychique propre, séparée et différente de celle de la mère. Cette perception d'un être clos sur lui-même ayant dans son patrimoine initial tout ce qui était nécessaire à la croissance rejoint l'idée de ce qu'on pourrait appeler le « tout génétique ». Curieusement, à côté de cette conception assez idéologique, une autre conception totalement opposée était souvent adoptée dans le domaine plus précis des compétences intellectuelles et à moindre degré affectives, celle d'un nourrisson au fonctionnement cérébral vierge de toute empreinte préalable, une sorte de table rase ou de pâte molle, prête à recevoir les marques imprimées par les premières expériences.

Dans le cours des années 60-70, le point de vue a évolué de façon radicale : le nourrisson, être passif, soumis au bon vouloir de son environnement, a laissé la place à la per-

1. M. Malher, *La Naissance psychologique de l'être humain*, Payot, 1980.

sonne du bébé, un être doué de compétences, de capacités d'entrer en relation, actif dans ses demandes et messages adressés à autrui. C'est à cette époque que les termes d'interaction, d'intersubjectivité sont apparus puis se sont rapidement répandus. Aujourd'hui les « preuves » des compétences relationnelles des bébés abondent, leurs capacités innées à répondre mais aussi à initier très tôt une interaction ont été démontrées. Toutefois, une conception quelque peu trompeuse pourrait laisser croire que ce bébé est doté d'un programme génétique susceptible, à lui seul, de garantir un bon développement, revenant à une sorte de croyance à un « tout génétique » : il y a presque de nos jours un risque de percevoir le bébé comme une personne déjà dotée d'une volonté psychologique propre, qui saurait d'emblée ce qui est bon pour lui et ce qu'il désire. Le rôle des proches, des parents plus précisément, se résumerait pour l'essentiel à laisser l'enfant s'épanouir. Les indéniables compétences d'un enfant, d'un bébé, ne doivent pas faire oublier qu'il s'agit aussi d'un individu profondément vulnérable, dépendant de son environnement et qui a besoin de s'appuyer sur cet environnement pour développer sa propre organisation. Le bébé est un être fondamentalement social ! Comme l'air que nos poumons respirent, notre fonctionnement psychique a besoin des échanges avec les autres, le bébé comme l'adulte.

L'enfant naît immature

D. Winnicott déclarait déjà, dès les années 50, en forme de plaisanterie provocatrice : « Un bébé sans sa mère, ça n'existe pas ! », manière de dire qu'un bébé doit toujours être considéré avec et en fonction de son proche environnement, la personne qui s'occupe de lui au quotidien principalement, mettant ainsi le doigt sur l'état de dépendance du nourrisson. De très nombreux auteurs ont ultérieurement complété ce point de vue. La dépendance du bébé humain à l'égard de son environnement ne doit pas être considérée comme une marque d'imperfection. Peut-être même est-ce l'inverse : les premiers humains étaient si profondément dépendants les uns des autres, cette dépendance était si nécessaire à leur survie que ce trait comportemental a été sélectionné par l'évolution de l'espèce, le besoin de dépendance exerçant une pression sélective.

Le petit d'homme arrive au monde dans un état de prématurité relative. On parle de néoténie. Si à sa naissance les voies sensorielles de l'audition sont à maturité, en revanche les voies sensorielles de la vision sont encore relativement immatures. Par conséquent le réflexe naturel de détournement du regard n'est pas encore physiologiquement installé. En quelque sorte la naissance du bébé humain surviendrait à une étape intermédiaire du développement des compétences sensorielles : la maturité des voies auditives permet l'appel et l'échange non personnalisé par le prélangage, tandis que l'immaturité des voies visuelles autorise l'accrochage primitif du regard puis son maintien sans être entravé par un réflexe de détournement dont l'expressivité génétique ne serait pas encore mature. Grâce à ce décalage maturatif, la vision peut être initialement neutralisée en tant qu'organe d'attaque et ensuite « couplée » à l'audition puis à la gestualité comme organe de communication : le regard du nouveau-né se cale dans celui de sa mère et, par ce partage/portage, la vision peut se transformer en un organe sensoriel support de la communication humaine intersubjective. Comment cette intersubjectivité s'installe-t-elle ?

« A la naissance, les circuits auditifs du tronc cérébral sont plus développés que les circuits visuels mais par la suite, pendant les premières années, c'est l'inverse qui se produit, et les projections visuelles vers le néocortex se développent beaucoup plus rapidement, accompagnant alors le développement du langage[1]. » Les voies neurologiques de l'audition semblent connaître un développement plus précoce que celles de la vision. « L'apprentissage auditif des fœtus et les imitations vocales des prématurés (sont) liés au développement précoce du sens auditif et à l'acuité exceptionnel de celui-ci[2]. » Cette précession du développement et de la maturation du système de l'audition sur celui de la vision aboutit au fait que « la sensibilité à la voix humaine est beaucoup plus développée que l'acuité visuelle (perception de l'expression du visage) à la naissance et pendant les premières semaines de vie. Les aspects temporels et prosodiques des interactions vocales précoces sont extrêmement importants pour le développement socio-émotionnel et la communication par le langage[3] ».

Mère et bébé s'appellent et se regardent

Le discours maternel orienté vers le nouveau-né, appelé *motherese*, présente des caractéristiques rythmiques, mélodiques et vocales très typées ; il soutient l'engagement d'attention entre mère et bébé, participe à la communication des affects et plus tard à l'apprentissage du langage. Cependant, « la communication vocale pour le nouveau-né, et en

1. C. Trevarthen, « Intersubjectivité chez le nourrisson : recherche, théorie et application clinique », *Devenir*, 2003, 15, 4, p. 328.
2. *Ibid.*, p. 325.
3. *Ibid.*, p. 393.

grande partie pour l'adulte aussi, est non référentielle en ce sens que le *motherese* décrit la vitalité d'un contact humain et non pas une réalité ou un objet[1] ». Qu'est-ce que cela veut dire ? La communication vocale seule semble initialement non référentielle, car elle s'adresse à un objet en quelque sorte indéfini, anonyme, non personnifié. La vocation première du langage est dans l'appel. Ainsi que le précise G. Steiner, « nous parlons parce que nous sommes appelés à répondre ; le langage est au sens radical du terme une *vocation*[2] ». Avant le langage, il y a le cri, l'appel anonyme. Cette idée conduit à réfléchir sur la notion de « contact humain ». Le développement maturatif du circuit neuro-sensoriel auditif précède celui de la vision. Or dans le monde animal le contact par l'audition est très développé : les appels des petits et à moindre degré les manifestations phonologiques de l'adulte participent du rapprochement et de l'attachement entre congénères, et plus précisément entre les parents et leurs petits.

Quant à la vitalité du contact, celle-ci traduit essentiellement la forme de ce contact, sa dynamique : la rapidité de l'engagement ou du désengagement, l'intensité de ceux-ci, etc. Toutes ces caractéristiques ne sont pas spécifiques du contact humain, mais plutôt du contact intra-générique, du contact entre membres d'une même espèce en particulier entre les adultes et leurs petits.

On ne peut certainement pas tenir la communication vocale pour spécifique de l'espèce humaine. En revanche le contact humain semble se caractériser par la participation conjointe de l'appel avec sa vitalité propre à la communication vocale et de l'engagement fait de connaissance, recon-

1. *Ibid.*, p. 327-328.
2. G. Steiner, *Grammaire de la création*, Gallimard, 2001, p. 47.

naissance propre à la communication visuelle. C'est cette capacité de communication visuelle qui ouvre et autorise la dimension référentielle centrée sur un « objet précis » aux contours individuellement identifiés, c'est-à-dire un objet investi pour lui-même, dans sa subjectivité en quelque sorte. La conjonction de la communication vocale *et* visuelle fait entrer le petit d'homme dans la singularité de la relation humaine : mère et bébé s'appellent *et* se regardent. D'emblée la communication humaine est intermodale, conjuguant communication vocale et communication visuelle qui deviendront langage et regards, dans un portage réciproque où la part de l'un et celle de l'autre s'avèrent indiscernables, indissociables. Il convient d'ajouter aussi tout ce qui a trait aux mouvements, à la gestualité, au tonus : gestes de bercement, de caresse, manière de prendre ou de poser le bébé dans son berceau, de le tenir dans les bras, mouvements doux et harmonieux, ou au contraire brusques et intrusifs, ou encore maladroits et hésitants, expressions mimiques du visage, etc. La qualité tonique de ces mouvements constitue la ligne harmonique et le fond mélodique de la partie plus apparente et émergente de la communication, l'échange verbal et visuel. Ce « dialogue tonique », comme l'avait appelé J. de Ajuriaguerra, représente la qualité du paysage, de l'ambiance propre à cette interaction, l'arrière-fond qui colore les regards et les mots échangés [1].

1. Fait essentiel, cet ensemble vocal, visuel, tonico-émotionnel est silencieux lorsqu'il est cohérent, « congruent » comme le disent les spécialistes des interactions précoces. Ce silence permet l'émergence du sens de la communication, de sa signification et de son intention. En revanche, quand ces diverses lignes sont incohérentes entre elles, non congruentes, alors la communication devient brouillée, l'intention confuse et le bébé ne peut intégrer cette expérience en un tout harmonieux et constructif. Cette dimension intermodale explique

Ainsi, dès sa naissance, le bébé cherche le contact avec les autres et il est d'une certaine façon « programmé » pour ce contact : « Un bébé est organisé en tant que sujet psychologique dès sa naissance, un sujet qui cherche à établir de façon régulée des rapports avec des processus subjectifs chez d'autres êtres humains [1]. » Ce besoin se manifeste par un ensemble d'attentes à l'égard des actes des autres, en particulier certaines caractéristiques de leur comportement expressif et émotionnel.

Du partage de regard au partage d'intention

En se soutenant du regard partagé, la communication humaine, tissée d'un ensemble indissociable de paroles, de regards et de contacts toniques, change de registre et passe ainsi d'un échange de code à un partage d'intention.

Pourquoi l'espèce humaine est-elle la seule espèce du monde animal, en particulier carnassier, où les individus sont capables de se regarder dans les yeux sans détourner aussitôt leur regard ? Dans ces autres espèces animales, le réflexe de détournement du regard semble à la fois garantir une certaine clôture individuelle et protéger les congénères entre eux : il y a une connaissance automatique de ceux de la même espèce. Mais cette connaissance automatique

---

aussi la grande capacité des êtres humains à faire face à certains handicaps. Ainsi le déficit de communication dû à la cécité ou à une amblyopie profonde peut, au moins en partie, être compensé par les autres voies sensorielles de la communication dans un ensemble intégré porteur d'un sens.

1. K.J. Aitken, C.W. Trevarthen, « L'organisation soi/autrui dans le développement psychologique humain », *Psych. Enf.*, 2003, 66, 2, p. 476.

se paie d'une reconnaissance interindividuelle absente ou beaucoup moins fine et élaborée. Si la plupart des animaux identifient la position hiérarchique des uns et des autres, ils semblent peu capables de se reconnaître les uns les autres, encore moins d'identifier leurs intentions respectives. Seuls les primates supérieurs semblent accéder à cette capacité et encore est-ce de façon très partielle et rudimentaire, on l'a vu. Ils sont par exemple incapables de tenir compte de l'émotion d'un congénère pour ajuster leur propre comportement s'ils n'ont pas sous les yeux la séquence dans son entier...

Or tout petit enfant, à partir de l'âge de la marche, se retourne régulièrement vers l'adulte avec lequel il est pour savoir s'il peut continuer d'explorer son environnement ou s'il doit revenir près de l'adulte quand celui-ci paraît inquiet[1]. Spontanément, tout enfant se sert de la lecture du visage de l'adulte pour guider son propre comportement : il sait qu'en regardant cette personne précise, son père, sa mère ou un adulte de confiance, il obtient une information utile en s'appuyant sur un partage d'intention. Encore faut-il pour cela se regarder. Ainsi l'être humain, en perdant la capacité de reconnaissance automatique de ses congénères, accède-t-il à la possibilité non seulement d'une reconnaissance interindividuelle mais aussi d'un partage précieux de pensée ou d'intention.

Comment cela a-t-il pu se produire ? Que s'est-il passé il y a des millions d'années pour qu'*homo habilis* puis *homo ergaster* ou *erectus* puisse installer ainsi son regard dans celui de son congénère, le regard du petit nouveau-né dans celui de sa mère, puis peu à peu développer ce regard partagé

1. Voir sur ce point D. Marcelli, *L'Enfant, chef de la famille, L'autorité de l'infantile*, Albin Michel, 2003.

qui deviendra ensuite une attention conjointe ? Formulons une hypothèse : en colonisant la savane, en accédant à la bipédie, l'animal futur humain si faible et si vulnérable n'a pu préserver sa survie que grâce à deux stratégies conjointes [1]. La première, fondamentale, a consisté en une mise en commun des actions et des pensées dont l'objectif était de parvenir à une coordination des actions, principale stratégie de survie : le groupe avait la force dont l'individu était dépourvu. Les regards partagés ont permis le passage de la coordination de l'action en cours à la coordination des intentions qui est à la base du lien social d'autorité. Concernant la seconde stratégie, il est possible de conjecturer que cette exigence de lien social a fait pression sur l'évolution génétique pour favoriser au plan biologique un retardement de maturation afin de permettre l'émergence de ce partage de regards, retardement conduisant à la néoténie de l'être humain.

L'anthropologie culturelle pourrait étayer ces hypothèses. Ce partage de regards est-il universel ? Il semble que dans les sociétés dites primitives, l'échange du regard soit chose dangereuse voire interdite. Cet échange serait susceptible d'attirer le « mauvais œil » : le regard de l'adulte sur celui de l'enfant pourrait attirer le mauvais sort, les mauvais esprits. C'est pour ces motifs que, selon F. Héritier-Auger [2], le nourrisson des sociétés traditionnelles d'Afrique ou des Indiens d'Amérique ne serait soumis à aucune stimulation en face-à-face. Tout d'abord il convient de constater que le regard partagé est une chose et la stimulation avec un partage de mimique une autre chose. D'ailleurs ces deux types d'échanges se produisent à des étapes

1. Voir sur ce point l'épilogue.

2. F. Héritier-Auger, « Fait-on rire les enfants en Afrique ? », in *Bonjour gaieté*, ESF, Paris, 1987.

différentes du développement : à la naissance la mère se contente de regarder son bébé sans chercher ni à le stimuler ni à partager avec lui. Elle lui offre simplement sa rêverie, à lui de s'en saisir. D'autre part, et c'est l'argument le plus important, dans une société ou dans une culture, l'interdit n'existe que dans la mesure où la chose existe : à quoi cela pourrait-il servir d'interdire ce qui n'existe pas ? Lorsqu'une culture désigne un comportement comme dangereux ou interdit, c'est bien parce qu'il existe et qu'il est considéré comme nuisible. Si la sexualité de l'enfant était interdite au XIXe siècle et réputée comme dangereuse pour son épanouissement, c'est bien parce que cette sexualité existait mais que l'ordre moral la condamnait. S. Freud n'a pas inventé la sexualité infantile, il l'a découverte du voile qui voulait la masquer. Si le regard partagé fait l'objet d'opprobre et même d'interdit dans certaines sociétés, c'est effectivement parce qu'il existe !

Ainsi, la quête constante du regard de l'autre, présente dès la naissance du petit d'homme, traduit le besoin impérieux d'intersubjectivité, de transsubjectivité qui structure le lien social.

Chapitre 3

Se regarder et s'imiter : les sources du lien social

Chaque parent a pu en faire la constatation : très tôt, à peine âgé de quelques semaines, le bébé cherche à imiter son vis-à-vis, ses expressions, ses mimiques. Plus tard, dans le cours du deuxième semestre ou de la deuxième année, cela peut même se transformer en jeu. Par exemple, si un parent fronce les sourcils, un bébé de quelques mois peut lui aussi se mettre à froncer les sourcils, imitant en quelque sorte son père ou sa mère. Il n'est pas rare que cela déclenche chez l'adulte une manifestation d'amusement ou de plaisir, l'adulte sourit, voire rit franchement, ce qui aussitôt faire rire l'enfant. Parfois, adulte et enfant continuent alors ce qui devient un jeu : l'un fronce les sourcils, l'autre l'imite puis tous deux rient du bon tour. Cette description peut ne pas apparaître comme très scientifique, pourtant elle contient l'essence même de ce qu'on nomme l'intersubjectivité. Et si elle n'est pas considérée comme scientifique, c'est principalement parce qu'elle est difficilement reproductible en laboratoire, dans des conditions dites « expérimentales » où tous les paramètres de cette expérience seraient soigneusement contrôlés. Elle dépend aussi de la disposition de chaque partenaire de cette dyade l'un envers l'autre, le détournement de l'un interrompant aussitôt la réponse de l'autre : ce « jeu » traverse l'un et l'autre, il n'appartient en propre ni à l'un ni à l'autre. Un élément est essentiel dans ce jeu : l'imitation croisée entre les deux partenaires.

Trevarthen parle chez le bébé de « passion pour la compagnie » pour illustrer cette véritable avidité de contact, considérant d'ailleurs que ce besoin correspond à un ensemble fonctionnel cérébral qu'il nomme « formation intrinsèque de motivations », une sorte de préprogramme siégeant dans le néocortex, plus précisément dans le cortex frontal, qui prépare le bébé « à s'engager, avec les émotions exprimées par des compagnons adultes, dans une guidance mutuelle du développement cérébral et des apprentissages socioculturels du bébé [1] ». La capacité d'imitation est la manifestation la plus visible de ce besoin. Cette imitation survient très précocement, dès la naissance, et se poursuivra au cours des premières années pour aboutir, vers deux-trois ans, au jeu du « faire comme si ». Bien évidemment, chez le bébé à la naissance ces imitations ne peuvent pas être conscientes : on parle alors d'intersubjectivité primaire. Chez l'enfant plus âgé, qui imite volontairement, on parlera d'intersubjectivité secondaire pour caractériser la dimension plus consciente de cette imitation.

Qu'est-ce qui caractérise l'imitation humaine, en quoi diffère-t-elle de l'imitation dans le monde animal ? Bien plus qu'un geste, un comportement précis, en s'imitant les uns les autres les êtres humains cherchent à reproduire le sens d'une action, son intention. L'imitation des expressions mimiques, chez le jeune enfant par exemple, montre que c'est plus la coloration émotionnelle, le partage des affects qui est recherché en priorité, dimension de sens et

1. K.J. Aitken, C.W. Trevarthen, *art. cit.*, p. 478.

d'intention qui fonde l'intersubjectivité et introduit chaque être humain dans un échange social où le regard sert de guide : le partage des regards transforme la qualité de l'imitation entre humains.

L'imitation précoce

De nombreuses études ont montré qu'un nouveau-né imitait les expressions d'un visage lui faisant face. Entre douze et vingt et un jours, les nouveau-nés sont capables d'imiter la protrusion de la langue, l'ouverture de la bouche ; des bébés de moins de deux mois ont imité des gestes tels que des mouvements de la tête, le gonflement des joues, des clignements d'yeux, des mouvements des mains. La protrusion de la langue est probablement le comportement imitatif qui a été le plus étudié et reproduit par de très nombreuses recherches. Meltzoff, un chercheur qui a beaucoup travaillé sur ce sujet, a même proposé un protocole encore plus raffiné puisqu'il fait observer ce mouvement de protrusion de la langue à des bébés qui avaient une tétine en bouche et qui pour cette raison ne pouvaient tirer la langue en même temps que le modèle. Une fois la tétine retirée, « les bébés commençaient leurs réponses imitatives dans la période de deux à cinq minutes qui suivait, alors qu'ils étaient en face d'un visage immobile [1] ». A l'âge de six semaines, les bébés étaient même capables d'imiter la mimique observée sur un visage quand ils revoyaient le lendemain ce même visage immobile face à

1. A.N. Meltzoff, « La théorie du "*like me*", précurseur de la compréhension sociale chez le bébé : imitation, intention et intersubjectivité », in *Imiter pour découvrir l'humain*, sous la direction de J. Nadel et J. Decety, PUF, 2002, p. 38.

eux ! Après quelques essais, ils arrivaient aussi à reproduire un mouvement un peu inhabituel, par exemple une langue tirée de manière latérale. Ces constatations sont importantes car elles permettent de distinguer les réflexes neurologiques présents à la naissance (en particulier les réflexes qu'on appelle archaïques), lesquels accompagnent la stimulation, n'apparaissent jamais de façon différée et ont une forme toujours identique, de ces comportements d'imitation qui ont un aspect très différent.

Pendant le second trimestre de vie, l'imitation prend un aspect plus social au cours du jeu mimique avec la personne familière[1]. Ainsi, vers trois mois, lorsqu'une mère s'engage dans une conversation douce et mélodieuse avec son bébé, « le nourrisson regarde les yeux et la bouche de son interlocuteur, tout en écoutant la voix. Puis par cycles prévisibles [...] le nourrisson réagit avec des mouvements de visage, de main ou des vocalisations aux expressions vocales changeantes de l'adulte [...] en coordination rythmique avec le discours entendu[2] ». En effet, avec l'âge l'imitation deviendra plus subtile, inscrite dans un échange relationnel souvent en forme de jeu avec la mère et prendra de plus en plus une dimension qu'on appelle transmodale. Par exemple si la mère parle à son bébé en accompagnant ses propos d'un léger balancement de la tête d'avant en arrière, on peut observer en même temps des petits mouvements d'extension et de flexion des doigts du bébé qui suivent exactement le rythme du balancement de la tête. Plus que le mouvement lui-même, ce qui est imité, c'est le rythme,

1. Par facilité nous dirons souvent « la maman », mais il va de soi que ces comportements d'imitation s'observent aussi avec de nombreux autres adultes, d'autant plus facilement que ces adultes sont familiers du bébé et qu'ils jouent souvent avec lui.

2. C.W. Trevarthen, K.J. Aitken, *art. cit.*, p. 318.

le tempo de l'échange et de la séquence. Les enregistrements vidéo permettent de confirmer cette synchronie : si la mère accélère le tempo de son balancement, le bébé suit en rythme ; de même si elle arrête ce balancement, les mains du bébé resteront entrouvertes, comme en attente.

Les bébés du même âge peuvent aussi faire des efforts apparents pour imiter des comportements moins naturels et un peu forcés : par exemple fermer les yeux très fort avec un froncement marqué de sourcils, ouvrir de façon exagérée la bouche, lever les yeux en haut comme pour regarder en arrière de la tête. D'ailleurs il n'est pas rare que la maman joue ainsi avec son bébé à des jeux de mimiques exagérées et presque trompeuses : mimique de fausse gronderie, de joie excessive, de pleurs ou de tristesse accentuée, etc. C'est habituellement une joie et un plaisir pour la maman quand son bébé reproduit ce qu'elle vient de faire : le regard satisfait, elle félicite le bébé, recommence souvent et le jeu peut ainsi continuer...

L'imitation croisée

Car un élément est essentiel dans ces comportements d'imitation : certes le bébé imite sa mère, mais très tôt, dès les tout premiers jours, la maman imite en réponse l'imitation de son bébé, reprenant sur son propre visage les expressions mimiques qu'elle cueille sur le visage du bébé. Il s'agit donc d'une imitation croisée. Si le bébé imite les expressions faciales de sa mère, les enregistrements vidéo montrent que, assez souvent, la maman imite elle aussi les expressions faciales de son bébé, en particulier des ébauches de mimiques pouvant sous-tendre une émotion : ébauches de froncement de sourcils, de mimiques de retrait ou de perplexité, de pleurs, de sourire bien sûr, etc. Elle peut aussi reprendre à son compte le rythme de certains mouvements du bébé : par exemple elle va reproduire dans sa prosodie le rythme des mouvements de pédalage de son bébé. D. Stern [1] a ainsi filmé des mères en interaction avec leur bébé. Il a ensuite visionné avec elles ces enregistrements, fait des arrêts sur image et demandé à ces mères pourquoi elles agissaient de cette manière. Les réponses ont toutes été les mêmes : d'une part ces mères reconnaissaient ne pas avoir eu conscience de leur comportement et d'autre part, spontanément, toutes ont dit que « c'était pour être avec leur bébé, pour partager avec lui ce qu'il ressentait ». Par la suite D. Stern a appelé ce genre d'interaction un « accordage affectif », moment essentiel de partage émotionnel entre mère et bébé, dont la caractéristique siège dans le comportement imitatif de l'un des partenaires envers l'autre, mais une imitation décalée, transmodale, reposant le plus souvent sur la qualité cinétique et dynamique (le rythme, le tempo mais aussi l'intensité, la rapidité ou la lenteur de l'échange : gestes, tonus, prosodie, etc.).

Cette appétence du bébé pour le visage humain, surtout quand il est expressif et qu'il produit des imitations croisées, est *a contrario* corroborée par le rejet du bébé quand le visage qui lui fait face est inexpressif et impassible. Cette expérience bien connue consiste à demander à une maman de garder un visage inexpressif (expérience dite du *still face*) devant son bébé âgé de quelques mois. Rapidement le bébé semble perplexe, arrête ses mouvements et ses mimiques habituelles, pour les plus âgés (vers huit-dix mois et plus) fait des grimaces comme pour dérider la maman, puis finit par se détourner de ce visage impassible avec sur son pro-

1. D. Stern, *Le Monde interpersonnel du nourrisson*, PUF, 1989.

pre visage des traits tombants et une mimique de tristesse, si ce n'est d'accablement. Chose étonnante, des nouveau-nés de quatre à sept heures présentent une aversion spécifique du regard pour un visage sans mouvement, aversion à laquelle ils ne s'habituent pas, contrairement à ce qu'ils font avec la majorité des autres stimuli visuels (par exemple la vision d'un carré)[1]. Ainsi dès leur naissance les bébés seraient « programmés » pour un engagement interactif et auraient besoin de la réponse du visage adulte pour être portés dans la poursuite de cet engagement.

L'imitation transformée

Cependant, si la mère imite parfois la mimique ou le geste, si elle reproduit sur un plan transmodal le rythme d'une séquence particulière, souvent elle introduit dans son imitation un écart supplémentaire : parfois elle atténue mais le plus souvent elle amplifie la mimique ou le geste. Cette imitation présente ainsi trois caractéristiques : une remarquable synchronie, une exagération morphologique, comme une caricature et une absence de conséquence apparente, un comportement gratuit, qui ne sert à rien ! Certains auteurs considèrent que cette imitation croisée donne au bébé un sentiment d'efficacité sur le monde qui l'entoure, puisqu'il est capable de le faire agir comme lui et permettrait une détente ou un apaisement relatif des tensions éprouvées grâce au partage affectif[2].

---

1. Langer et col., cité in *Imiter pour découvrir l'humain*, *op. cit.*, p. 86-87.

2. G. Gergely, O. Koos, J.S. Watson, « Perception causale et rôle des comportements imitatifs des parents dans le développement socio-émotionnel précoce », in *Imiter pour découvrir l'humain*, *op. cit.*, 59-81.

A d'autres moments, l'imitation maternelle modifie ou complète le geste. Ainsi au cours d'une recherche personnelle avec J. Nadel, nous avons pu enregistrer la séquence suivante chez un bébé de deux mois interagissant en face-à-face avec sa mère par l'intermédiaire d'un système vidéo : le bébé assis dans sa chaise haute lève soudain un bras, la mère assise en face du bébé, moins d'une demi-seconde après ce mouvement, lève à son tour le bras mais, chose intéressante, environ une demi-seconde après, elle complète son geste par un léger mouvement de rotation du poignet levé, puis à peine une demi-seconde plus tard, le bébé qui avait gardé son bras levé ébauche à son tour un mouvement de rotation de la main [1]. Tout en gardant une grande prudence interprétative, il semble qu'on pourrait donner à cette brève séquence la signification suivante : en imitant son bébé et en levant elle aussi le bras, la maman est avec son bébé, elle l'accompagne mais, en outre, en faisant ce petit geste du poignet c'est un peu comme si elle disait à son bébé : « Oui, j'ai vu que tu avais levé le bras, d'ailleurs je te le montre par ce petit geste de salutation », à quoi le bébé pourrait répondre : « Oui maman, j'ai vu ton bras levé, je me suis rendu compte aussi que le mien était levé et je te remercie de me l'avoir montré. »

Bien entendu, ni la mère ni le bébé n'ont eu conscience de telles pensées, pas plus qu'elles n'ont existé de façon

1. Plus exactement un mouvement dit de prono-supination du poignet, comme celui de la mère. Cette séquence très brève nécessite bien évidemment une analyse rigoureuse par arrêt sur image comparatif de l'enregistrement de la mère et du bébé. Voir J. Nadel, L. Carchon, C. Kervalla, D. Marcelli, D. Réserbat-Plantey : « Expectancies for social contingency in 2-months-olds », *Developmental Science*, 1999, 2, 164-173.

inconsciente. Mais en deçà des pensées, il y a eu peut-être un bref temps de partage émotionnel. Plus encore, le bébé a pu voir sur le corps de sa mère le résultat de sa propre motricité. Peut-être est-ce par cet intermédiaire qu'un bébé peut plus facilement et rapidement prendre conscience de son corps et de ses gestes ? Être imité par un adulte représente dans tous les cas un stimulant puissant qui conduit le bébé à regarder avec encore plus d'intérêt cet adulte. Un bébé de deux mois en face de deux adultes dont l'un l'imite et l'autre fait exactement au même moment des gestes différents, regarde davantage la personne qui l'imite[1] : pour un bébé, être imité par un autre est un spectacle particulièrement intéressant. C'est probablement ce qui explique le plaisir pris par des bébés lorsqu'un enfant plus âgé s'installe en face d'eux. C'est caricatural avec le frère ou la sœur aîné, âgé de trois ou quatre ans et qui se penche au-dessus du berceau du bébé : ce dernier s'engage aussitôt dans une conversation frénétique avec son aîné où les mimiques d'imitations croisées abondent et où l'échange affectif est intense... Il n'est pas rare d'ailleurs qu'avec ce frère ou cette sœur le bébé réussisse des exploits nouveaux !

Les neurones miroirs

Par quelle mystérieuse magie un bébé de quelques jours peut-il voir un mouvement sur une autre personne, par exemple tirer la langue, puis reproduire sur son propre visage, qu'il ne voit pas, le même acte moteur ? Les voies réceptives de la perception, dans le cas présent la vision, et celles effectrices de l'acte moteur, la contraction du muscle

1. A.N. Meltzoff, *op. cit.*, p. 46.

de la langue, n'ont en apparence pas de point commun. De plus il est difficile d'imaginer que le bébé puisse être conscient de cette imitation et capable de contracter volontairement le muscle adéquat. Est-ce de la transmission de pensée ?

La réponse, ou du moins un début de réponse, est venue des travaux désormais rendus possibles grâce aux techniques de neuro-imagerie cérébrale (tomographie par émission de positons : TEP, imagerie fonctionnelle par résonance magnétique : IRMf) qui permettent non seulement des études anatomiques (la morphologie du système nerveux central) mais aussi des études fonctionnelles (l'activation des diverses régions de ce système nerveux central, surtout la partie la plus superficielle qu'on appelle le cortex, en fonction des tâches que le sujet accomplit). Les techniques de neuro-imagerie peuvent être couplées avec des protocoles de recherche en psychologie cognitive non seulement sur l'animal mais aussi chez l'homme car elles sont pour certaines d'entre elles totalement inoffensives. On peut ainsi étudier les zones corticale et sous-corticale du cerveau qui sont impliquées non seulement dans des comportements moteurs ou des stimulations sensorielles comme il était classique de le faire avec d'anciennes techniques d'exploration plus grossières, mais on peut aussi appréhender maintenant les localisations des divers états affectifs, des différentes stratégies cognitives de résolution de problèmes variés et même simplement localiser une pure activité de pensée, une intention, par exemple anticiper la réalisation d'un geste sans avoir à le faire. Dans ce dernier cas l'activité corticale repérée ne se situe pas dans les zones du cortex moteur classique, pariétal, mais dans des zones complémentaires telles que l'aire motrice supplémentaire (AMS) dans le cortex frontal.

C'est ainsi qu'une zone précise a été découverte (région ventrale du cortex frontal prémoteur dite F5) où une population particulière de cellules présente des décharges lorsque l'animal, un grand singe, réalise une action mais aussi lorsque cet animal observe simplement l'expérimentateur ou un autre animal qui exécute la même action. Les actions testées comprenaient entre autres : prendre un objet, le déplacer, saisir de la nourriture [1]. Ce groupe de neurones a la particularité de décharger à la fois en lien avec la perception de l'action mais aussi avec la réalisation motrice de l'action. Ainsi, le fait d'observer un compagnon ou un congénère en train de réaliser une action entraîne l'activation d'une zone précise du cortex frontal qui présente la même activité lorsque l'observateur à son tour effectue lui-même la même action, en un mot imite l'action observée. Ces résultats ont été retrouvés sur l'homme. Bien plus, selon que l'action est familière (planter un clou, ouvrir une boîte) ou non familière et arbitraire (même si la dynamique du geste est assez proche), selon qu'il s'agit simplement d'une observation ou qu'il y ait en plus une intention d'imitation, des zones d'activation différentes ont été retrouvées. Le but de l'observation, c'est-à-dire l'intention, engage donc des réseaux neuronaux spécifiques : « La perception des actions réalisées par autrui active chez l'observateur un ensemble de structures corticales qui peuvent s'interpréter comme la mise en résonance des régions qui sont impliquées dans la programmation de l'action intentionnelle [2]. »

Ces constatations aboutissent à l'hypothèse qu'il existe un

---

1. G. Di Pellegrino, L. Fadiga, G. Pavesi, V. Gallese, G. Rizzolatti, « Understanding motor events : A neurophysiological study », *Experimental Brain Research*, 1992, 91, p. 176-180.

2. J. Decety, « Neurobiologie des représentations motrices partagées », in *Imiter pour découvrir l'humain, op. cit.*, p. 119.

codage commun pour ses propres actions et celles d'autrui lié à l'existence de réseaux neuronaux d'activation partagée : celui qui fait et celui qui voit, surtout s'il a envie ensuite de faire la même chose, partagent tous les deux des zones d'activation cérébrale identique dans leurs boîtes crâniennes respectives. La boîte crânienne n'est pas aussi différenciée ni singulière qu'elle ne le semble et qu'on ne le croit ! Ainsi, dans la mesure où il est acceptable de penser que l'activation de certains groupes de neurones correspond probablement à des représentations mentales particulières, on peut émettre l'idée qu'il existe des équivalences entre les représentations propres à un sujet, par exemple ce qu'il a l'intention de faire, et les représentations nées de l'interaction avec d'autres individus, les actions dans lesquelles ces derniers sont engagés. L'existence de ces neurones miroirs donne un début de réponse à l'étonnante capacité d'un bébé, dès les premiers jours, à imiter des mouvements dont il ne voit même pas la réalisation sur son propre visage.

L'imitation des comportements sociaux

Avec l'âge, l'imitation évolue rapidement. A partir de six mois, ce ne sont plus simplement des mouvements qui sont imités, le jeune enfant commence à imiter des actions. Ceci se conjugue avec le développement d'une certaine conscience de soi, le bébé puis le jeune enfant se mettant à faire l'intéressant d'abord en imitation de l'adulte puis rapidement en initiant lui-même l'interaction. Les enfants de six-huit mois ou un peu plus commencent à faire des grimaces exagérées, des comportements de jeu farceur (hocher la tête, faire semblant de ne pas vouloir), applaudir des mains, etc. Ils répètent volontiers les comportements qui entraînent l'admiration ou l'approbation des adultes surtout quand ces derniers imitent eux aussi le comportement de l'enfant. L'imitation devient de plus en plus différée et les jeux de « faire comme si » ou de « faire comme » apparaissent dans le cours de la seconde année.

Camille, qui vient juste d'avoir deux ans, s'installe dans la chaise longue où se trouvait sa maman quelques minutes auparavant. Comme sa mère, elle a mis ses petites lunettes de soleil que souvent elle refuse de porter quand ses parents le lui demandent ; sa tête est légèrement inclinée, les deux bras levés autour de la tête dans une pose très féminine et lascive qui ressemble beaucoup à la pose de la maman. Elle reste ainsi immobile assez longtemps, jusqu'à ce qu'une tante la voie, sourie et lui dise affectueusement : « Alors, tu fais comme maman ! » Camille se redresse, paraît tout heureuse et très fière en croisant le regard de l'adulte qui vient de faire cette remarque. Peu après son père joue au ballon avec elle. Camille shoote très bien dans la balle. Le père, surpris de ce progrès, félicite sa fille puis, lassé par le jeu, il prend la balle en main et, comme Camille veut continuer, il cache le ballon derrière son dos. Camille le regarde, hésite, ne réclame pas vraiment le ballon et semble se détourner. Elle s'empare alors d'un tube de crème solaire qui traînait par là, le tient dans son dos et regarde son père avec une mimique de complicité. Bien évidemment son père rit franchement, comme les autres adultes présents, Camille est fière et heureuse puis vient près de son père, lequel entre-temps s'est assis le ballon toujours dans son dos. Camille s'assoit à côté de son père tenant toujours elle aussi le tube de crème dans son dos et regarde devant elle, affectant l'indifférence comme son père venait de faire. Tous les adultes rient de plus belle et Camille rayonne...

Peu après, au moment du repas, Camille est installée

dans sa chaise haute, à côté de sa mère, et attend avec une certaine impatience le plat suivant. Pour la faire patienter sa mère lui chante *Une souris verte* en mimant chaque phrase d'un geste qui se fait plus vif juste sur le mot porteur d'une accentuation tonique franche (verte, herbe, queue, messieurs, l'eau, l'huile, (escar)got, chaud). Camille, dont le langage est relativement développé pour son âge mais qui bien entendu ne fait pas encore de phrase, regarde sa mère avec une grande intensité, agite ses mains et ses jambes en cadence puis demande, par un renforcement de son battement de jambes, que sa mère recommence. Celle-ci s'exécute à plusieurs reprises. Après plusieurs répétitions, Camille semble mécontente, fait non de la tête quand sa mère reprend la comptine. La maman pense que sa fille veut entendre une autre comptine, elle en propose quelques-unes mais à chaque fois Camille se met à protester en faisant non de la tête et en ne regardant plus sa mère. Cette dernière hésite, ne comprend pas bien ce que sa fille désire. Elle reprend alors *Une souris verte*. Camille proteste mais pas tout à fait de la même manière : en effet, tout en manifestant un certain mécontentement, elle continue de regarder sa mère, en maintenant par son regard l'engagement et l'exhortant à continuer mais peut-être autrement... Soudain la maman semble comprendre, son visage se rapproche de sa fille puis elle reprend la comptine mais cette fois-ci beaucoup plus lentement, s'arrêtant au milieu de la phrase. Camille écoute attentivement, s'immobilise quand sa mère s'arrête de chanter, dirige alors son regard en haut et en oblique (exactement comme si elle cherchait quelque chose dans sa tête...), semble très concentrée, puis dit : « Vet ! » avec un grand sourire[1]. La maman sourit aussi, approuve d'un mouvement de

1. Il est remarquable de constater qu'à l'instant où Camille s'engage dans un travail de réflexion, elle cesse de croiser le regard de

tête, passe à la phrase suivante, s'arrête au milieu ; Camille reprend sa même attitude réflexive puis dit : « Heb ! » Cette fois à la table plusieurs adultes ont compris le jeu, sourient et la mère poursuit : « Je l'attrape par la... » Camille se concentre encore puis, souriante et triomphante, dit clairement : « Sau ! », la maman éclate de rire et accompagne sa fille d'un « Tout chaud ! », anticipation de la chute finale. Tout le monde rit beaucoup et Camille est manifestement très heureuse, applaudit tout en recevant les félicitations de l'assemblée des adultes... Ses yeux brillants de plaisir disent assez sa fierté[1].

Constatations banales d'un dimanche en famille, cette observation a peu de chances de pouvoir être reproduite intégralement en laboratoire où tous les paramètres seraient contrôlés et aisément reproductibles ! Il est peu probable également que ces séquences se répètent à l'identique dans le cours de la vie : cela a eu lieu une fois et risque de ne jamais se reproduire, mais pour autant est-ce à négliger ? Dans ces trois séquences Camille imite, mais de façon de plus en plus complexe.

Convenons tout d'abord que le partage de regards

---

sa mère, détourne son propre regard et semble absorbée dans une contemplation interne. N. Elias fait de ce temps de détachement une étape importante de l'appropriation individuelle du regard.

1. Quand le jeune enfant reçoit ainsi l'approbation gentiment admirative des adultes, il en retire assurément ce sentiment de plaisir et de fierté qui fonde une confiance sociale ultérieure : on peut attendre des autres une reconnaissance. Inversement, quand le comportement de l'enfant suscite moqueries et railleries de la part des adultes, surtout si ce sont des adultes proches, l'enfant développe un sentiment de honte, toujours associé au désir de disparaître, de se cacher : on peut craindre ultérieurement le développement d'une susceptibilité majeure avec à la moindre remarque d'un autre un sentiment de malaise voire de honte.

constitue le fonds indispensable de ces moments relationnels : Camille observe attentivement les adultes tout comme ces derniers regardent avec intérêt et bienveillance la fillette. Allongée comme sa mère dans la chaise longue, on peut penser qu'elle joue simplement à « être » sa mère, faire comme elle. Cela aurait peut-être suffi à son plaisir. Mais un adulte la voit et commente son comportement, lui donnant un sens social, tout en la félicitant : le plaisir de l'identification à la mère se double de la satisfaction d'avoir été comprise, de pouvoir partager cet affect de plaisir (partage émotionnel) et d'acquérir dans le même mouvement une carte cognitive essentielle chargée de plaisir : « faire comme ». Imiter devient une relation, un échange affectif, un gain cognitif. Ce plaisir sera aussitôt transféré à une nouvelle situation où l'objet (le ballon ou le tube) importe moins que la relation : jouer à faire comme papa, le surprendre, faire l'indifférent... Cette fois, c'est une interaction sociale et des qualités proprement émotionnelles qui sont intériorisées dans un contexte jubilatoire partagé : quand il y a une modification dans la relation, il y a quelque chose à comprendre et à partager [1].

Au passage aussi, on peut dire que Camille apprend qu'il y a quelque chose de potentiellement intéressant quand l'action se modifie : elle y gagne une souplesse probable du fonctionnement psychique. Enfin, avec *Une souris verte*, Camille accède, dans un contexte mélodique, rythmique et gestuel partagé, au jeu avec les mots : elle imite sa mère, répète les mots et reçoit les félicitations de la communauté pour cette capacité émergente chez elle. Son plaisir à répéter ce qu'elle entend autour d'elle en est décuplé. Geste et

1. Voir mon ouvrage *La Surprise, chatouille de l'âme*, Albin Michel, 2000.

attitude physique d'abord, partage d'émotion ensuite puis partage de mots enfin, autour de ces trois séquences se trouvent résumées et condensées les étapes principales de l'imitation allant du plus concret (la posture) au plus abstrait (les mots), du plus individuel (faire comme maman) au plus social (chanter à table devant le monde). Un fil rouge à plusieurs brins guide cette progression : les échanges constants de regards, le partage des émotions, enfin chez l'enfant le sentiment de reconnaissance et de fierté qui l'exhorte certainement à continuer... « Vous avez vu, je suis capable de faire comme vous ! »

Nous avons décrit précédemment les neurones miroirs qui s'allument quand on fait un geste particulier ou qu'on voit ce même geste effectué par un autre. Il est incontestable que les êtres vivants recherchent activement à obtenir une nouvelle excitation là où elle vient de se produire, dans la même zone. Le regard partagé et l'imitation croisée renforcent le pouvoir attractif de cette répétition. Puisqu'il existe des neurones miroirs pour les gestes, pourquoi n'en existerait-il pas aussi pour les émotions et les mots qui les uns comme les autres ont d'ailleurs une composante motrice (les muscles du visage, ceux des cordes vocales et du larynx...) ? Il semble raisonnable de conjecturer qu'en observant sur le visage de l'autre une émotion analogue à celle qu'on ressent, cela puisse susciter une résonance neuronale source par elle-même de gratification... Ceci entraînerait une puissante motivation à « faire comme » et par conséquent, au-delà du regard, à « partager avec autrui ».

Encore faut-il au départ que le jeune enfant ait été regardé avec bienveillance et qu'il ait senti posé sur lui un regard de considération...

L'imitation humaine est-elle spécifique ?

L'imitation n'est pas une propriété exclusive des humains, on la retrouve dans le monde animal. Dans toutes les espèces sans exception il y a des comportements d'imitation, d'autant plus que les animaux vivent en groupe. Mais dans le couple imitateur/imité, le comportement imité s'inscrit pratiquement toujours à l'intérieur du même canal sensoriel ou moteur : attitude de léchage avec réponse identique, cri d'appel ou d'alerte avec cri de réponse correspondant, geste de menace avec geste symétrique en réponse dans les jeux des petits entre eux, etc. L'animal qui imite ne semble pas regarder avec attention celui qu'il va imiter, ne fixe jamais sur celui-ci un regard focal. Quant à l'animal imité, il ne semble jamais regarder l'imitateur, il ne paraît intéressé ni par celui-ci ni simplement par le comportement isolé d'imitation. Par conséquent, dans le monde animal on n'observe jamais de réponse claire au comportement imitatif avec le développement d'une imitation croisée ou d'une attention partagée.

Même chez les primates supérieurs les plus proches des humains on n'a pas retrouvé de tels indices. Ainsi cette expérience : « Des jeunes chimpanzés peuvent apprendre par observation qu'un râteau permet d'atteindre une nourriture placée à distance de leur cage, mais non pas *observer* la manière dont il faut s'en servir. Ils ne sont pas capables de *faire comme* le modèle, mais seulement d'adopter à leur tour le même objectif *et* de représenter un des éléments saillants de la solution [1]. » Même en milieu naturel, lorsque

1. M. Tomasello, M. Davis-Dasilva, L. Camack, K. Bard, « Observational learning of tool-use by young chimpanzees », *Human Evolution*, 1987, 2, p. 175-183. Cité par J. Proust, « Imitation et agentivité », in *Imiter pour découvrir l'humain, op. cit.*, p. 191.

la mère chimpanzé apprend le cassage des noix à son petit, elle en fait une démonstration parfois minutieuse, elle peut ralentir ses gestes, en ébaucher une décomposition, mais d'une part pendant cette séquence démonstrative elle ne recherche pas le regard du petit (pour s'assurer qu'il l'observe et « comprend »), d'autre part, la tâche accomplie, la mère chimpanzé s'éloigne, laissant le petit se débrouiller seul. De son côté, le petit regarde les gestes de la mère chimpanzé, tente ensuite de les imiter, mais s'il n'y arrive pas, il ne recherche pas du regard celle-ci comme pour lui demander de l'aide. Dans ces conditions il faut une dizaine d'années aux petits chimpanzés pour apprendre ce comportement social[1]. D'ailleurs, un nombre non négligeable n'y arrive pas, environ 10 % d'entre eux.

Ainsi, s'il y a transposition de savoir-faire par le moyen d'une imitation gestuelle, le petit cherchant à imiter sa mère, il ne semble pas y avoir transfert de connaissance. Ce transfert de connaissance implique nécessairement un partage d'attention accompagné de tentatives chez la mère à encourager les gestes corrects de son petit. En aucune façon la mère chimpanzé n'apprend à son enfant, au sens où nous entendons couramment ce terme, celui d'une relation pédagogique. En un mot si, incontestablement, un apprentissage social existe dans les divers groupes de chimpanzés, en revanche il n'y a pas de véritable pédagogie, ce qui explique probablement l'extrême lenteur des apprentissages et leur absence d'évolution.

1. B.L. Deputte, J. Vauclair, « Le long apprentissage de la vie sociale : ontogenèse comportementale et sociale chez les hommes et les singes », *ibid.*, p. 281.

Imitation et intersubjectivité

Les comportements d'imitation entre les humains diffèrent profondément de ce qu'on observe dans le monde animal. Les imitations humaines ont pratiquement toujours, dès la naissance, trois caractéristiques conjuguées : elles sont transmodales ; elles sont croisées ; elles introduisent fréquemment un écart, un élément de complexification supplémentaire.

« La capacité des jeunes enfants à imiter [...] montre que l'organisation transmodale est un aspect intrinsèque du système perceptif humain en jeu d'emblée dès la naissance[1]. » On l'a vu, souvent ce qui est imité représente une valeur abstraite en quelque sorte, le rythme, le tempo de l'échange, pas simplement le geste. Cette transmodalité crée une ouverture, une possibilité de transformation ou de transposition donnant au comportement imitatif une grande souplesse à défaut d'une forte contrainte reproductrice. Le caractère transmodal de la plupart des imitations humaines introduit un degré de liberté non négligeable entre les deux partenaires.

Elles sont croisées, elles s'inscrivent d'emblée dans un échange, une relation entre deux partenaires, chacun calant en quelque sorte son comportement sur celui de l'autre, y étant sensible comme on dit. C'est une grande caractéristique des êtres humains : ils ne sont pas indifférents au comportement imitatif. Celui-ci suscite toujours une réponse affective. Chez les adultes cette réponse peut être celle du plaisir : on est content d'être imité comme preuve de la qualité de ce qu'on vient de faire, dire ou créer.

1. A.N. Meltzoff, *op. cit.*, p. 51.

Parfois l'imitation provoque du déplaisir : on peut avoir le sentiment d'un larcin ou au pire se sentir dépouillé, en quelque sorte un épouillage qui irait trop loin, un vol de sa peau, de sa limite, de son identité. Il en va de même pour celui qui imite, ayant parfois un sentiment agréable de réussite, ailleurs un sentiment confus de gêne, d'incapacité diffuse à être soi-même.

Le plaisir à imiter trouve-t-il son origine dans le plaisir partagé au cours des premières imitations croisées entre le bébé, le petit enfant et l'adulte ? C'est possible, probable même. On peut penser que le plaisir pris ensemble par Camille et les adultes autour d'elle donne au comportement d'imitation une valeur émotionnelle attractive. L'appétence à l'apprentissage y a probablement sa source.

Enfin, ces imitations humaines apportent un élément de complexité supplémentaire. Ce ne sont pas vraiment des imitations en miroir[1] mais des imitations toujours légèrement décalées que nous avons nous-même appelées transformatives ou encore anamorphiques[2]. Avec son bébé de deux mois, la mère ne se contente pas de lever le bras comme son bébé. Elle ajoute quelque chose, un petit geste supplémentaire. On pourrait presque dire que la mère transforme un pur comportement moteur chez un bébé de

1. Il est tout à fait remarquable sur ce point que dans la séquence d'enregistrement vidéo mère-bébé que nous avons décrite, la mère ne lève pas le bras en miroir de son enfant (le bébé levant le bras gauche, la mère lèverait le bras droit), mais qu'elle lève le même bras que son bébé, opérant donc au plan visuel un effet de croisement, mais en revanche, au plan des projections corticales, une activation des mêmes groupes de neurones moteurs.

2. Comme les miroirs déformants dans les palais des glaces des fêtes foraines où, malgré l'image déformée de soi-même, on se reconnaît et on joue à se donner des formes nouvelles, à explorer d'autres images de soi comme pour mieux appréhender le reflet habituel...

deux mois : lever le bras sans en prendre nécessairement conscience, en un geste social, un geste de salutation réciproque, témoignant par conséquent d'un échange certes à un niveau infraconscient mais ébauche de communication soutenant, portant l'attention du bébé. Indirectement la preuve de cet étayage est apportée par des expériences de rupture du type visage impassible auxquelles les bébés, les enfants sont très sensibles, s'arrêtant aussitôt avec une attitude perplexe que l'adulte a envie d'interpréter comme ce questionnement : « Mais alors, maman, qu'est-ce qu'il se passe ? Pourquoi tu ne joues plus ? »

Nous avons beaucoup insisté sur cette transformation en forme d'exagération dans notre ouvrage sur *La Surprise, chatouille de l'âme*. Cet écart permet en effet une meilleure prise de conscience différenciatrice entre les deux personnes, l'enfant et sa mère. D'autres auteurs ont avancé la même suggestion : l'exagération de l'expression de l'émotion dans l'imitation parentale, exagération qui est également présente dans le jeu de « faire semblant », pourrait représenter un marqueur et être ainsi à l'origine d'un processus de découplage facilitant l'accession à une progressive prise de conscience de l'imitation d'abord puis de la qualité affective imitée, ceci dans un contexte où il n'y a pas d'enjeu majeur pour l'enfant[1]. Là encore cette transformation, cette création d'un écart relatif entre imité et imitateur donne à cet ensemble relationnel une souplesse, un potentiel d'ouverture, d'adaptation et de changement majeur.

On retrouve un tel écart dans cet instant fondateur sur lequel on a beaucoup glosé, celui de la reconnaissance de soi dans le miroir, étape qui fonderait la construction identitaire. On oublie trop volontiers ses précurseurs : le visage

1. J. Proust, *op. cit.*, p. 211.

de la mère et ses mimiques en miroir, comme l'avait déjà signalé D.W. Winnicott, avec les échanges de regards et les imitations croisées. Mais on oublie aussi que ces mêmes échanges et imitations croisées précèdent dans le miroir le moment du face-à-face solitaire. En effet, c'est dans les bras d'un adulte familier que le jeune enfant est initialement installé face au miroir. C'est d'abord sur le reflet de cet adulte familier que se porte le regard du jeune enfant en même temps que le regard de l'adulte se porte sur l'image réfléchie de l'enfant. Le miroir devient dans nos sociétés le protocole expérimental naturel de la première ébauche de déliaison des regards humains. Dans un second temps, l'adulte pointe du doigt l'image de l'enfant en la nommant : fondamentale altérité d'une identité que la personne reçoit toujours d'un autre. Pour être une personne, il faut ainsi avoir été désigné par un autre, faute de quoi on n'est personne. Dans un troisième temps seulement, grâce à ce pointage identifiant de l'adulte familier, le regard du jeune enfant se tourne sur sa propre image. Commence alors le jeu mimique avec soi-même, fascinant spectacle de cette quête interrogative spéculaire : « Quelles intentions ai-je à mon propre égard ? » Ce miroir est le premier artifice technique donnant à la personne l'illusion de pouvoir s'abstraire de l'autre pour savoir qui elle est.

Dans tous ces comportements imitatifs, il est indispensable que le bébé et sa mère, l'enfant et l'adulte se regardent de façon attentive et réciproque : de telles séquences ne pourraient exister sans un partage de regards qui en représente l'arrière-fond indispensable. Ce partage de regards transforme radicalement la nature de l'imitation. D'abord elle ouvre cette transmodalité. Il n'y a pas simplement la perception visuelle d'un comportement. Au-delà du geste, le regard regarde un autre regard et semble demander : « Que veux-tu me dire ? » Le regard partagé se soutient toujours d'une attribution d'intention puis de sa tentative de partage. La simple reproduction imitative est ainsi compromise : il y a un risque d'erreur, d'imperfection mais aussi de nouveauté, de progrès, d'enrichissement. Entre la perception et la réponse, la quête du regard introduit un écart fondateur. Quand on achète un objet fabriqué de façon industrielle, on attend de cet objet qu'il réponde exactement au « cahier des charges », qu'il soit strictement conforme au modèle, qu'il en soit la reproduction exacte : on ne veut pas de surprise. Quand on achète un objet fabriqué de façon artisanale, à la main, on peut être sensible aux petites différences, à l'aspect unique de cet objet pas complètement identique aux autres, différence qui en fait le prix : on accepte, on aime la surprise.

Portée par cette quête d'intention, elle-même inscrite dans le croisement des regards, l'imitation entre deux personnes illustre cette dimension d'intersubjectivité, ce tissage à deux ou à plusieurs qui met chaque individu dans une position de relative dépendance à l'égard de l'autre. Les humains ne se contentent pas d'imiter le format d'action de leurs congénères (imitation dite de premier ordre), ils cherchent surtout à deviner l'intention du comportement puis à agir en fonction de cette supposée intention (imitation de second ordre) en prenant si nécessaire quelques libertés dans la forme de l'imitation : l'objectif importe plus que la forme. C'est ce qu'on appelle la théorie de l'esprit.

De l'imitation à la théorie de l'esprit

Très tôt, l'imitation entre le bébé et la mère suppose un partage d'intention. Un geste va servir de marqueur social pour ce partage d'intention : le geste de pointage. D'abord du côté de la maman qui montre à son enfant de six ou huit mois les spectacles intéressants de la vie : « Oh ! regarde, là, le petit chien... » Vers quatorze-seize mois l'enfant lui-même commencera à pointer du doigt pour attirer l'attention de la personne avec laquelle il se trouve puis partager ensemble cet intérêt. On a d'abord décrit un pointage dit proto-impératif, l'enfant désignant du doigt ce qu'il veut (plus d'ailleurs que ce qui l'intéresse : il veut sa tétine, un verre d'eau, etc.) sans nécessairement se préoccuper du regard de l'adulte. Vient ensuite le pointage proto-déclaratif, pour certains le seul « vrai » pointage, au cours duquel l'enfant montre quelque chose du doigt, souvent un simple spectacle intéressant, mais surtout il tourne alternativement son regard vers le parent (ou l'adulte accompagnateur) puis vers l'objet ou la situation. En miroir, l'adulte lui aussi dirige son regard sur ce que montre l'enfant (et pas sur le bout du doigt !) puis croise le regard de l'enfant. Bien évidemment cet échange s'accompagne de paroles, l'adulte donnant à l'enfant le nom de la chose ou de la situation ainsi désignée. L'enfant répète ce nom, souvent au début en le déformant, puis l'adulte lui aussi répète, si bien qu'on ne sait plus dans l'interaction qui imite qui. En effet, tout en reprenant le mot de l'enfant dans son imperfection articulatoire relative comme pour mieux communiquer avec celui-ci, l'adulte apporte quelques corrections phonologiques et ajoute quelques commentaires pour décrire les qualités de l'objet ou de la situation pourvoyeuse de l'intérêt partagé. Ce dernier type de pointage est un précurseur indispensable à l'apparition d'un langage communicationnel, c'est-à-dire un langage qui ne soit pas une simple répétition stéréotypée des mots ou des phrases à la manière d'un perroquet ou d'un magnétophone (langage dit « écholalique »). Cette communication humaine inaugurée par le geste du pointage et par l'attention partagée a fait l'objet récemment d'une théorie séduisante qu'on appelle la théorie de l'esprit, qui cherche à comprendre comment l'enfant construit peu à peu une représentation de l'autre comme différent de lui-même et comment, à partir de là, il prête à l'autre des intentions de communication, et comment il infère de cela un type de comportement.

A partir de quand, dans le développement de l'enfant, une théorie de l'esprit se met-elle en place ? Wimmer et Prener[1] ont montré que dès l'âge de quatre ans, les enfants commencent à être capables d'organiser leur propre pensée en fonction des intentions supposées et attribuées à l'autre et d'inférer l'hypothèse d'une fausse croyance chez autrui. L'expérience avec le couple de poupées Sally et Anne est devenue célèbre[2]. Ce jeu est particulièrement apprécié des enfants et les aventures de Guignol reproduisent souvent ce genre de séquences : le voleur a changé de cachette pendant que le gendarme s'est momentanément absenté (on notera que le gendarme interroge du regard les enfants spectateurs et que ceux-ci, très excités, pointent souvent du doigt l'endroit où il convient d'aller chercher). En effet,

1. H. Wimmer, J. Prener, « Beliefs about beliefs : representation and constraining function of wrong beliefs in young children's understanding of deception », *Cognition*, 1983, 13, p. 103-128.

2. Voir mes ouvrages *La Surprise, chatouille de l'âme*, *op. cit.*, p. 183 et *L'Enfant, chef de la famille*, *op. cit.*, p. 169.

le concept de fausse croyance représente la pierre angulaire autour de laquelle la théorie de l'esprit se construit : si A peut attribuer à B une croyance que lui A sait être fausse mais que B, compte tenu de son expérience, croit être vraie, alors on peut affirmer que A construit un modèle, une représentation de la pensée de B différente de la sienne propre et de ce fait attribue à B une théorie de l'esprit[1]. D'une certaine manière le vrai ne permet pas de se différencier puisque le vrai s'énonce et se constate : dans ces conditions tous les individus en sont réduits à une pensée unique qui ne leur permet pas de se distinguer les uns des autres. En revanche, la croyance, d'autant plus qu'elle peut se révéler fausse, autorise toutes les subtilités différenciatrices entre les individus et ouvre la voie au processus d'identification individuelle. C'est la base même du processus inférentiel de la communication humaine : le destinataire d'un acte de communication cherche d'abord à inférer l'intention communicative de celui qui a émis le message et donne un sens au message en fonction de ce qu'il suppose de l'intention communicative (ce qui est de l'ordre de la

1. Comme pour le pointage, il semble que les enfants autistes aient beaucoup de difficulté à résoudre correctement ce genre de problème. Cette expérience relativement complexe nécessite il est vrai une assez bonne maîtrise du langage et une capacité à se décentrer de soi-même pour s'intéresser aux poupées. Une expérience simplifiée a été proposée par d'autres auteurs consistant à donner à l'enfant un tube de Smarties : quand il l'ouvre, il n'y a pas des bonbons comme il s'y attend mais un stylo. On lui demande quelle sera la réponse d'un autre enfant à qui on demanderait ce qu'il y a dans ce même tube de Smarties. Sans difficultés la majorité des enfants dès l'âge de quatre ans répondent de façon majoritaire : des bonbons (ils n'ont aucune difficulté à « s'identifier » à l'enfant qui reçoit le tube de Smarties). Là encore les enfants autistes échouent plus que les autres dans ce genre d'épreuve.

croyance, avec les risques d'erreurs qu'il est nécessaire d'assumer...). Communiquer, ce n'est pas seulement décoder (travail sur la réalité brute, qui est vrai ou qui n'est pas), c'est surtout inférer (travail sur le sens qui peut être juste mais aussi faux et qui appartient au champ de la croyance, de l'imaginaire, de la représentation mentale).

Ces regards qui font autorité sur le groupe

D'une certaine manière la théorie de l'esprit permet d'accéder directement à une imitation des idées et des pensées sans avoir à passer par le registre d'une perception sensorielle : partager la croyance suffit.

Que nous dit le regard que ne nous disent pas les mots ? Parmi toutes les espèces animales, l'espèce humaine est la seule où l'individu cherche systématiquement dans le regard de son congénère une inspiration. Le regard posé dans celui de l'autre, ce partage inspire la quête d'une pensée, d'une intention commune. Chaque congénère s'inspire de cette réflexion des regards et, s'aidant d'autres expressions, la posture, la mimique, la tonalité des cris, de la voix, la dynamique des gestes, la prosodie, au travers d'un amalgame transmodal, il se représente ce que cet alter ego veut lui signifier. Par ce partage de regards, la communication humaine change radicalement de nature : elle n'échange plus des indices, elle partage des intentions. Elle n'utilise plus un canal sensoriel précis pour signifier un indice univoque mais elle trouve au contraire dans l'écart entre les signaux multiples de ces différents canaux sensoriels ou moteurs matière à réflexion, tentative de se représenter la pensée de l'autre. La communication humaine a définitivement perdu l'évidence d'une transmission indicielle univoque et linéaire, dénuée d'ambiguïté, pour accéder à l'ambivalence et l'incertitude d'un partage d'intention au travers d'un message toujours complexe.

En ce sens, cette quête et ce partage du regard et de l'intention, strictement spécifiques des êtres humains, font autorité tant sur l'individu que sur le groupe. Nous y voyons là une des raisons qui expliquent l'importance du regard et de sa codification dans toutes les cultures humaines.

Deuxième partie

Un regard qui ordonne

Chapitre 4

L'autorité sociale du regard

L'être humain est ainsi fait que, dès sa naissance, il cherche dans le regard de l'autre ce qu'il doit en penser. Le paradoxe est que ce même humain ne sait pas très bien ce que ce « en » veut dire... Mais « en » va se tisser peu à peu entre deux personnes sans jamais appartenir plus à l'une qu'à l'autre : c'est leur affaire commune qui peut croître, s'affermir et devenir un lien puissant. Il « en » est ainsi parce que, dès son fondement, le partage des regards n'a pas préludé à une agression, à un geste de menace conduisant au repli et à une clôture protectrice sur soi. Au contraire, le partage des regards s'est accompagné de gestes doux, de propos tendres et la vision focale posée sur soi n'a ni perforé la rétine ni « pris la tête » douloureusement : chacun a pu garder ses yeux posés sur son vis-à-vis dans un questionnement rêveur. Cette double réflexion ouvre un espace nouveau, un effet d'incertaine altérité, une exhortation à l'attirance curieuse, un définitif décentrement de soi. Chacun désormais porte en lui une béance que, peut-être, pendant toute sa vie il tentera de combler. Passage obligé de ses approvisionnements, le regard garde la trace de cette ouverture grâce à laquelle l'individu s'est construit mais qui laisse comme une brèche dans le chantier : l'homme n'est pas fini...

Dans la société des humains, il n'y a pas de manière naturelle de regarder[1]. Il n'y a pas de regard sans intention. Il ne peut donc pas y avoir de regard naturel entre personnes humaines. Poser le regard sur quelqu'un tout comme le détourner prend toujours une signification, qu'il s'agisse d'un regard de politesse, de respect, de compassion, de tendresse ou au contraire d'un détournement d'ignorance, d'indifférence, de honte, d'un regard de mépris, de moquerie, de haine. La direction, la qualité, l'intensité du regard, tout cela sera perçu et ressenti par celui qui en est l'objet ou le non-objet.

Les qualificatifs concernant le regard abondent : direct, franc, engageant, chaleureux, aimable, vif, intelligent, respectueux ; ou encore : sournois, fourbe, éteint, froid, glacial, haineux, impénétrable, fermé, de biais, hautain, méprisant, vicieux, etc. Chaque individu dispose d'un répertoire très personnel pour qualifier les regards qui se portent sur lui, répertoire dépendant certainement de la manière dont chacun se voit. Cette extrême sensibilité au regard reflète en réalité l'intense besoin de regard : parce que l'individu porte en lui le besoin d'être regardé, chaque regard porté sur lui devient une mesure de ce besoin. « Il ne m'a même pas regardé », se plaint celui qui n'a pas bénéficié du don du regard. Les puissants de ce monde utilisent à leur profit ce besoin : Louis XIV, le Roi-Soleil, pouvait ainsi d'un regard accordé ou refusé faire l'heur ou le malheur d'un courtisan.

Comme le bébé ou le jeune enfant, l'adulte, quoi qu'il lui en coûte, reste dépendant de ce besoin d'intersubjecti-

1. C'est ce que rappelle C. Haroche, à la suite de M. Mauss et C. Geertz, in « Façons de voir, manières de regarder dans les sociétés démocratiques contemporaines », *Le Sens du regard, Communication*, Seuil, 2004, p. 75.

vité dont le regard constitue la manifestation la plus tangible. Rousseau en son temps avait déjà souligné le paradoxe du regard partageant les hommes en deux catégories : ceux qui éprouvent le plaisir d'exister au travers de ce qu'ils ressentent intérieurement, indépendamment du regard des autres ; ceux dont le désir est d'être vus du plus grand nombre, qui éprouvent le besoin et la nécessité d'être regardés, pour être considérés, plus fondamentalement pour exister. Rousseau entrevoit le mobile de la quête d'enrichissement dans le besoin d'être regardé plus que les autres : « Les richesses ne sont faites que pour attirer les regards et l'admiration des autres [1]. » Le regard n'est jamais neutre.

Le regard dans la société : petite sociologie du regard

On ne s'étonnera pas en conséquence de l'omniprésence du regard dans l'analyse des rapports sociaux. Certes ni l'anthropologie ni l'ethnologie n'ont pris le regard comme objet central d'intérêt parce que ce regard traverse de façon tellement évidente, permanente, tout groupe social qu'il devient difficile de l'isoler pour en faire un objet d'étude en soi, *a fortiori* pour comparer sa place d'une société à une autre, d'une culture à une autre. Pourtant « il existe des travaux qui se rapportent à la discipline du regard et cela touche toutes les sociétés qui pratiquent une éducation [2]... ». En effet, en sociologie, les écrits ne manquent pas, surtout dans la première moitié du XXe siècle, tels ceux

1. J.-J. Rousseau, *Fragments politiques*, « Folio », Gallimard, 1994, p. 324.
2. F. Héritier, entretien avec C. Haroche, *op. cit.*, p. 91.

de G. Simmel, M. Mauss, W. Benjamin, N. Elias, E. Goffman, travaux plus récemment prolongés par le courant de la « sociologie de l'individu » représenté par J.-C. Kaufmann, A. Erhenberg ou F. de Singly.

Les manières de regarder, de se regarder, renvoient toujours à des questions de convenances sociales, donc de normes où interviennent des notions telles que les égards, la considération, le respect, la prévenance, la reconnaissance ou inversement l'ignorance, le mépris, l'indifférence... Chaque individu ressent pour lui-même ce besoin irrépressible d'attention en même temps qu'il ne supporte pas d'être dévisagé : « Qu'on me regarde, oui ! mais avec douceur, considération et respect... Je ne supporte pas de me sentir observé, détaillé, transpercé par un regard inquisiteur. » En même temps que chaque citoyen réclame un droit de regard sur tout ce qui l'entoure, en d'autres termes la faculté de porter son regard où bon lui semble, ce même citoyen exige un droit à l'image, en d'autres termes de pouvoir contrôler les regards qui se portent sur lui. Dans presque toutes les sociétés, on ne regarde pas de la même manière selon que l'on est un homme ou une femme. La position sociale compte aussi : « L'enfant d'esclave, dans les sociétés qui connaissent l'esclavage, n'a pas le droit de regarder de la même manière que le fils du chef », remarque F. Héritier.

L'œil et le regard sont habités d'un pouvoir d'autant plus mystérieux qu'il semble insaisissable. Du temps des Grecs, « voir la Gorgone, c'est regarder dans les yeux et, par le croisement des regards, cesser d'être soi-même, d'être vivant pour devenir, comme elle, Puissance de mort [1] ».

---

1. J.-P. Vernant, *La Mort dans les yeux*, « Textes du XXe siècle », Hachette, 1985, p. 80.

Jusqu'à la fin du XVIIe siècle et même encore de façon éparse au début du XVIIIe siècle, les récits abondent concernant un animal fabuleux et redoutable : le basilic. Son origine est obscure, comment pourrait-il en être autrement, mais on s'accorde à penser qu'il s'agit d'un œuf de coq couvé par un serpent ou un crapaud. Le regard du basilic peut tuer les hommes qui ont le malheur de croiser son chemin : « Les rayons visuels de ses yeux se chargent de la portion la plus subtile du poison, ils les transmettent par les yeux et ce poison attaquant d'abord le cerveau est ensuite porté au cœur [1]. » Cependant, une réserve doit être émise : le regard du basilic doit voir sa victime avant d'être vu et, si l'homme voit en premier le basilic, celui-ci en mourra. « Voir, être vu : en cette dangereuse circulation du regard, s'énonce autour de la figure du basilic un élément majeur de la culture d'autrefois. L'action de regarder ou de se soumettre au regard de l'autre n'est jamais dépourvue de risque [2]. »

A la même époque exactement, les écrits poétiques, religieux ou d'inspiration scientifique ne cessent de louer la beauté de l'œil, sa perfection, marque de l'évidente main de Dieu dans cette création. Mais en raison même de ce pouvoir, le regard peut avoir une force maléfique, c'est l'œil du diable : l'œil procède par contact immatériel avec le cœur vibrant et invisible des êtres et des choses, il agit par contagion. La peste peut être transmise par un regard [3].

1. T. Brown, *Essai sur les erreurs populaires ou examen de plusieurs opinions reçues comme vrayes, qui toutes sont fausses ou douteuses*, Briasson, Paris, 1738, p. 273.

2. C. Havelange, *op. cit.*, p. 50.

3. *Ibid.*, p. 111. Le pouvoir de contagion est évidemment contrebalancé par un pouvoir de guérison : en regardant un loriot, on peut guérir de la jaunisse, par exemple...

L'expression « tuer du regard » a longtemps été prise au pied de la lettre[1] et le regard possède un pouvoir d'envoûtement, de possession. Quand l'existence du basilic commence à buter sur la rationalité scientifique naissante, une autre croyance émerge parallèlement : le regard du loup. Celui-ci a le pouvoir de sidérer un homme et de le rendre muet... Inutile de continuer dans cette accumulation de récits fabuleux, mythiques sur le pouvoir de l'œil et du regard. Le basilic nous révèle aisément les enjeux que nous avons montrés dans la première partie de cet ouvrage : le regard focal signe le danger, regard du prédateur sur sa proie. Il faut avancer dans le monde les yeux grand ouverts pour ne pas être une proie, être sûr de voir le premier, faute de quoi on devient une victime promise ! Mais chez soi, quand nul danger ne risque de surgir, alors le regard peut se laisser aller, se faire rêveur, doux, caressant, retrouver la bonté de Dieu, redevenir une invite : c'est l'œil du dedans, l'œil de l'imagination...

Par analogie aux arts graphiques[2], on pourrait parler d'un « regard portrait » pour qualifier un regard focal centré sur un point précis, un visage, des yeux, un individu extrait de son environnement, de son entourage, de son fond : c'est un regard qui dissèque, scrute, détaille, pénètre. Il cherche à faire coïncider les images du cerveau, de la rétine et de la réalité : il doit y avoir le moins d'écart possible entre l'idée préconçue et la perception. La représentation est déjà là et la réalité y est assujettie. Le regard

---

1. « Le 17 mai 1638 le Bureau d'Adresse consacré à la fascination rappelle, le plus sérieusement du monde, l'existence de peuplades capables de tuer du regard », C. Havelange, *op. cit.*, p. 115.

2. Dans les arts graphiques, on utilise les expressions « mode portrait » pour la présentation d'un tableau à grand axe vertical et « mode paysage » pour un tableau à grand axe horizontal.

portrait est un regard prêt à saisir, à capter cet objet. Le « regard paysage » qualifie un regard qui se promène sur l'ensemble du champ visuel, qui envisage le fond, la silhouette, la personne dans son ensemble et dans ses rapports avec les autres, sans jamais s'arrêter et, s'il saisit parfois un détail, c'est principalement pour l'articuler avec le fond : c'est un regard qui globalise, survole, butine, caresse. Il s'accommode de la différence entre l'idée préconçue et ce qui se marque sur la rétine : il s'imprègne de cet écart et en cherche le sens. Le regard paysage est un regard disposé à recevoir.

Dans la contemplation de la nature ou l'observation d'un objet strictement matériel, chaque individu passe du regard paysage au regard portrait sans trop y faire attention, laisse toute liberté à son regard en fonction de l'état d'esprit qui l'habite : curieux, explorateur, inquiet, rêveur, nostalgique, serein. Mais dès que le regard se pose sur un autre humain, sur un objet symbolique, culturel ou artistique, sur un organisme vivant, le regard s'anime, perd de son innocence, est envahi d'une intention qui semble venue d'ailleurs. La qualité de cette intention monte à la conscience, imprègne la pensée et lui donne une couleur diffuse. Cette porosité du regard rend l'individu vulnérable. Devant côtoyer en permanence ses congénères, l'être humain animal social cherche à en contrôler l'usage.

Autant la société laisse à chacun la liberté relative de son « regard paysage », autant elle codifie le « regard portrait », prescrivant en quelque sorte le passage d'un type de regard à l'autre en fonction des circonstances et des situations. Cette codification est explicite pour régler l'usage hiérarchique des regards tandis qu'elle reste le plus souvent totalement implicite pour l'usage du regard entre personnes sans rapport hiérarchique présupposé. En effet, le « regard portrait » entraîne le plus souvent une réponse en miroir de l'autre conduisant à un échange de regards lui aussi implicitement codifié, car souvent il va inaugurer un engagement relationnel et en qualifier la tonalité affective : le regard entre hommes et femmes en est bien entendu l'exemple même.

Le regard paysage

Regard privilégié pour s'imprégner, se laisser absorber mais aussi pour s'absenter, voir sans regarder. Regard du promeneur, du rêveur, du poète, le regard paysage laisse monter à nous les impressions comme il nous débranche temporairement de l'entourage jusqu'à ce que, un détail faisant saillie, soudain la vision s'allume et se concentre sur ce point focal : le regard portrait surgit. Au milieu de ses congénères, l'individu ne cesse de passer d'un type de regard à l'autre selon sa disposition, son état d'esprit, le contexte ambiant. Le regard paysage permet à chacun de voir sans regarder son vis-à-vis, ses voisins, les personnes de rencontre, dans une réunion, un espace urbain, etc. C'est le regard des individus dans l'espace social qu'on dirait libre, celui où il n'y a pas de règle, de règlement formellement énoncé. Mais cette absence de règle explicite masque très souvent l'existence d'une règle puissante implicite, un code de bonne conduite. Par exemple, s'il est permis de croiser brièvement le regard d'une personne connue, cela l'est moins pour un inconnu, sans avoir été présenté. On ne fixe ni ne dévisage avec insistance une personne qui ne nous est pas familière. Le regard portrait doit rapidement être suivi d'un détournement actif du regard, détournement qui a autant de sens que l'instant de l'engagement. Lorsque l'espace social est restreint (métro, ascenseur), il est inconvenant non seulement de fixer ses yeux dans ceux de son voisin mais même simplement de croiser les regards : spontanément chacun baisse ou lève les yeux pour ne pas prendre le risque de se retrouver avec son vis-à-vis les yeux dans les yeux. En revanche il est courtois de croiser très brièvement le regard lorsqu'on entre ou qu'on sort de cet ascenseur, lorsque, pressé par la cohue, on bouscule ou qu'on est bousculé. Ce bref regard assure la reconnaissance et la dimension pacifique de cette interaction sociale dont la proximité imposée met chacun en situation de malaise[1].

Ainsi, le regard reste l'un des principaux marqueurs de ce qui se fait ou ne se fait pas, y compris dans des lieux où apparemment la liberté individuelle est consacrée. Dans son étude sur le comportement des individus à la plage, lieu où chacun fait ce qu'il veut en théorie, J.-C. Kaufmann montre qu'en réalité les participants tentent de se conformer à des règles implicites. Ils les recherchent intuitivement à travers des sensations, essentiellement le regard des autres. Ce regard sur les autres et des autres sur soi « permet de percevoir très rapidement les gestes et les positions autorisées[2] ». Lorsque, par exemple, une femme souhaite bronzer les seins nus sur une plage, elle commence par regarder autour d'elle ce qui se fait. Ce regard sur le

1. En effet, dans ces relations sociales imposées, la distance n'est pas celle qui caractérise les relations avec des inconnus ou des non-familiers, distance qui protège l'intimité de chacun. Dans l'ascenseur, deux individus qui ne se connaissent pas peuvent se retrouver à une distance sociale qui caractérise normalement des relations intimes, d'où la gêne, le malaise et le fait que personne ne sait où poser son regard.

2. J.-C. Kaufmann, *Corps de femmes, regards d'hommes, Sociologie des seins nus*, Nathan, 1995, p. 126.

paysage de la plage détermine son propre comportement et semble faire autorité sans qu'aucun décret n'ait été rédigé : un comportement en apparence très individuel est réglé par un regard périphérique pour s'imprégner de l'atmosphère de la plage et ne pas apparaître soi-même comme un élément discordant de l'ensemble.

Le regard paysage pourrait traduire une stratégie d'utilisation du regard consistant à dire aux autres : « Je vous ai vus, j'ai pris acte de votre existence dont je tiens compte, mais je ne cherche pas à pénétrer vos idées, vos intentions, à vous soumettre à mes questions. » Par un bref croisement du regard puis un détournement et une attention de nouveau diffuse, le regard ne se fait pas captateur, possessif, il respecte l'individualité et la liberté de chacun. Il faut aussi savoir détourner son regard ! Si un individu a envie de regarder une autre personne, mieux en saisir un détail, il le fait par un regard qui balaie l'espace, ni fixe ni insistant. C'est par exemple ce qui se produit quand on n'est pas sûr d'avoir reconnu quelqu'un.

Il y a donc une éducation et une pédagogie du regard[1]. Son usage devient progressivement prépondérant et il convient de moins utiliser les autres sens et comportements qui accompagnent habituellement la vision (ce qu'on nomme la transmodalité dans la communication mère/bébé). Bien évidemment cela s'applique aux relations sociales. Le regard doit être dirigé de façon socialement acceptable pour les autres : « On ne regarde pas comme ça ! » dit la mère à son enfant quand il fixe des yeux une personne particulière, par exemple un handicapé. Elle lui apprend qu'il faut parfois simplement balayer du regard et

1. Voir sur ce thème N. Elias, « Conscience de soi et image de l'homme » (1940-1950), in *La Société des individus*, Fayard, 1991.

non fixer du regard, qu'il faut savoir aussi détourner le regard.

Le regard portrait

Contrairement au précédent, le regard fixe, en particulier le regard dans les yeux, fait l'objet d'une codification assez précise, surtout dans le rapport hiérarchique. La discipline du regard se retrouve dans toutes les sociétés mais l'attitude prescrite varie d'une société à l'autre. Ainsi, dans certaines sociétés, l'enfant doit baisser les yeux quand un adulte ayant autorité le regarde et s'adresse à lui, en signe de soumission et de respect (l'inverse étant perçu comme attitude de défi et d'insolence) ; mais pour d'autres sociétés c'est exactement le contraire, un enfant doit, en signe de politesse et d'obéissance, regarder l'adulte fixement dans les yeux, ne pas détourner le regard, signe de fuite et d'évitement. Dans de nombreuses armées, le soldat doit conserver un regard fixe mais dirigé au loin tandis qu'un supérieur hiérarchique le regarde dans les yeux.

D'une manière générale, le regard de l'individu placé en situation d'obéissance perd sa liberté de mouvement pour être contraint dans une direction et une position précises. C'est cette contrainte qui définit le rapport hiérarchique plus que la direction du regard, très variable selon les cultures ou les groupes sociaux. Si, dans l'armée, la fixité du regard exprime l'allégeance, la subordination, la soumission, dans la vie quotidienne cette même fixité est considérée comme grossière, déplacée, envahissante, sauf dans certaines conditions bien précises. Pour M. Mauss, l'origine de ces différences tient non seulement aux traditions et aux modèles d'éducation, mais elle se situe aussi dans le besoin de préserver une part d'intimité à la personne, de protéger chacun du caractère inquisiteur du regard de l'autre[1]. Ce regard fixé, insistant, sur un étranger, un inconnu, rapidement ressenti par celui-ci comme désagréable, gênant, grossier, le pousse soit à tourner le dos, soit à s'engager dans un regard de défi pour contraindre l'autre à détourner le regard.

Le regard de défi, dur, incisif, véritable croisement de fer, vise précisément l'autre en tant que cible pour le contraindre à détourner son regard, en signe de soumission et de défaite. C'est le type même du regard utilisé par les adolescents des banlieues ou des quartiers sensibles pour assurer leur domination sur un autre individu, un autre groupe, souvent aussi pour marquer la possession d'un territoire. On retrouve la fonction éthologique du regard focal du prédateur sur sa proie. Plus qu'ailleurs, dans les zones dites difficiles, celles où souvent l'individu ne survit qu'au prix d'une méfiance et d'une défiance constantes envers l'inconnu, l'étranger, le regard dans les yeux redevient un signe de menace...

Le premier regard

Une place particulière doit être faite au premier regard porté sur une personne que l'on côtoiera ensuite régulièrement ou sur laquelle on doit prendre une décision, par exemple d'embauche, de sélection... « Ce que ce premier regard sur lui nous livre ne peut absolument pas s'analyser et se monnayer dans le conceptuel et l'exprimable, bien

1. M. Mauss, « Les techniques du corps » (1936), in *Sociologie et Anthropologie*, PUF, 1950.

que cela reste ensuite la tonalité de tout notre savoir acquis ultérieurement sur lui : c'est l'appréhension immédiate de son individualité d'après ce qu'en trahit à notre regard son apparence, surtout son visage[1]. » Il n'y a rien à ajouter à ces lignes déjà anciennes, rédigées au début du XXe siècle, même si de nos jours on ressent de plus en plus ce jugement à l'emporte-pièce comme une faute. Dans le monde du travail et de la sélection des candidats pour une embauche, ce jugement sur l'apparence est devenu un délit. Mais il ne suffit pas de rédiger une loi pour que celle-ci entre aussitôt dans le regard des citoyens ! En dehors même de tous les problèmes liés à une déviance par rapport à la norme – handicap physique, origine ethnique et couleur de la peau, malformation particulière, obésité ou plus trivialement « sale gueule », dont il est inacceptable qu'ils continuent souvent à représenter des motifs inavoués de refus –, il reste que l'opinion, le jugement, l'impression que l'on a sur un autre, le plaisir à être en relation avec cette personne précise ou au contraire le peu d'intérêt qu'on lui porte, tout cela est fréquemment conditionné par le « premier regard », instant fondateur de la relation.

Certes il est parfois possible d'évoluer dans son jugement, de dire de l'un : « Il gagne à être connu » et d'un autre l'inverse, mais force est de reconnaître le poids de ce premier regard et son effet durable sur la qualité émotionnelle ou affective qui baignera cette relation : sympathie, amitié chaleureuse, cordialité, sentiment de confiance ou au contraire indifférence, froideur, hostilité diffuse ou impression de méfiance... Il arrive même que, chemin faisant, on reconnaisse s'être trompé, mais cela modifie rare-

1. G. Simmel, *Sociologie, Etudes sur les formes de la socialisation* (1908), PUF, 1999, p. 632.

ment l'ambiance affective conditionnée par le premier regard. Il faut parfois se contrôler ou se forcer pour mettre en correspondance ce jugement second et l'impression initiale. Car c'est bien de cela qu'il s'agit : le premier regard a imprimé en nous une trace trop souvent indélébile, il devient le fondement, le creuset de cette relation particulière... Ce premier regard serait-il analogue à ce qui se passe entre la jeune maman et le nouveau-né ? Le curieux de la chose est que parfois, si ce n'est souvent, l'interlocuteur n'a pas porté sur son vis-à-vis un premier regard identique et symétrique ; cet écart est le lieu de bien des malentendus, de quiproquos et parfois de souffrances ou de drames...

Le regard partagé : une danse visuelle interactive

Quand l'échange se fait sur une base symétrique, horizontale, la situation est tout autre. Dès 1908, G. Simmel l'avait bien noté : l'échange des regards « est peut-être l'action réciproque la plus directe qui puisse exister », un instant toujours fugace qui instaure un espace commun, une proximité éphémère, mais pendant lequel il y a un échange : « L'acte même par lequel le regard cherche à découvrir son objet, le livre ici à ce dernier... On ne peut prendre par le regard sans se donner aussi soi-même[1]. » Croiser le regard d'un autre implique aussi d'accepter de livrer une partie de soi, pensées, émotions, sentiments, etc. Ce rapprochement, s'il se prolongeait, deviendrait vite envahissant, risquant de faire perdre à chacun sa part d'individualité : « Où suis-je dans cet échange qui perfore mes

1. *Ibid.*, p. 630.

limites ? » C'est pourquoi un échange de regards dure rarement plus de quelques secondes, l'un ou l'autre détourne son regard pour éventuellement se réengager quelques secondes après.

Dans une conversation en face-à-face entre deux amis, deux collègues de travail, alternent ainsi de façon très subtile ces différents temps d'engagement et de retrait dans une danse visuelle interactive où se succèdent des moments de rencontre, de partage pendant lesquels la pensée (ou les émotions) de l'un se met au diapason de l'autre, et des moments où chacun se reprend, retrouve sa pensée propre. Mais pas plus l'un que l'autre n'ont une claire conscience de ce jeu de regards lors de son déroulement tout en soutenant efficacement l'échange. Ainsi, cet échange dans le champ du social n'est pas fondamentalement différent de l'échange qu'on observe entre la mère et son bébé dans le champ de l'intimité privée, avec ses phases d'engagement et de détournement temporaire qui donnent à la relation sa souplesse et sa fluidité si caractéristiques et si vivantes. Et la relation entre adultes se transforme en malaise rapidement perceptible si l'un des deux participants modifie soudain le rythme de cette danse visuelle. S'il garde son regard fixé sur son vis-à-vis ou qu'au contraire il baisse et évite systématiquement le regard de l'interlocuteur, la qualité de la relation et même le contenu de la discussion risquent de changer rapidement ! Il en est de même lors d'une poignée de main ou d'un geste de salutation : un bref regard dans les yeux assure la sincérité de l'échange, la confiance possible. Un regard qui se détourne tout en tendant la main entraîne malaise, sentiment de tromperie, de défiance. Mais comme on l'a dit, si le détournement du regard préserve l'intimité, il peut aussi sauver la face du vis-à-vis : par exemple lors d'un geste maladroit, en cas de gargouillis abdominal, si l'interlocuteur porte un pansement ou souffre d'une disgrâce particulière, le regard peut se faire indifférent, comme s'il n'avait rien vu. C'est ce que E. Goffman appelle l'« inattention calculée[1] ». Même entre amis, entre personnes qui se connaissent, il est correct et courtois de ne pas regarder avec insistance ce qui pourrait être perçu comme l'expression d'une faiblesse, d'une marque de vulnérabilité.

Le regard social hommes/femmes

Le jeu des regards prend toute sa dimension sociale dans les rapports entre hommes et femmes : les regards font ainsi l'objet d'une forte codification dans l'espace public en même temps qu'ils sont laissés à leur libre cours dans l'espace privé, ce qui ne veut pas dire qu'il n'y ait pas dans l'espace privé des usages plus ou moins consacrés à cet échange de regards. La liberté du regard est profondément liée au statut social de la personne et, de même que le chef peut poser son regard y compris sur les objets sacrés, de même, pour s'en tenir à la règle, « l'homme est celui dont le regard peut se poser sur tout, y compris sur les femmes. Alors que les femmes sont celles dont le regard ne peut se poser que sur fort peu de choses, et en tout cas jamais librement sur les hommes[2] ». Le seul regard libre que les femmes peuvent porter sur les hommes, c'est celui que les mères portent sur leurs fils et à un moindre degré les sœurs sur leurs frères, souvent à condition qu'elles soient leurs aînées. La liberté de regard implique un rapport d'égalité

1. E. Goffman, *Les Rites d'interaction*, Minuit, 1974.
2. F. Héritier, *op. cit.*, p. 93.

et, ce rapport d'égalité étant refusé aux femmes dans un grand nombre de sociétés si ce n'est dans toutes, « le regard libre d'une femme sur un homme est perçu par lui comme un regard d'obscénité, de convoitise, d'aguichement, comme un regard marqué sexuellement ». Cette différence dans la liberté des regards entre hommes et femmes est une trace persistante de ce que F. Héritier appelle la « valence différentielle des sexes[1] », y compris dans les sociétés où l'égalité des sexes représente une valeur démocratique fondatrice.

De tout temps, les hommes ont cherché à contrôler le corps des femmes pour compenser en quelque sorte leur incapacité à donner naissance : il fallait en passer par un corps de femme pour obtenir la naissance d'un garçon. Ce besoin de compensation trouve son point d'achèvement dans le contrôle du regard. Encore aujourd'hui, dans la majorité des sociétés du monde occidental où l'on peut considérer que l'égalité des sexes est, au moins dans la forme de la loi, acquise et garantie, il existe une profonde asymétrie de valeur dans le regard d'un homme posé sur une femme et celui d'une femme posé sur un homme : même si aucune loi n'édicte de règle, dans la vie quotidienne cette différence de valeur reste très présente[2]. Dans l'espace social, il faut que le cadre soit strictement posé et clairement professionnel pour qu'homme et femme puissent échanger des regards d'égalité, dénués de toute dimension sexuée. En l'absence d'un tel cadre, mais aussi encore

1. F. Héritier, *Masculin/Féminin, La pensée de la différence*, Odile Jacob, 1996.

2. Signalons cependant, aux Etats-Unis, la tentative de légiférer sur le *visual harassment*, le harcèlement visuel traduisant à la fois l'intrusion dans la sphère publique du regard focal d'un homme sur une femme et le fait qu'une femme dans l'espace social n'est pas libre de son regard. Mais comment juger un regard ?

trop souvent en transgression de ce cadre, les échanges de regards entre hommes et femmes dérapent rapidement dans le registre de la séduction : œillade allumeuse, regard grivois, clin d'œil invitant, etc. Quand les regards se croisent, il suffit parfois d'un arrêt de quelques secondes pour que ce scénario de séduction s'enclenche. Là encore la liberté réciproque dépend du contexte : cette accroche n'aura ni la même signification ni la même liberté symétrique selon qu'elle se produit dans la rue, au restaurant d'entreprise, dans un bistrot, dans une boîte de nuit, dans une soirée entre amis ou dans une réunion quelconque. Sans être écrits, les codes sociaux sont assez rigoureux, et malheur à celui ou celle qui ne sait pas en faire bon usage !

Le regard de séduction

Le regard est au centre du jeu de séduction entre deux personnes et si parfois ce regard a été précédé d'une approche « aveugle » par un échange de courriers, de coups de téléphone ou plus volontiers de nos jours par des courriels, des échanges internet, même si des photos, des vidéos ont été envoyées (là aussi sur papier, par messagerie ou par internet), le premier regard conserve sa puissance émotionnelle majeure. C'est ce que reconnaissent tous ceux qui, précisément, ont commencé par faire connaissance à l'aide de ces divers modes de communication indirecte. La relation de séduction reste une contamination par le regard. De ce point de vue, le cinéma a développé autour de cet instant de séduction une mise en scène exemplaire. Figure centrale du cinéma, l'instant de la séduction a été exploré dès l'apparition du cinéma muet, donnant par cet artifice tout le poids à l'échange des regards, ce que le cinéma parlant ne fera ensuite qu'enrichir, raffiner, ornementer, mais comme le note finement A. Fleischer : « Il est remarquable que dans les scènes où la séduction ferre sa proie, culmine dans la consommation de sa victoire, le cinéma, même parlant, se tait, redevient silencieux, ne montre plus que des images et, plus encore que des images, l'organe par lequel et pour lequel les images existent : le regard... C'est par le regard filmé que le cinéma atteint à son pouvoir hypnotique, c'est en filmant le regard de la séduction que le cinéma installe la figure du séducteur ou de la séductrice dans le champ du visible, dans le royaume des images [1]. »

A titre d'exemple, dans les deux scènes de retrouvailles entre Humphrey Bogart et Ingrid Bergman où se joue la séduction, le réalisateur de *Casablanca*, Michael Curtiz, interpose la caméra pour ne se centrer que sur les regards et l'on voit alternativement le regard d'Humphrey Bogart censé regarder Ingrid Bergman puis celui d'Ingrid Bergman censé regarder celui d'Humphrey Bogart, place où se met le spectateur, alors qu'au moment du tournage chaque acteur regardait la caméra et le réalisateur. Ce jeu de regards en abyme embarque le spectateur dans la séduction peut-être grâce à ce centrage exclusif sur les regards. Que cherche le séducteur ? Il recherche le regard de cet autre, il veut y plonger mais il accepte aussi de s'y abandonner, de s'y livrer. Le regard du séducteur « relève de la pointe mais aussi du creux, il est fait pour pénétrer et dans le même mouvement pour accueillir, pour recueillir [2] ». L'être séduit l'est autant du regard qui se pose sur le sien

1. A. Fleischer, « Le regard ou l'épée de la séduction », in G. Cahen, *La Séduction*, Autrement, « Mutations », 2002, n° 212, p. 70-71.

2. *Ibid.*, p. 75.

que de cette invite, de cette ouverture, de cette autorisation à pénétrer. L'élan de séduction se nourrit de cette réciprocité dans l'alternance entre le regard qui capte et celui qui offre... La proximité et la durée de cet échange caractérisent cette relation amoureuse naissante. Il n'y a guère que l'échange des regards entre un parent et son nouveau-né, son jeune enfant, où l'on puisse retrouver une telle intensité et une telle durée dans cette union, cette fusion.

Mais quand les corps des deux amants s'unissent, où va le regard ? La première union corporelle, le baiser, s'accompagne toujours d'une clôture du regard : les paupières se ferment et, en ouvrant sa bouche, en donnant sa langue, emmêlant les salives, chacun regarde à l'intérieur de soi l'ouverture de son être. En fermant les yeux, l'émotion partagée passe maintenant dans l'abouchement jointif. Mais que d'aventure l'un d'eux garde les yeux ouverts, ce regard nécessairement posé ailleurs signe la clôture affective du sujet : il condescend, il subit, il s'impatiente, il se moque, il se reprend mais il ne partage plus cette ouverture à l'autre. Un détail l'attire, occupe son regard, contient son émotion. Pendant la relation sexuelle proprement dite l'échange de regards redevient possible avec l'alternance de moments fusionnels les yeux dans les yeux et de reprises individuelles paupières closes, de fusion d'émotion partagée et d'inondation émotionnelle plus individuelle : l'accord sur le rythme de ce jeu d'ouverture et de fermeture, la liberté pour chacun de se donner puis de se reprendre, de prendre puis de recevoir détermine la ligne mélodique de cette partition amoureuse qui en fera une symphonie, une petite sonate ou un grincement insupportable... En revanche, dans le scénario pervers ou pornographique, le regard est toujours focal, centré sur la proie, fixe, intrusif, regard de prédateur consommant sa « viande ».

Et en famille ?

L'espace privé représente le lieu où ces regards partagés prennent toute leur valeur de reconnaissance. Ils peuvent être reçus, donnés, refusés comme marque de cette reconnaissance. L'espace familial est bien le lieu où chaque individu est sous le regard des autres, où chaque membre de la famille s'expose à la vue des autres. L'importance de ce regard, sans qu'il soit interprété pour ce qu'il est réellement, représente une sorte de fil rouge silencieux qui balise cet espace : « Contrairement à ce que le terme d'individualisme peut laisser croire, l'individu a besoin, pour devenir lui-même, du regard de personnes à qui il accorde, lui aussi, de l'importance et du sens [1]... »

Dans un monde où l'inattention à l'autre devient un mode relationnel prévalent, le besoin d'être reconnu, de se sentir exister au travers du regard de l'autre envahit cet espace privé. On attend de son conjoint cette reconnaissance, on souhaite lire dans ses yeux une estime dont on se sentira ensuite paré. Chacun est attentif aux expressions du regard de l'autre pour se sentir conforté, réconforté, apaisé... Mais si la lecture du regard devient incertaine, si la mimique n'est pas celle qui est espérée, si le détournement se fait trop rapide, alors l'inquiétude gagne, la recherche devient insistante : « Tu ne me regardes même plus », « J'aimerais bien que tu me regardes comme avant... » Quand le conflit enfle, cela aboutit souvent à une ignorance des regards : on ne se regarde plus, on fait comme si l'autre n'existait pas, on se croise dans le couloir ou

1. F. de Singly, *Les Familles contemporaines, L'enfant et les normes*, Congrès AFPA, Nancy 7-9 juin 2002, actes du congrès, p. 21.

l'escalier, on circule dans la même pièce, mais à aucun moment le moindre regard n'est échangé entre conjoints.

L'échange de regards entre parents et enfants

Le temps fondateur des regards peut être figuré par la rencontre mère/bébé dès la naissance qui ouvre la dimension de trans- ou d'intersubjectivité. Mais un second temps, celui du regard contenant, arrive vers douze-dix-huit mois. En effet, quand l'enfant commence à se déplacer, il s'éloigne parfois de son parent mais vient un moment où il se retourne et cherche son regard surtout lorsqu'il s'approche d'un endroit ou d'une personne inconnus. Il quête alors le regard de ce parent. Pourquoi ? Pour obtenir une autorisation, une clef dans la compréhension du monde : « Puis-je continuer mon exploration, puis-je aller vers cet inconnu ? » Si le visage parental est ouvert, souriant, si les paroles sont exhortantes, alors l'enfant poursuit son exploration. Si le visage se montre fermé (froncement de sourcils, pincement des lèvres, etc.) et que les propos se font négatifs, alors l'enfant fait demi-tour sans rien dire et revient près de son parent. Contrairement à ce que l'on croit d'emblée, cette quête du regard n'est pas l'expression simple de l'autorité d'un adulte sur un enfant. En effet, lorsque l'enfant quête du regard le regard de son parent, on acceptera de reconnaître que, même si elle est silencieuse, même si elle provient d'un être humain qui n'a pas encore acquis le langage, un *infans* précisément, cette demande fait autorité sur le parent. Cette quête engage la responsabilité parentale.

L'étude clinique des enfants carencés ou abandonniques nous montre les effets délétères de l'absence de réponse des parents à la demande du regard infantile : ces enfants se précipitent sans précaution dans des expériences souvent dangereuses pour eux-mêmes. La quête du regard par l'enfant, expression de son statut d'enfant, fait autorité sur l'adulte : cet enfant a besoin d'une réponse cohérente. Quant au regard de l'adulte, il constitue au sens propre du terme une autorisation, quelque chose qui enrichit l'enfant en lui donnant deux choses essentielles : une confiance fondamentale dans le regard humain et une clef d'exploration du monde. L'intériorisation de cette séquence si simple et si banale en apparence n'en est pas moins fondatrice elle aussi en ce qui concerne la confiance ultérieure dans le rapport social. La rencontre initiale entre mère et bébé, redoublée de cet échange clef, ces deux temps fondent ce subtil mélange de besoin et de confiance dans le regard humain. Par la suite, quand l'enfant s'approchera d'un objet ou d'un lieu inconnu, dangereux ou peut-être interdit, très spontanément il cherchera le regard d'un adulte pour obtenir cette autorisation ou recevoir cet interdit. Il est vrai que l'adulte peut abuser de ce privilège, celui de détenir la clef d'autorisation, la clef de l'exploration du monde : il peut abuser d'un regard autoritaire pour soumettre l'enfant à ses exigences. Longtemps l'enfant restera sensible à cette menace des « gros yeux », où le visage fixe, les traits impassibles, l'adulte semble parfois foudroyer de son regard un individu plus petit et plus faible.

Au regard de l'autorité

Dans les textes juridiques, une expression revient souvent : c'est « au regard des lois » que les situations, les faits, les événements sont établis, évalués, c'est « au regard des circonstances » que les règles de droit s'appliquent et se réalisent dans l'affaire en cause. L'expression *au regard* renvoie pour la loi à la norme généralement applicable, tandis que pour les circonstances, on apprécie la conjoncture propre à cette situation singulière. Dans les écrits de droit, les termes renvoyant au regard et à sa fonction abondent : « vu la loi... », « eu égard à... ». Cette abondance dans le texte contraste avec « le silence que les lois et règlements organisent pour éviter de stabiliser l'observation des différences entre les personnes, silence qui retrace l'impossibilité du discours du droit à qualifier juridiquement la rencontre des regards, l'échange de regards[1] ». Bien que l'échange de regards apparaisse difficile à saisir dans un texte de loi, c'est en revanche au regard de la loi et des circonstances qu'une affaire singulière sera jugée : ces deux regards sont-ils équivalents ?

Si l'on revient aux regards portrait et paysage, ils ne sont pas sans analogie avec ces deux expressions, « au regard de la loi » ou « des circonstances », soit deux formes d'autorité qui organisent les relations sociales, l'autorité verticale, hiérarchique, celle du chef sur ses employés, le regard autoritaire d'un côté et de l'autre l'autorité horizontale, dite de régulation, ou encore autorité de consensus, regard partagé, échangé dans une réciprocité d'individus placés en position d'égalité. Dans le monde du travail, on distingue volontiers deux modèles d'autorité : la régulation de contrôle et la régulation autonome[2]. La régulation de

1. G. Koubi, « Au regard des lois », in *Le Sens du regard*, *op. cit.*, p. 124.

2. « L'autorité apparaît inéluctablement duale et processuelle, divisant et composant sans cesse une régulation autonome et une régulation de contrôle... Il faut distinguer au moins deux modèles de rationalité. Le premier, qui fut bien thématisé par Weber, formalise la régulation de contrôle (sous la forme du règlement et du plan) et

contrôle peut se définir comme une injonction verticale, hiérarchique, un commandement. Elle est encadrée par une norme inscrite dans une règle, un règlement, une loi. Mais une telle régulation refermée sur elle-même ne peut précisément reproduire que du même, de l'identique, elle est hostile au changement, incompatible avec une société en évolution, en transformation. Aussi, à côté de cette régulation verticale, celle d'une obéissance traduisant une soumission à la loi qui ôte la moindre part de subjectivité à chaque individu, un autre rapport à l'autorité peut être pensé où « les compétences interactives des sujets, présupposés aux processus de socialisation, ne se réduisent jamais à des capacités d'application de la loi aux situations qu'ils vivent [...] l'autorité ne doit jamais être pensée comme un pur rapport de verticalité, imposant un programme totalement défini *ex ante* à des sujets qui ne devraient pas mobiliser des compétences réflexives spécifiques en situation [1] ».

Dans le registre des microcomportements, en situation, les individus ne se conduisent jamais tout à fait comme les règles le prescrivent. Ils font preuve, en fonction des nécessités, des contingences et des opportunités du moment, d'une capacité d'adaptation, d'entente et de régulation réciproque, communautaire, non prescrite mais partagée. Entre le système formel (officiel, explicite, affiché) et le système informel (officieux, spontané, clandestin, parallèle), il y a toujours un écart. C'est dans cet écart que s'inscrit la régulation autonome, horizontale, « la part non

---

marginalise la régulation autonome... Le second modèle est nouveau et mal connu. Pour le dire en bref, il formalise la régulation autonome et procéduralise la régulation de contrôle », J. De Munck, « Les métamorphoses de l'autorité », *Quelle autorité ?*, Autrement, 2000, n° 198, p. 21-42.

1. *Ibid.*, p. 27.

prescrite et informelle du travail qui se révèle tout aussi rationnelle que sa part prescrite et formelle », régulation qui ne dévalorise plus le savoir profane des acteurs du terrain mais au contraire s'appuie sur leurs potentialités pour rationaliser l'action. Dans ce cadre, l'intention commune fait en quelque sorte autorité sur ses acteurs, chacun ayant autorité sur son voisin dans un lien de régulation horizontal, démocratique, et non plus vertical, hiérarchique. Cette autorité horizontale fait appel à des modes différents de communication, le consensus devenant une règle implicite, celle d'un accord sur des objectifs communs qui peut faire autorité sur les acteurs de terrain.

Dans les sociétés hiérarchiques, le modèle vertical s'impose largement tandis que dans nos sociétés dites démocratiques se trouve privilégiée la régulation autonome. En effet, la hiérarchie tend à s'y estomper et les acteurs du terrain sont invités à s'engager dans un processus de régulation autonome. Cependant, au préalable, les limites du négociable ont en général été soigneusement définies par un contrôle hiérarchique. Ce dernier se fait implicite, se cache derrière un cadre (loi cadre) et un cadrage (texte de cadrage) tandis que négociation et délibération, définissant la régulation autonome, sont mises en avant comme manifestations qui ont permis d'atteindre un accord consensuel censé faire ensuite autorité.

Etrangement ces deux formes de régulation ressemblent aux deux formes de regards de l'*homo erectus*. Le regard horizontal et communautaire entre les participants de la chasse repose sur l'intention commune d'un échange en fonction des circonstances, regard qui laisse cependant à chaque participant une part d'autonomie, d'initiative qui dépend des opportunités, une liberté dans l'engagement à l'instant décisif. Par extension, le regard vertical représente une soumission à une intention sans regard, une intention que le regard humain ne peut pas voir mais dont il présume l'existence, l'ordre et le commandement pour rendre compréhensible le monde dans lequel il vit. Cette soumission doit être aussi absolue qu'elle est mystérieuse parce que, ne pouvant être vue, elle est présumée pouvoir tout voir : son autorité est infaillible. Par ce regard humain posé sur le monde physique qui l'entoure, l'homme fait de ce monde un monde surhumain : pour partir à la chasse ou s'approcher du feu, *homo erectus* lève les yeux et interroge les cieux, une montagne, un élément de la nature, une pierre magique [1].

Dans notre monde contemporain, le besoin d'un regard a continué de faire autorité. La rencontre d'un regard donne à chacun l'occasion d'une contenance qui construit son identité mais menace aussi de l'aliéner : c'est le paradoxe du regard social. Familière, sa présence rassure ; trop proche, elle encombre. Mais cette dépendance au regard est si puissante que son absence fait aussi autorité : cette fois, ce n'est plus une autorité partagée mais une autorité attribuée, déléguée. Un regard qui ne reçoit pas de réponse en invente une et l'autorité de cette réponse est d'autant plus rigoureuse qu'elle est muette et aveugle [2]. La loi pourrait être le compromis rendant supportables cette cécité et ce silence. En se soumettant à la loi, l'être humain s'assure d'un regard contenant : « au regard de la loi ».

---

1. Voir l'épilogue.

2. C'est pourquoi, dans un pouvoir totalitaire, son noyau doit toujours être caché, dissimulé, invisible même. Le tyran ou le despote ne se montre que dans de rares occasions et dans un cadre ritualisé : il est loin, inaccessible. En revanche les marques de ce pouvoir despotique sont largement diffusées et offertes à la dévotion de la foule ou du peuple.

Chapitre 5

Du regard social au regard sur soi

Si, à la naissance, le bébé humain pose son regard sur celui de l'adulte en face de lui, s'il ne détourne pas ce regard, c'est parce qu'un autre regard se pose sur le sien, un regard tendre, doux, caressant, qui, sans le fixer ni le menacer, l'attire, l'invite : le premier regard offert à l'enfant est une porte d'entrée dans l'humanité. En sélectionnant ce trait comportemental si spécifique à l'espèce humaine, l'animal, futur humain, y a perdu une part de sa clôture individuelle mais il y a acquis une force considérable, celle de pouvoir partager des intentions, des pensées : croiser le regard de l'autre n'est plus le prélude à un inéluctable combat pour sa sauvegarde individuelle mais devient un partage. Le sens de ce partage n'appartient ni à l'un ni à l'autre, il appartient au processus, au cheminement, à la manière partagée de faire.

Mais à force de chercher dans le regard de son bébé ce qu'il demande, ce dont il a besoin, à force de chercher le regard de son compagnon pour quêter ses intentions, pour savoir ce qu'il en pense, un jour, la mère a tourné son regard sur elle-même pour savoir ce qu'elle désirait : l'être humain s'est demandé ce que lui-même en pensait. Le regard se réfléchit, il devient un regard intérieur : à force de penser à la pensée des autres, vient un moment où on finit par penser à ce qu'on pense soi-même. Dès lors, l'être humain est pris dans un paradoxe existentiel incontournable puisque sa pensée lui donne les moyens de se penser lui-même potentiellement distinct et différent des autres, mais qu'en même temps cette activité cérébrale n'avait initialement d'autre fonction que de suppléer à la vulnérabilité de l'individu en le liant aux autres par la pensée. Ainsi, l'individu est entré dans un questionnement nouveau, dans une réflexion dont le sens lui apparaît, chemin faisant, de plus en plus mystérieux, énigmatique. La dimension énigmatique de la pensée n'a cessé depuis l'aube de l'humanité d'interroger le philosophe.

La pensée de soi, la pensée sur soi ne va pas de soi... précisément parce qu'elle provient de l'autre. Penser sur soi à partir de soi-même impose toujours un effort réflexif qui n'est ni naturel ni facile. Camille[1] se désengage d'un regard partagé avec sa mère et tourne soudain ses yeux en haut et en dehors, comme si elle cherchait quelque chose dans sa tête, elle est concentrée, son visage est sérieux, elle fait de toute évidence un effort : elle pense, mais que fait-elle ? Elle cherche la trace mnésique des paroles de la comptine chantée par sa mère, elle cherche des mots qui ne sont pas les siens, qui ont été soutenus par une interaction où le regard a eu une place essentielle. Elle s'appuie sur ce qui vient de lui être apporté. Le fruit de sa pensée sera reçu par l'assemblée dans un climat de partage jubilatoire dont elle tire une grande fierté. La pensée a circulé entre tous sans appartenir en propre à aucun.

Dans la vie quotidienne, spontanément il est plus facile de s'en remettre aux autres que de s'impliquer soi-même

1. Voir le chapitre 3.

dans ce qui nous arrive chaque jour : « C'est la faute de celui ou de celle-ci, c'est à cause de ceci ou de cela, etc. » Mais au fond, quelle est la part propre à moi-même, à ma disposition personnelle, singulière, à mes actions individuelles dans ce qui m'arrive ? Reconnaissons que ce questionnement est souvent esquivé. Quand l'individu s'y oblige, il est souvent douloureux... Comme si, à l'aune de notre regard, notre pensée était constamment captée, aspirée, pour ne pas dire inspirée, par l'intention prêtée à cet autre : plus le regard de cet autre s'absente, se détourne, plus cette quête est intense. Combien de conversations entre deux ami(e)s tournent autour du fait que l'un(e) se plaint de ne pas avoir été regardé(e) ou d'avoir été franchement ignoré(e) par un(e) troisième ? Le thème est inépuisable : le locuteur comme l'interlocuteur semblent, l'un et l'autre, y prendre goût.

Parler de soi relève d'un manque de savoir-vivre surtout lorsqu'on se trouve au milieu du cercle social habituel. Parler de soi n'est autorisé que dans le cadre restreint d'une relation affective entre deux amis proches, amoureuse entre deux amants ou professionnelle entre le patient et celui qui est là pour l'écouter, médecin, psychiatre, psychologue, conseillers divers. Et encore, l'expérience clinique montre quotidiennement que le patient parle plus facilement de celui qui est absent et qui est supposé être à l'origine des problèmes (le conjoint, l'enfant, le parent, etc.) que de lui-même comme étant celui en lequel la difficulté incriminée trouve son origine : constamment, le regard sur soi passe d'abord par l'autre. « Si je suis déprimé(e), anxieux, angoissé, c'est parce que mon mari, ma femme, mes enfants, mes parents, mon patron, mes voisins sont comme ceci ou comme cela, ont fait ceci ou cela... » et rarement parce que moi, en tant qu'individu, je me reconnais dans cet état affectif singulier. Même dans le monologue intérieur, lorsque seul on s'abandonne à ses pensées, celles-ci prennent vite en otage une figure intériorisée, son conjoint, un enfant, un parent, un collègue de travail, le chef, etc. comme point d'appui : toujours vient en premier le lien à l'autre, le regard supposé de l'autre rendu responsable de l'état du penseur.

La conscience de soi ou le regard intérieur

Dans la Grèce ancienne, « le sujet ne constitue pas un monde intérieur clos, dans lequel il doit pénétrer pour se retrouver ou plutôt se découvrir. Le sujet est extraverti. De même que l'œil ne se voit pas lui-même, l'individu pour s'appréhender regarde vers l'ailleurs, au-dehors. Sa conscience de soi n'est pas réflexive, repli sur soi, enfermement intérieur, face-à-face avec sa propre personne : elle est existentielle... Comme on l'a souvent noté, le *cogito ergo sum* (je pense donc je suis) n'a aucun sens pour un Grec [1] ». J.-P. Vernant met dans la bouche de ce Grec extraverti le propos suivant : « Jamais je ne pense mon existence à travers la conscience que j'en ai. Ma conscience est toujours accrochée à l'extérieur. » La conscience de soi, d'un soi qui appartient en propre à la personne, le fait d'être le sujet propre de son discours, tout ce qui est familier, évident pour l'individu contemporain, semble étrangement étranger à ces Grecs les plus anciens. La métaphore visuelle s'impose spontanément comme une explication à cela : l'œil ne se voit pas lui-même. Il faut en passer par

1. J.-P. Vernant, *L'Individu, l'Amour, la Mort, soi-même et l'autre en Grèce ancienne*, Gallimard, 1989, p. 211-232.

un regard sur l'extérieur pour ensuite intérioriser secondairement ce regard. Le regard sur soi est toujours précédé d'un regard sur un autre[1]...

M. Foucault[2] a tenté précisément « d'explorer ce que pourrait être une généalogie du sujet tout en sachant bien que les historiens préfèrent l'histoire des objets et que les philosophes préfèrent le sujet qui n'a pas d'histoire[3] ». Il nous montre que le souci de soi des premiers philosophes grecs, Socrate, Platon en particulier, représente une construction progressive. Ce souci de soi n'est pas un repli sur soi mais bien une ouverture aux autres, une disposition d'esprit qui conduit à l'acceptation de mettre un autre en soi, lequel apporte la lumière nécessaire. Se soucier de soi, prendre soin de soi, « c'est allumer en soi une lumière et parcourir grâce à elle les recoins de son âme[4] ». Nouvelle image visuelle et apparition du regard intérieur, cette lumière sera acquise par des pratiques et des exercices réguliers : il s'agit d'acquérir un discours vrai qui fonctionne comme une voix intérieure susceptible de se faire entendre d'elle-même lorsque les passions commencent à s'agiter ; il faut que ces discours soient en nous « comme un maître dont la voix suffit à apaiser le grondement des chiens[5] », ces passions qui ne doivent pas gouverner la personne.

Ainsi la conscience réflexive a une histoire, une histoire collective en grande partie culturelle et une histoire individuelle, fonction des aléas du développement de chacun. L'histoire collective de la conscience de soi pourrait se

---

1. Lequel est lui aussi précédé par le regard d'un autre sur soi.
2. M. Foucault, *L'Herméneutique du sujet*, Gallimard/Seuil, 2001.
3. F. Gros, « Notes critiques et situation du cours », in M. Foucault, *ibid.*, p. 506-507.
4. Grégoire de Nysse, cité par Foucault, *ibid.*, p. 474.
5. Plutarque, cité par M. Foucault, *ibid.*, p. 480.

confondre en grande partie avec une histoire de la philosophie en Occident. Un paradoxe sous-tend en permanence cette histoire : la conscience de soi, le sentiment de soi, la pensée d'une identité propre à celui qui la pense ne peut jamais s'abstraire totalement de la pensée de l'autre, de la prise en compte de la place de cet autre par rapport à soi. On ne peut se penser soi-même qu'en référence à la pensée d'un autre. Penser sur soi, plus que penser à soi, oblige à ce repli d'une pensée qui spontanément se déplisse grâce à l'altérité : la figure de l'autre est naturellement un élément porteur pour la pensée. La chose se complique singulièrement quand ce soi veut s'affirmer par lui-même, en lui-même, de lui-même exclusivement : évacuer la moindre parcelle d'altérité de la définition de soi conduit à une aporie[1]. Mais tout aussi inéluctablement, accepter cet autre en soi est un défi pour le sujet et une menace pour son sentiment d'unicité : « Où suis-je dans cette affaire ? »

Chez le bébé, une conscience de soi débutante

Etudier les interactions précoces mère/bébé[2], repérer le développement de cette transsubjectivité constituent un observatoire fantastique pour saisir cette subtile intrication d'une copensée entre deux partenaires, ce qu'en un jeu de mots peut-être un peu facile nous avons nommé cet « antre d'eux », espace intermédiaire mystérieux, énigmatique qui provient d'eux deux sans être ni l'un ni l'autre. Winnicott

1. Voir sur ce point les travaux de P. Ricœur, *Soi-même comme un autre*, Seuil, 1990, ou *La Mémoire, l'Histoire, l'Oubli*, Seuil, 2000.

2. Ou père/bébé, ou adulte/bébé ; on écrit « mère/bébé » par facilité et comme expression générique pour décrire les relations proximales entre un bébé et l'adulte qui s'occupe présentement de lui.

avait, en son temps, décrit cette aire intermédiaire, l'espace transitionnel, entre la mère et le bébé qui n'appartient en propre ni à l'un ni à l'autre, communauté de possession et de pensée où se déploie l'activité de jeu. Le jeu chez l'enfant représente effectivement cette aire d'invention, de créativité libre qui commence par un jeu partagé[1] pour se concrétiser sous la forme de l'objet transitionnel, cette peluche, ce nin-nin ou ce doudou dont Winnicott déclare qu'il est à la fois la mère et l'enfant, confusion d'identité qu'il ne faut pas chercher à résoudre. Précurseur doué d'un incontestable génie clinique, Winnicott ne disposait pas de la vidéoscopie lorsqu'il a décrit cet espace transitionnel. Pour s'en convaincre, il faut fréquenter régulièrement les très jeunes enfants, être capable de se laisser régresser et de s'amuser avec eux, être doté d'une qualité d'empathie non négligeable et posséder une finesse d'analyse pas si répandue !

Les enregistrements vidéoscopiques des interactions entre un adulte et un bébé, entre une mère et son bébé apportent de nos jours des éléments objectifs, observables par un tiers, qui confirment les conceptions prémonitoires de Winnicott. C'est bien dans cet espace intermédiaire que l'inter- ou la transsubjectivité porte les deux partenaires dans un accordage commun dans lequel l'un et l'autre s'aventurent, s'abandonnent, s'offrent. Quand une mère est ainsi engagée dans un accordage affectif avec son bébé et qu'on le lui montre sur un enregistrement vidéo, elle donne à son comportement cette simple justification : « C'est pour être avec mon bébé, pour mieux partager avec lui les mêmes choses. » Inversement, si on demande à la mère d'interrompre soudainement ses mimiques, sa proso-

1. L'exemple donné par Winnicott est celui du jeu de la spatule.

die, ses gestes d'accompagnement en restant immobile et figée, on constate que rapidement le bébé s'arrête, semble inquiet et parfois se détourne de sa mère en s'effondrant plus ou moins.

Un des indicateurs les plus fiables de cet espace partagé se trouve dans l'extraordinaire sensibilité et accordage rythmique dont font preuve les deux partenaires. Bien évidemment, dans ces engagements/désengagements, dans ce ballet rythmique, véritable danse relationnelle, les échanges de regards jouent un rôle phare : ils sont l'éclairage de la dyade, son guide. Un coup d'œil partagé pour signifier l'engagement, un détournement des yeux pour dire le besoin d'un temps de pause, un pseudo-détournement avec un regard en coin pour ébaucher une farce ou une taquinerie, etc. [1]. Très tôt chez le bébé, dans le courant du troisième mois, surviennent ces épisodes d'engagement puis de désengagement relationnels. Quel sens leur donner sinon que commence à émerger chez ce bébé le sentiment d'être un partenaire actif du jeu, d'avoir sa partition à jouer. C'est à partir de ces ébauches de comportement d'anticipation que le sentiment de soi commence à être décrit.

Le bébé n'est plus un simple partenaire qui subit, il devient un partenaire actif de l'échange. Les premiers gestes d'anticipation ne font que traduire la capacité naissante

1. Le jeu de ces regards est difficile à saisir *dans sa réciprocité* même avec le dispositif vidéo car il faudrait que les deux caméras, celle qui filme le bébé et celle qui filme la mère, soient face aux regards des deux protagonistes, dans l'axe des regards, tout comme au cinéma ! Bien évidemment les caméras sont installées de façon décalée pour laisser la dyade mère/bébé libre de ses mouvements, de telle sorte qu'il n'est pas toujours facile d'objectiver ces échanges visuels. Probablement est-ce aussi pourquoi ils sont moins étudiés que les accordages moteurs ou rythmiques.

du bébé à se reconnaître dans son environnement et à anticiper la séquence d'action suivante. Il faut pour cela que l'environnement soit prévisible, donc qu'il offre une régularité certaine. Il faut aussi que le partenaire de ce bébé réponde à ces gestes en montrant qu'il les comprend et en tient compte : l'action en cours entre les deux partenaires est cohérente et, en outre, la réponse positive de l'adulte au comportement anticipatoire du bébé augmente la cohérence de la séquence : « C'est bien ce que j'ai anticipé qui advient. » Parmi tous ces comportements d'anticipation, le plus caractéristique, et de loin, est le fait que l'enfant tend les bras pour être pris en même temps que son tonus musculaire accompagne ce geste. Là encore l'échange de regards est le compagnon naturel de ces gestes d'anticipation. On est même en droit de penser qu'en l'absence d'un échange de regards, les comportements anticipatoires ne pourront se mettre en place correctement. C'est très exactement ce qu'on observe dans le cas de l'autisme infantile où le détournement du regard et l'absence de conduites anticipatrices vont en général de pair.

A la même période, les comportements d'imitation tels qu'on les a décrits se déploient pleinement et se complexifient : c'est la période où le bébé commence à prendre à son compte ces imitations, se mettant parfois à les initier. Certains bébés sont même très doués pour imiter les principales mimiques de leurs proches, ce qui à chaque fois déclenche les rires des adultes, suscite la fierté du bébé et le pousse à recommencer. Il est alors véritablement le héros et l'acteur de la séquence. Sur les bases de ces observations cliniques, les spécialistes de la petite enfance en sont venus à décrire l'apparition relativement précoce d'un sens de soi. Sans être nécessairement conscient au début, sans témoigner d'emblée d'une capacité de pensée réflexive et autonome, ce sens de soi n'en témoigne pas moins d'une capacité émergente à se vivre comme un partenaire actif, séparé, doté d'une autonomie de fonctionnement et de prise d'initiative certaine[1]. Vers neuf mois, le bébé commence à prendre de vraies initiatives dans les jeux interactifs, jouant de ces taquineries qui exhortent le partenaire à poursuivre le jeu, à reprendre la séquence qu'il avait interrompue. On peut véritablement parler de compagnonnage, le bébé devenant à part entière un compagnon de jeu pour l'adulte[2].

La conscience de soi semble donc apparaître assez tôt chez l'enfant, bien avant l'apparition du langage, lequel ne représente que la part la plus visible de l'affirmation de soi. Ce langage, certes, consacre l'avènement d'une subjectivité réflexive pleinement assumée. Mais il ne peut advenir au sujet sans ce partage préalable dans l'interaction et la transsubjectivité. Il en conservera la trace au travers de cette dimension d'altérité qui ne cesse de le parcourir. Avant que le langage n'offre à la pensée la possibilité et l'illusion d'un regard sur soi qui n'appartiendrait qu'à soi, le partage des regards est l'armature qui soutient cette pensée.

1. D. Stern décrit ainsi successivement un « sens de soi noyau » entre deux-trois mois et six-sept mois, un « sens de soi subjectif » entre six-sept mois et quinze-dix-huit mois, période où se déploie pleinement cette intersubjectivité fondatrice, puis un « sens de soi verbal ». La conscience de soi est bien évidemment affermie par le langage.

2. Voir C. Trevarthen, « La communication de l'expérience par l'intersubjectivité », *Psychiatrie française*, 2004, 36, 2, p. 8-44.

L'autre là/pas là : les thérapies, de l'hypnose à la psychanalyse

La conscience de soi repose sur un paradoxe : il faut passer par le regard d'un autre pour y accéder. Les patients en thérapie, les adolescents en particulier, en font chaque jour, à chaque séance, la pénible constatation. Le paradoxe de la psychanalyse est d'avoir développé la théorie de cette altérité en installant un cadre qui précisément s'en dégage : dans la cure psychanalytique classique, le thérapeute et le patient ne se voient pas, ne se regardent pas (sauf, et ce n'est pas rien, en entrant et en sortant de la pièce !). Il fallait probablement en passer par cet artifice pour que se dévoile au sujet lui-même sa propre altérité. Car si, à la rigueur, le sujet peut se passer du regard de l'autre pour tenter de se définir, la recherche de sa propre identité conduit rapidement ce même sujet à une impasse s'il veut faire l'économie de toute référence à autrui. La psychologie classique s'était engagée dans une impasse, celle d'un sujet maître de sa conscience. S. Freud, en revanche, installe l'altérité à l'intérieur du sujet, il en fait une caractéristique de son fonctionnement. La conscience limitée du sujet freudien rencontre les exigences inconscientes d'un autre en soi, qu'il s'agisse d'une partie du moi, du surmoi ou de l'inconscient proprement dit (le ça). La scène conflictuelle principale est désormais intériorisée. S. Freud en est arrivé là d'une part en se détachant des techniques tournant autour de l'hypnose puis en inventant un dispositif original, celui de la cure psychanalytique.

Quelques très brefs repères nous permettront de préciser ce cheminement. Dans tout le cours du XIXe siècle, aussi bien pour soigner des malades que pour comprendre les pathologies nerveuses regroupées à l'époque sous le terme générique de névroses, voire pour le simple plaisir intellectuel d'une démonstration mondaine, l'hypnose agitait le monde médical et intellectuel. Vers la fin du XVIIIe siècle, le magnétisme (Mesmer), théorie très à la mode, postulait l'existence d'un fluide qui irradiait entre les personnes[1]. A la suite de Puységur, de Faria puis surtout de Liébeault et Bernheim, l'hypnose renonce au principe de ce fluide pour s'attacher aux particularités de la relation magnétiseur/magnétisé, cette relation étant sous l'influence de la suggestion. Comment procède l'hypnose ? Elle débute par une phase dite d'induction : la personne est invitée à fixer son attention sur un point particulier, par exemple un objet brillant, dans le cadre d'une relaxation et d'un isolement sensoriel relatif obtenu par la répétition de stimuli monotones. En même temps l'hypnotiseur fait des suggestions verbales répétitives d'une voix elle aussi monotone pour entraîner une modification de l'état de conscience (état hypnoïde), parfois en touchant légèrement le patient. L'hypnose consiste à réduire le champ d'attention du patient, en particulier son regard : invité à regarder un point précis, un objet lumineux et plus tard à fermer les yeux mais en fixant intérieurement une scène choisie, le patient hypnotisé a en quelque sorte un regard capté et captif en direction de ce que lui suggère l'hypnotiseur. Si,

1. Les pathologies étaient comprises comme l'expression d'un fluide pathogène circulant soit dans le sens d'une émission, soit dans celui d'une réception anormales. Ce magnétisme peut tout à fait être considéré comme un des derniers avatars des théories de la vision qui ont couru jusqu'à la fin du XVIIe siècle / début du XVIIIe siècle, faisant de l'œil un organe qui émettait ou recevait des fluides, ce qu'on appelait à l'époque l'« espèce » (voir le chapitre 1, paragraphe : « La vision ». Voir aussi la croyance dans le pouvoir du basilic, chapitre 4, paragraphe : « Le regard dans la société »).

au XIXe siècle, le mérite de l'hypnose est d'avoir mis en lumière la dimension relationnelle et psychologique d'un nombre conséquent de maladies nerveuses, l'assujettissement du patient au médecin, d'une part, la fréquente réapparition de symptômes analogues à peine légèrement modifiés, d'autre part, conduisirent S. Freud à se détourner de cette technique. S. Freud invente le cadre de la psychanalyse et, ce faisant, « en libérant le malade des derniers restes d'un magnétisme devenu hypnotisme et suggestion, propose une philosophie de la vie fondée sur la reconnaissance de l'inconscient et de sa voie royale : le rêve[1] ».

Mais arrêtons-nous un instant sur ce cadre psychanalytique. S. Freud, parlant de lui à la troisième personne, le décrit ainsi : « La méthode cathartique avait déjà renoncé à la suggestion. Freud fit un pas de plus en rejetant également l'hypnose. Il traite actuellement ses malades de la façon suivante : sans chercher à les influencer d'autres manières, il les fait s'étendre commodément sur un divan, tandis que lui-même, soustrait à leur regard, s'assied derrière eux. Il ne leur demande pas de fermer les yeux, et évite de les toucher comme d'employer tout autre procédé capable de rappeler l'hypnose. Cette sorte de séance se passe à la manière d'un entretien entre deux personnes en état de veille dont l'une se voit épargner tout effort musculaire, toute impression sensorielle, capable de détourner son attention de sa propre activité psychique[2]. » A trois reprises dans cette définition très simple et pédagogique, S. Freud insiste sur le regard, pour se différencier de l'hyp-

1. E. Roudinesco et M. Bon, *Dictionnaire de la psychanalyse*, Fayard, Paris, 1997, p. 467.

2. S. Freud, *La Méthode psychanalytique de Freud* (1904), cité par P. Denis, « Sous le regard de Freud », *Communication*, Seuil, 2004, p. 75.

nose : le thérapeute se soustrait au regard du patient, le patient est libre de son regard, il peut garder les yeux ouverts, mais il reçoit le moins possible d'impression sensorielle et n'a plus d'autre option que de tourner son attention, son regard, sur sa propre activité psychique. La position du thérapeute, assis derrière la tête du patient, indique de façon métaphorique et le lieu où peut porter sa vue et la place de cet autre en soi, au-dessus. S. Freud, par ce dispositif, supprime la fonction attractive et porteuse du regard de l'autre, laisse le sujet libre de son regard, mais il n'a rien de particulier à regarder, ce qui est une invite indirecte à retourner ce regard sur soi. Dès lors le patient peut laisser son regard et sa parole dériver selon les circonstances et les associations, la parole de S. Freud venant ponctuellement éclairer le sens de cette dérive. « Freud fait du regard un mouvement de l'esprit qui implique une interprétation de ce qui est perçu. Le regard intérieur – l'intuition – devient essentiel et modifie complètement le regard que le praticien aura sur autrui [1]. » La psychanalyse devient une technique d'exploration de l'intentionnalité déconnectée de son objet support naturel : le regard de l'autre. Le thérapeute lui-même ne sort pas indemne de cette expérience puisque, comme le précise P. Denis, son regard sur autrui se modifie complètement. Qu'on le veuille ou non, quand il est question du regard d'un sujet sur un autre, il y a toujours une dimension d'intersubjectivité : en psychanalyse cela s'appelle le transfert du côté du patient, le contre-transfert du côté de l'analyste, l'un et l'autre étant évidemment liés.

---

1. P. Denis, *ibid.*, p. 172.

L'« œil interne » ou l'autre à l'intérieur de soi

Sur quoi le regard intérieur du patient peut-il se porter quand il est ainsi livré à lui-même, quand il n'est plus tenu, porté par ce regard en face de soi : nécessairement sur les zones de friction, de douleur, de conflit (ou au contraire, s'il s'en détourne systématiquement, formant des taches aveugles telles que lapsus, associations d'idées curieuses, rêves répétés, ce détournement ayant la même signification). En laissant courir son regard sur lui-même, l'idée d'un individu entier, clos, maître de ses pensées, ne tient pas : le sujet perd sa belle unité et se découvre passablement lézardé. S. Freud installe le conflit psychique au cœur de l'être humain : des représentations inconciliables surgissent en permanence dans la psyché humaine et menacent cette aspiration à la cohérence, à l'unité.

Que le conflit siège entre un désir essentiellement de nature sexuelle et un souci de préservation du sujet animé par le « moi », comme le théorise d'abord S. Freud ; ou, avec la découverte du refoulement et de l'inconscient, qu'il s'articule principalement entre le conscient et l'inconscient, ces deux parts de l'être humain qui rarement se donnent la main et vont de concert ; ou qu'enfin l'hypothèse d'un conflit encore plus fondamental et irréductible entre pulsion de vie et pulsion de mort agite cette psyché, nul ne conteste désormais l'évidente perception d'une conflictualité fondatrice du fonctionnement psychique. Le moi et le surmoi, plus tard l'idéal du moi, sont les gardiens du sujet en tant que tel, lui donnant le sentiment d'être soi, différent des autres, unique et continu dans le temps. En revanche, l'altérité est mise par S. Freud au cœur de ce sujet ; l'inconscient, qu'il soit originaire ou produit du refoulé, lieu des contradictions, ambivalences et conflits, est bien là comme un autre soi-même avec lequel le moi-même doit toujours négocier. Cette conflictualité se joue donc entre, d'un côté, le besoin irrépressible de l'individu de posséder en lui un sentiment d'identité d'existence et, de l'autre, une fondamentale ambivalence qui s'abreuve à la contradiction constante de ce fonctionnement psychique et qui échappe en permanence aux efforts du sujet.

Dans la vie quotidienne, le regard de l'autre est le support ou l'écran naturel de projection de ces ambivalences. Car, comme on l'a déjà dit, si l'être humain quête volontiers dans le regard de l'autre ce que peuvent être ses intentions, il y recherche aussi, constamment, l'origine de son propre trouble, de sa propre souffrance : ce regard d'autrui devient vite la source projective et énigmatique du malaise existentiel de chacun ! C'est ce support projectif bien commode que le dispositif artificiel de la psychanalyse ôte soudainement au sujet : en face de lui le regard de l'autre disparaît ! Nul n'a fondamentalement envie de fouiller dans ses plaies, et le sujet s'élabore autour de cette volonté d'ignorance sur laquelle la psychologie classique s'est construite et que l'exercice psychanalytique se charge de lui révéler.

Ainsi, Freud décortique, dissèque et finalement déconstruit l'homme classique qui se voulait totalité rationnelle close sur elle-même. Il analyse les bruits que font les frictions de cet affrontement interne entre les instances psychiques d'un sujet devenu puzzle. Mais ce que Freud se garde relativement d'analyser et que ses successeurs feront tous largement, c'est le cadre qui permet au puzzle de garder son unité et lui évite l'émiettement. De quel bois est-il fait ? Des liens qui unissent et retiennent le sujet à son environnement, ses proches, ses habitudes, sa culture, son histoire familiale et groupale, tout ce qui le contient et le relie aux autres, source de contraintes douloureuses (que celles-ci se manifestent concrètement et objectivement dans la réalité des relations ou qu'elles se reflètent dans leur intériorisation au travers du surmoi) mais aussi porteur du sens qu'il peut donner ou trouver à son existence.

D'une certaine manière, S. Freud aide le sujet à mettre le doigt sur l'origine du mal, mais à aucun moment il ne remet en cause la nature de ces liens. Toutefois, le sujet étant ce qu'il est, son unicité étant son leurre le plus précieux et son confort psychique un désir banalement humain, à force de pointer ainsi ces liens source de souffrance, il en vient vite à les dénoncer, à chercher à s'en abstraire plutôt qu'à approfondir sa propre ambivalence. Résultat en partie contraire à l'idée initiale, la psychanalyse, dans sa version édulcorée, conduit le sujet à dénoncer les entraves de ces liens, à le désaccorder de son entourage. En effet, le refoulement qui renvoie le conflit dans une part inconsciente du fonctionnement psychique aidait le sujet à maintenir un sentiment de cohérence mais au prix d'un inconfort psychique, la souffrance due au refoulé, la souffrance des éventuels symptômes dont il est essentiel que le sujet n'en comprenne pas le sens puisqu'ils sont là comme garantie de sa cohérence, comme masque à ses contradictions. Mais un second mécanisme de défense, abordé par S. Freud puis abondamment repris par ses successeurs, le clivage, vient à la rescousse du besoin de bien-être de l'individu, même au prix d'une tromperie. Ce clivage consiste à instaurer une coupure, une césure au sein même du moi, aboutissant en quelque sorte à ce que la main droite ignore ce que fait la main gauche, manière de satisfaire ainsi deux désirs contradictoires. Le clivage aide au confort psychique momentané du sujet qui peut ainsi désirer la chose et son contraire sans en souffrir, mais au prix d'une perte relative de sa cohérence et d'un sentiment diffus de vulnérabilité, de fragilité, voire d'une crainte de fragmentation, d'éclatement entre des parties ressenties confusément comme contradictoires en lui-même. Si le refoulement fait souffrir le sujet névrosé qui toutefois y trouve en tant qu'individu une continuité rassurante, le clivage, par la menace sur la continuité du sujet dans sa cohérence, pousse l'individu à une exigence de satisfaction instantanée pour éviter de penser les contradictions inhérentes à la durée, d'où une appétence insatiable, un besoin constant de raccordements multiples.

Avec l'émergence du sujet psychanalytique, l'être humain ne s'affronte plus au regard, à l'autorité des dieux, au regard du seigneur ou à l'autorité de la chose prescrite par le code social, il s'affronte d'abord à son regard propre, à la pression de ses exigences internes. Il a certes été libéré de ses chaînes extérieures, mais cette libération fait ressentir encore plus vivement le poids des chaînes intérieures. Le sentiment d'être soi-même comme auteur de ses pensées, de ses désirs, de ses rêves, de ses interdits s'appuie non plus sur la soumission à l'ordre du divin mais sur une identification intériorisée aux parents, à l'histoire familiale. Ce que l'individu a gagné en liberté, liberté potentielle de penser, de croire et de désirer tout ce qu'il veut y compris la chose et son contraire, le sujet en paie le prix en confort psychique : souffrance du conflit intériorisé, sentiment de culpabilité, angoisse et symptômes qui en résultent. En privatisant ce conflit psychique, la psychanalyse réintroduit dans l'individu une part d'altérité reconnue, sous la forme en particulier du surmoi et de l'idéal du moi [1]. Cependant,

1. Certains psychanalystes ont même été jusqu'à décrire une instance auto-observatrice primaire, une sorte d'œil interne. Voir par exemple H. Nunberg, *Principes de psychanalyse*, PUF, 1932.

si privée que soit cette scène dramatique interne, le sujet psychanalytique de l'aube du XXe siècle n'en reste pas moins un sujet en lien, solidement arrimé par ce surmoi à la figure emblématique du père et à tous les signifiants sociaux que cette figure véhicule nécessairement. Par ailleurs, en installant l'inconscient et l'ambivalence conflictuelle au centre du sujet, la psychanalyse réintroduit la menace sur l'idée d'une unité du soi (le *self*). De quoi malmener le fantasme d'un individu maître de lui-même si chère à la société libérale ! Précisément, la figure de l'individu qui émerge dans le cours du XXe siècle et s'installe triomphante en ce début de nouveau millénaire vient là comme réponse pour garantir la pérennité de ces deux fantasmes : un individu totalement libre et entité à part entière, un individu libéré du poids du regard d'autrui comme du poids de son propre regard intérieur.

Quand l'individu apparaît

Le terme « individu » n'appartient pas vraiment au langage philosophique, psychologique, psychanalytique et même psychiatrique. On y préfère les notions de sujet, de personne, d'être humain, de patient, d'analysant... « Individu » est d'emploi plus récent dans la langue. Primitivement, il désigne un organisme entier, indivisible qui appartient à une espèce (une espèce animale) ou à un genre (le genre humain). Il est la correspondance latine du terme grec *atomos*, « atome », particule non sécable qui représente à elle-même sa propre totalité. Ce terme est apparu dans la langue vers le XIVe siècle bien après celui de « personne » qui, en latin, désignait le masque utilisé par les acteurs de théâtre pour jouer un personnage, pour incarner un caractère plus qu'une personne au sens où nous l'entendons aujourd'hui.

Pendant longtemps le terme était plutôt utilisé en biologie, en science pour nommer plus précisément un « individu » à l'intérieur d'une espèce. Le dictionnaire souligne d'ailleurs que cette définition est purement intuitive : un organisme nettement délimité de toutes parts, entier, en train de vivre est un individu ; un chêne, un chien, une larve d'insecte sont des individus. Mais cette acception défie l'étymologie (celle d'une unité insécable) car l'individu n'est nullement indivisible : un arbre taillé, un animal amputé d'une patte reste un individu. Lorsque la division est un procédé naturel de multiplication (bourgeonnement, scissiparité), le même être forme plusieurs individus et le dictionnaire d'ajouter : « Deux vrais jumeaux humains sont bien deux individus, mais ils ont la même garniture chromosomique, le même génome, ils sont identiques, ils constituent deux exemplaires du même “être biologique”[1]. » La définition est plus complexe et ambiguë que son apparente évidence le laisserait croire ! Sans prétendre clore un tel débat, nous dirons que, dans sa définition intuitive, l'individu représente une unité comptable au sein d'un ensemble de particules assez semblables mais avec un minimum de caractéristiques permettant de les différencier. Appliqué aux humains, « individu » désigne un membre d'une collectivité et le dictionnaire historique de la langue française note que l'usage de ce terme pour désigner une personne était assez péjoratif : un drôle d'individu, un individu bizarre... Par cette expression, la langue commune désignait volontiers un être humain dont on ne connaissait ni les racines ni les liens sociaux, un drôle de particulier

1. *Grand Dictionnaire Encyclopédique Larousse*, tome 6.

qui n'était pas d'ici et dont on ne savait pas d'où il venait, quelqu'un qu'on n'avait jamais vu auparavant.

Il faudra attendre le XXe siècle pour que ce terme soit d'usage courant, perdant sa connotation péjorative pour gagner en respectabilité : l'individu devient l'unité de compte des démocraties et, à ce titre, la valeur idéologique de référence. Les droits de l'homme ont transformé le citoyen en individu : « L'avènement du sujet politique est corrélatif de la naissance de l'individu au sens rigoureux du terme... Une communauté humaine est composée d'êtres primitivement indépendants, d'individus définis par des droits qui leur sont inhérents de naissance[1]. »

Quelle identité pour l'individu ?

Quand le terme « individu » arrive sous la plume, d'autres termes l'accompagnent toujours se référant à deux catégories : d'un côté l'identité et le processus d'identification, de l'autre l'individualité, et sa correspondance comme processus : l'individualisation ou l'individuation souvent rapprochées du travail de séparation, même si ces deux lignes conceptuelles, individualisation et séparation, sont sensiblement différentes. Un individu est à la fois une entité reconnue par un autre ou des autres comme singulière et comme différente d'eux-mêmes, et aussi une construction personnelle conduisant à un sentiment d'être séparé et d'éprouver en soi ce sentiment de continuité d'existence. La complexité de la notion d'individu est qu'elle entrecroise une dimension synchronique de diffé-

1. M. Gauchet, « L'idée d'une histoire du sujet », in *La Condition historique*, Stock, 2003, p. 215.

renciation sur le moment et une dimension diachronique de similitude sur la durée. Si le concept de sujet est plutôt dans l'instant (de l'énonciation) et celui de personne dans l'éternité, celui d'individu le serait dans le moment et la durée. Nous utilisons précisément des mots comme « moment » et « durée », ceux que la pensée chinoise utilise plus volontiers pour parler du temps[1], alors même que le concept d'individu est né dans les démocraties occidentales modernes, plus enclines à traiter le temps sous les catégories de l'instant comptable et de l'éternité idéale. Moment (« On a passé un bon moment... ») et durée (« Notre discussion a assez duré... ») s'inscrivent dans le temps vécu d'un partage avec les autres ; c'est pourquoi il semble difficile pour parler d'individu de se passer du regard, autant celui que l'individu porte sur l'autre, le regard social, que celui porté par l'individu sur lui-même, le regard intérieur. Mais le paradoxe est que ce croisement des regards constitue par lui-même une atteinte ostentatoire au concept d'individu ! Un exemple, l'ouvrage de P.F. Strawson, *Les Individus, Essai de métaphysique descriptive*, paru en 1959 dans son édition originale[2], eut un retentissement certain et tenta de donner une description fondatrice de ce concept. S'inscrivant dans le courant de la linguistique et surtout de la linguistique énonciative, l'auteur introduit son propos par une tentative de cerner la singularité de l'individu et se réfère précisément au corps et aux organes des sens. Mais, chose étonnante dans un index pourtant assez fourni et rigoureusement construit, il n'y a pas une seule référence au regard et, en matière d'organes des sens,

1. Voir sur ce thème les ouvrages de F. Jullien, en particulier *Du temps, Eléments d'une philosophie du vivre*, Grasset, 2001.

2. P.F. Strawson, *Les Individus, Essai de métaphysique descriptive*, 1959, Seuil, 1973.

c'est à l'audition et au son qu'est donnée la dimension fondatrice de l'individualité ; la vue n'est citée qu'à deux reprises et brièvement pour ne parler que du champ visuel et de l'aspect strictement perceptif ! Les termes « identité », « identification », « individuation » reviennent de façon récurrente dans l'ouvrage. Mais la composante d'altérité est totalement ignorée pour ce qui concerne le regard. Sa présence est réduite au langage et ainsi récupérée par l'individu à son exclusif profit de sujet parlant. Tout comme en biologie, la définition de l'individu dans les sciences humaines procède d'un empirisme approximatif et d'une évidence intuitive qui se referme volontiers sur elle-même : l'individu veut être lui-même hors des autres mais il a constamment besoin des autres pour en avoir confirmation !

Dans son travail centré sur l'évolution de la vue et de son usage social, N. Elias retrace la généalogie du processus de réflexion, de représentation, qui va de pair avec un sentiment de détachement, condition de l'émergence concomitante de la conscience et du regard individuels, de la représentation de la personne et de l'observation des autres et de soi. Il déclare : « La suspension, la réflexion se fige en quelque sorte en une attitude constante et, ainsi transformée, engendre chez l'observateur la représentation de lui-même comme d'un être coupé de tous les autres et existant indépendamment d'eux[1]. » Avant l'individu, il y

1. Cité par C. Haroche, *op. cit.*, p. 150. Ce mouvement de détachement, de réappropriation d'un regard tourné sur soi, Camille en a donné un exemple remarquable : voir le chapitre 3, paragraphe : « L'imitation des comportements sociaux ». Mais précisément dans le cas de Camille, ce mouvement visuel de détournement du regard sur soi-même ne peut advenir que dans la suite d'un échange avec sa mère en s'appuyant sur les mots de la comptine chantée avec elle :

a la personne détachée, volontairement coupée des autres, le regard détourné pour être réfléchi sur soi. C'est alors qu'on trouve des expressions telles que « identité individuelle », « regard individuel ».

L'essence de l'individu pourrait-elle être saisie dans cette volonté de détournement, de détachement, puis de réflexion ? Devient-on un individu à l'instant où l'on se coupe des autres et, inversement, faut-il se couper des autres pour prétendre accéder à cette individualité ? Les adolescents semblent renvoyer au regard ébahi et gêné des adultes la caricature de cette exigence, eux qui se coupent abondamment alors que précisément ils n'arrivent pas à se séparer, à s'affirmer ! Dans ce mouvement de dégagement si ce n'est de rupture, on ne peut parler d'un état mais plutôt d'une volition, d'un désir si ce n'est d'un fantasme : l'individu représente-t-il une construction imaginaire et idéologique que chaque personne de nos sociétés doit s'approprier pour vivre en conformité avec une norme sociale devenue subtilement invisible : « Soyez des individus ! » Les effets du poids de cette exigence sociale sur les personnes, sommées de devenir des individus, ont été brillamment démontrés par A. Erhenberg au travers de cette « fatigue d'être soi ».

L'individu devient alors un « produit du social », ce que ne récuse pas J.-C. Kaufmann qui se propose de « mettre en évidence les mécanismes précis de production des premières formes individuelles[1] ». Cet auteur montre combien la vision de l'individu comme entité globale, close sur elle-même, se suffisant à elle-même, parcourt le mouve-

---

l'apparente clôture individuelle n'est que le repli sur soi d'une altérité initiale.

1. J.-C. Kaufmann, *Ego, Pour une sociologie de l'individu*, Nathan, 2001, p. 80.

ment social tel un fantasme récurrent, et M. Douglas d'ajouter : « Quand nous croyons être la première génération non soumise à l'idée du sacré, la première à avoir des rapports interpersonnels véritables en tant qu'individus et donc la première à atteindre une conscience de soi intégrale, il s'agit là incontestablement d'une représentation collective[1]. »

L'assomption triomphante de l'« individu individualisé »

A l'évidence, le besoin de lien social dont l'être humain est constitué et dont il a aussi tiré son humanité prend le contre-pied douloureux de l'exigence d'individualisme.

F. de Singly[2], voulant résoudre la quadrature du cercle, tente de répondre en sociologue à la nature contradictoire de ces besoins : besoin d'individualisme d'un côté, besoin de liens de l'autre. Comment l'individu peut-il gérer cette contradiction ? L'individualisme peut-il créer du lien ? F. de Singly utilise tout au long de son ouvrage une curieuse expression redondante : l'« individu individualisé » (au singulier comme au pluriel), bégaiement sémantique à comprendre comme un symptôme, celui du paradoxe inhérent au concept d'individu. Qu'est-ce qu'un individu individualisé ? « Pourquoi les individus n'auraient-ils pas le droit de rompre ? Pourquoi seraient-ils contraints d'être enchaînés à leur point d'origine ? L'histoire individuelle ne se résume pas à ce point ; elle peut – c'est le propre de

---

1. M. Douglas, *Ainsi pensent les institutions*, La Découverte, 1999, cité par J.-C. Kaufmann, *op. cit.*, p. 91.
2. F. de Singly, *Les Uns avec les autres, Quand l'individualisme crée du lien*, Armand Colin, 2003.

l'identité narrative – emprunter d'autres voies[1] », s'interroge F. de Singly.

Si l'on peut reconnaître aisément que l'individu n'a pas à être enchaîné à son point d'origine comme guide permanent des actes de sa vie, force est de dire que pour autant, dans son sentiment d'identité et de continuité existentielle, ce point d'origine, *qu'il n'a pas choisi mais qui lui est imposé*, reste le point d'arrimage puis de tension à partir duquel cette vie s'écrit. F. de Singly, de façon quelque peu désinvolte, critique cette « dérive du mythe des origines qui, au lieu de proposer un idéal d'émancipation, tend à enfermer les individus dans le destin originel ». Quel est donc cet « idéal d'émancipation » qu'il appelle de ses vœux ? « L'individu individualisé veut être reconnu pour les dimensions identitaires qu'il fait siennes, et notamment pour les appartenances qu'il fait siennes[2]. » L'individu devient individualisé dans la mesure où il n'hésite pas à rompre les liens qui lui sont imposés pour choisir des liens électifs. Bien sûr F. de Singly ne va pas jusqu'à décréter que l'individu doit rompre ses liens : on atteindrait là le paradoxe des systémiciens (« Je t'ordonne d'être libre ! »). Mais dans la suite de son ouvrage le propos est clair : l'individu qui peut choisir ainsi ses liens est un individu libre, un vrai, vraiment individualisé et, s'il se sent lié, « c'est par choix et non par obligation[3] ». Selon lui, l'individu, doté d'une fluidité identitaire, d'une identité à géométrie variable, s'affirme même, sans crainte du paradoxe, dans une « désaffiliation positive[4] ». Tout comme N. Elias, F. de Singly fait du besoin de coupure l'instant fondateur

1. *Ibid.*, p. 61.
2. *Ibid.*, p. 58.
3. *Ibid.*, p. 70.
4. *Ibid.*, p. 72.

et paradoxal du statut d'individu. Mais comment exister à partir de cette coupure ?

C'est là que l'auteur est confronté à une contradiction. En effet, on aura noté au passage que cet individu individualisé « veut être reconnu » : quelle est cette exigence d'être reconnu, par qui et pour quoi ? On aura aussi noté que la liberté de choix vaut mieux que le respect d'une obligation : qui décrète cette hiérarchie de valeurs ? On retrouve cette dimension d'exigence presque forcenée dans cette remarque : « La fluidité présuppose que l'individu individualisé dispose de plusieurs dimensions identitaires lui permettant de composer un personnage complexe, et *paradoxalement* lui donnant alors le sentiment d'exister en tant que personne. » Et quelques lignes plus loin, comme une conséquence de ce qui vient d'être écrit : « L'individu individualisé ne peut rechercher son originalité, ne peut laisser exprimer son authenticité qu'à la condition d'être libre de choisir le début et la fin de ses attachements. Dans la société moderne, les appartenances demeurent mais elles sont devenues fragiles, pouvant être rompues au gré de la demande individuelle [1]. » Finalement l'« individu individualisé » a le regard braqué sur une seule chose : sa liberté. Mais il est potentiellement aliéné à l'idée de cette liberté et enchaîne indirectement autrui « au gré » de cette exigence. Il y a toutefois une exception à cette liberté des liens : le lien avec l'enfant qui devient ainsi le seul être humain capable d'avoir autorité sur cette liberté dans les liens : c'est l'« obstacle de l'enfance », nous dit F. de Singly [2]. Voilà encore un motif supplémentaire pouvant rendre compte de cette « autorité de l'infantile » qui en a bien

1. *Ibid.*, p. 124-125.
2. *Ibid.*, p. 55.

d'autres[1] ! Mais hormis ce lien, tous les autres sont assujettis à cette exigence de liberté, laquelle pour s'affirmer n'a d'autre solution que de produire du lien multiple : l'« individu individualisé » devient ainsi un producteur actif de liens multiples, peut-être même les capitalise-t-il...

L'individualisme : une croyance sociale collectivement partagée

Ainsi, l'« individu individualisé » serait la caricature de l'individualisme, lequel est une valeur sociale, pour ne pas dire une croyance, nécessairement partagée par toutes les personnes de la société, ce partage idéologique étant tout sauf individuel : c'est une croyance collective, qui tend à faire consensus, ce consensus ayant valeur de preuve et renforçant la croyance dans un effet d'auto-entretien. D'où vient cette nécessité sociale ? G. Simmel nous donne un début d'éclairage en soulignant combien le paysage social change à la Renaissance : « La spécificité individuelle devint la base de l'affirmation d'une identité distinctive. A Florence, chacun voulait imaginer ses vêtements d'une façon qui n'appartînt qu'à lui, affichant ainsi la valeur de l'être unique[2]. » Dès son origine, l'individu affirme son besoin de différenciation : il doit se voir et être vu par les autres comme singulier, unique, différent. Or ce besoin de différenciation, comme nous l'avons développé dans un ouvrage précédent[3], conduit naturellement à rechercher

1. Voir *L'Enfant, chef de la famille*, *op. cit.*

2. G. Simmel, *Philosophie de la modernité, La femme, la ville, l'individualisme*, Payot, 1989, p. 294, cité par J.-C. Kaufmann, *op. cit.*, p. 79.

3. *L'Enfant, chef de la famille*, *op. cit.*

des marques de distinction du côté de la réalité : c'est en consommant des objets, marques concrètes de sa différence, que l'on assure ce besoin. L'individu, produit du social, dans sa volonté d'être reconnu, recourt à la consommation de produits pour tenter de marquer sa singularité : quand on a en main le portable de la dernière génération on est sûr d'être différent des autres, des anciens (ses parents, les adultes, les vieux en général) même si rapidement, dans une course à la possession, l'objet sera entre toutes les mains ; restera à être vigilant et à guetter impatiemment le modèle suivant... Cette quête de la différence montre en creux le besoin du regard de l'autre : désormais, à défaut d'en être reconnu, au moins faut-il attirer ce regard en marquant sa spécificité. Si l'individu s'appuie pour se reconnaître sur les deux piliers que sont l'identification et la différenciation, il semble que l'individualisme, ou encore l'« individu individualisé », traduise une croyance sociale qui pousse à la rupture et à la consommation pour satisfaire ce besoin de différenciation exacerbé. L'adolescence est la cible désignée de ces enjeux.

Chapitre 6

L'adolescence, une déconstruction de l'intersubjectivité ?

L'adolescence ne cesse de poser des questions à notre société. Volontiers désignés comme des fauteurs de troubles, des « sauvageons » qui ne respectent aucune règle, ils sont aussi minutieusement observés par tous les instituts de marketing à l'affût de leur dernière trouvaille pour en faire aussitôt un objet de mode source temporaire de profits consistants. Considérés comme violents, impulsifs, soucieux de leur plaisir immédiat, égoïstes, ces mêmes adolescents sont aussi décrits comme pacifistes, idéalistes, acharnés dans la réalisation de leurs passions, altruistes et généreux, soutiens de famille efficaces quand les parents sont totalement défaillants. Déchets résiduels d'une société décadente, ils sont aussi l'avenir merveilleux, créatifs et inventifs d'une société dynamique...

Adolescents caméléons, ils laissent rarement indifférent : le regard des adultes et de la société dans son ensemble ne cesse d'être braqué sur eux et il faut bien dire qu'ils y mettent eux-mêmes une certaine complaisance puisqu'on a souvent le sentiment qu'ils font tout pour rester ainsi dans le collimateur du regard social. Educateurs, psychologues, sociologues, politiques, juristes, magistrats, policiers et bien d'autres encore, tous se penchent sur eux pour tenter de les cerner, les saisir, les contenir, les appréhender, les comprendre. Phénomène de société donc, l'adolescence renvoie à la société des adultes comme par un miroir déformant et grossissant la caricature de sa propre vision. L'adolescence devient la maladie d'un subjectivisme forcené dans une société où l'individualisme est érigé en valeur collectivement partagée.

L'adolescence, phénomène individuel ou social ?

D'emblée posons le paradoxe : on demande régulièrement aux spécialistes de l'adolescence si cette période de la vie est un événement personnel ou correspond à un fait de société. L'adolescence est-elle une création, un artefact de la société occidentale et démocratique moderne ou correspond-elle à des particularités physiques et psychologiques ? J'ai l'habitude de répondre, non pas par une pirouette, mais par un paradoxe dont l'acceptation me paraît nécessaire si l'on veut se donner la peine de prendre en compte la complexité du phénomène, sans simplement le réduire à la composante que l'on défend soi-même, individuelle si on est médecin par exemple, sociale si on est sociologue, culturelle si on est ethnologue, etc. Tous ont raison car l'adolescence est un phénomène infiniment individuel dans un cadre infiniment social lui-même inscrit dans un contexte infiniment culturel. Chaque culture a son adolescence, chaque société rencontre des formes particulières d'adolescence, chaque individu est confronté au passage de l'enfance à l'âge adulte avec un certain nombre de contraintes auxquelles il doit alors faire face : il n'y a pas de culture ni de société qui ne reconnaisse pas ce passage et il n'y a pas d'individu qui puisse s'en abstraire.

Du côté de l'infiniment personnel, il y a la puberté et l'orientation imposée par le corps dans un sexe ou dans l'autre ; du côté de l'infiniment social, il y a les rituels de passage plus ou moins perceptibles et codifiés ; du côté de l'infiniment culturel, il y a le poids symbolique d'être homme ou femme avec tout ce qui en découle pour chacun. Cet entrecroisement est bien sûr difficile à démêler et il est hélas plus facile d'y aller de quelques affirmations péremptoires que de naviguer dans la subtilité... Il n'est pas certain que nous échappions à cet écueil !

L'être humain passe les onze à douze premières années de sa vie en étant non pas asexué, mais en ayant une sexualité endormie, ce qui laisse à la tête tout le loisir d'inventer ce qu'elle veut, la curiosité pouvant être de ce fait sans limite. La transformation sexuée tombe sur cette tête déjà bien remplie, elle s'y attend mais ne sait pas précisément ce que cela signifie : le corps devient vraiment « individuel » et c'est une tâche ni facile ni évidente que de se l'approprier. Pourquoi ? Parce que cette appropriation doit tenir compte de l'héritage éducatif, familial et social, le sens du compromis et l'acceptation de certaines contraintes étant directement sous l'influence de cet héritage. Cependant, tout ce qui réside déjà dans la tête de cet être humain lui permet un travail de réflexion sur ces limitations et contraintes, héritage qui conduit l'adolescent à chercher des solutions de compromis plus ou moins agréables ou pénibles. Cette longue latence est le terreau de l'inventivité humaine. Si l'espèce humaine a rencontré le succès qu'on lui connaît, c'est parce que le petit d'homme est arrivé au monde dans un état de profonde immaturité, laquelle a rendu l'éducation obligatoire [1]. Le retardement d'évolution

1. Il ne s'agit pas encore de l'Education nationale ! Mais du fait que le petit d'homme dépend de ce que ses parents lui apportent et

représente une des clefs du succès de l'espèce humaine. L'adolescence étant l'âge auquel l'être humain va s'approprier les valeurs sociales et culturelles qui jusque-là lui ont été transmises par ses éducateurs (le plus souvent ses parents, mais ce n'est pas toujours le cas pour quelques groupes culturels), on peut par analogie considérer que le retardement culturel d'évolution va permettre lui aussi une meilleure évolutivité et une plus grande plasticité. Qu'est-ce que cela signifie ? En prolongeant le temps de l'adolescence, en retardant l'âge où l'on devient adulte, le groupe social donne à cet être humain le temps de devenir un individu ayant acquis les qualités indispensables et conformes au fonctionnement de cette société. Irait-on dans ces conditions vers une société d'éternels adolescents ? c'est possible[1]. Dans une société où les capacités d'adaptation, de changement, de souplesse sont des valeurs reconnues, il apparaît normal que les adultes tournent leur regard sur ces adolescents qui possèdent naturellement ces trésors. Nos sociétés modernes ont tendance à chercher dans le concept d'adolescence une clef de compréhension, au moment où l'adolescent quête dans le regard des adultes une réponse à son questionnement identitaire : croisement de regards myopes ou strabiques, source de malentendus permanents.

---

lui enseignent pendant ces longues années, faute de quoi il ne pourrait survivre.

1. Ce n'est d'ailleurs pas un hasard si le terme « éternel » vient naturellement sous la plume : le fantasme d'éternité et son contraire, l'angoisse de mort, sont bien au centre du questionnement de bon nombre d'adolescents. Mais ce désir d'éternité devient de plus en plus manifeste chez nombre d'adultes faisant tout pour conserver une juvénilité physique, y compris être congelés et conservés pour une possible renaissance...

L'adolescent entre la crainte d'être dévoilé et le besoin d'être regardé

Les adolescents sont particulièrement sensibles aux regards : ils se sentent abandonnés, oubliés, délaissés si on ne les regarde pas ou pas assez selon eux, mais ils se sentent tout aussi vite envahis, incommodés, pénétrés et dévoilés si on les regarde trop ou avec trop d'insistance. Cette sensibilité aux regards des autres est encore exacerbée chez les adolescents qui ont un passé de carence ou de maltraitance. Pour ces derniers, la frontière entre le trop et le pas assez est des plus ténues : ils récriminent constamment parce qu'on ne les regarde pas suffisamment, qu'on ne pose pas sur eux un regard de juste considération, ils revendiquent d'être regardés avec respect ! Mais dès que le regard de l'autre s'attarde sur eux pendant quelques secondes, ils se sentent pénétrés, objets d'une intolérable intrusion et peuvent apostropher cet autre d'un vigoureux : « Qu'est-ce que tu m'veux, j'te dérange ? » D'une manière quasi constante, ces adolescents n'ont reçu ni dans leur petite enfance ni par la suite le regard de considération et de « bonneveillance[1] » dont tout enfant a non seulement besoin mais auquel il a droit. Ce manque laisse entrevoir comme une trace indélébile la violence inhérente au regard focal, ce regard du prédateur sur la proie, qui n'aurait pas été neutralisée par le regard apaisé et confiant des parents sur leur enfant.

Mais au-delà de ces situations caricaturales dont l'existence a pour mérite de montrer l'importance de la « bonne-

1. Pour la notion de « bonneveillance », voir *L'Enfant, chef de la famille, op. cit.*

veillance », la majorité des adolescents, même ceux qui n'ont souffert d'aucune carence, se montrent d'une sensibilité exacerbée au regard d'autrui. En même temps qu'ils ne cessent de se regarder, se scruter avec une vigilance teintée d'angoisse, d'anxiété ou d'impatience, pour capter les indices du changement pubertaire (ou de ses complications : les boutons d'acné par exemple), ils attribuent au regard de l'autre une identique intrusivité inquiète qu'ils rendent alors responsable de leur malaise[1]. L'affect circule entre l'adolescent et l'autre, souvent le parent, dans une attribution réciproque d'intention qui maintient le lien. Pas plus qu'ils n'aiment être regardés, ils ne supportent d'être pris en photo : ils traînent des pieds et maugréent pour la photo de famille, se mettent en colère si on insiste pour la photo d'anniversaire[2]... C'est la période où l'adolescent devient timide, parfois jusqu'à une véritable « éreutophobie », c'est-à-dire une crainte obsédante de rougir devant les autres, crainte qui l'oblige à se cacher, ne pas se montrer, éviter de s'exposer, en particulier prendre la parole devant les autres.

Cette timidité pousse parfois le jeune à adopter des styles particuliers, par exemple en cachant son visage derrière un rideau de cheveux ou à l'inverse en choisissant des tenues ou des modes d'être provocatrices dans une attitude dite de prestance : plus la tenue est caricaturale, provoca-

1. C'est ce qu'on appelle un mécanisme de « projection » Dans ce cas, l'affect de malaise, d'inquiétude ou d'angoisse est projeté à l'intérieur du regard de l'autre, comme pour mieux s'en défaire : « Laisse-moi tranquille, moi je vais bien, c'est toi qui m'embêtes avec ton regard inquiet. »

2. En revanche, ils sont très satisfaits de ramener du camp d'ados ou du séjour à l'étranger des photos de groupe où ils font volontiers les pitres ou sont déguisés : ce sont alors des marques de leur nouvelle appartenance.

trice, plus cette surprise attire le regard de l'autre. Mais ce regard s'arrête en général sur la tenue ou sur le seul détail vestimentaire sans aller au-delà, sans regarder véritablement la personne. L'adolescent réalise ainsi un excellent compromis entre sa crainte d'être « dévoilé » et son besoin d'être regardé. Si on considère que la recherche du regard étonné, surpris, est un des moteurs du phénomène de la mode, on comprend alors aisément que l'adolescent soit un modèle et un moteur pour celle-ci. Cette timidité provient aussi de la crainte fréquente à cet âge qu'on pourrait deviner ses pensées. L'adolescent partage facilement cette croyance que l'autre peut deviner ce qu'il pense, voire même qu'il connaît ses pensées. Quand, en famille, un parent déclare volontiers : « Oh ! je sais bien ce que tu penses... », mots de la banalité quotidienne, l'enfant, l'adolescent, tout en comprenant l'exagération des propos, n'en est pas moins habité par une crainte d'intrusion dans ses pensées, un fantasme de devinement. Les parents, les adultes surtout, n'ont-ils pas toujours raison ? Cette crainte sera d'autant plus vive que lui-même se sent excité par sa sexualité, énervé par ses parents qui, comme il le dit très justement, lui « prennent la tête » : c'est un peu comme si quelque chose *émanait* de ses parents pour entrer en lui et l'exciter... Cette crainte peut conduire le jeune à se faire de plus en plus énigmatique, à multiplier les comportements incompréhensibles pour bien vérifier qu'on ne peut deviner ni ses pensées ni les mobiles de ses actes, assurant ainsi sa clôture psychique. Au pire, on voit parfois se développer des délires de transmission de pensée, de vol de la pensée, etc. Enfin, certains jeunes qui ont des troubles de la personnalité cachent leurs regards derrière des lunettes noires comme pour interposer cet écran entre eux-mêmes et les autres, recourant à cet artifice pour consolider des limites de soi manifestement défaillantes. Il arrive aussi que, comme dans le cas de l'autisme, le regard se fasse vide ou franchement fuyant.

Marc, dix-sept ans, hospitalisé pour des troubles graves de la personnalité et des troubles massifs du comportement, a accepté l'entretien avec moi. Le contact est particulièrement difficile, froid, distant, sur un mode très rationalisant. Il dénie toute difficulté et tout trouble. Il n'a qu'une seule plainte : une profonde sensation de fatigue. Assis en face de moi, nous n'avons pas pu croiser nos regards ne serait-ce qu'une seule seconde : il garde ses yeux fixés sur un point derrière moi, ce qui me donne le désagréable sentiment d'être transparent, traversé par ce regard. En revanche, quand je ne le regarde pas, je me sens observé avec une intensité qui me met mal à l'aise. L'entretien se déroule à la tombée du jour ; derrière moi il y a une grande baie vitrée donnant sur la forêt. Ne parvenant pas à établir le moindre contact chaleureux ni partager la moindre idée avec cet adolescent, je lui fais cette remarque, sans le questionner directement : « J'ai l'impression que vous regardez votre reflet dans la vitre derrière moi... » Marc, pour une fois, me répond : « Non ! J'aligne un point brillant avec la barrière à l'arrière. » On ne peut mieux décrire la visée agressive du regard et son détournement de ma personne pour choisir une cible neutre ! Il n'y aura pas de changement significatif jusqu'à la fin de l'entretien où je lui dirai alors, ayant moi-même un sentiment intense de fatigue causé par cet entretien énigmatique : « Je comprends votre sensation de fatigue permanente car cette vigilance inquiète et ces efforts permanents pour éviter d'être compris doivent être épuisants. » Marc pose alors sur moi un regard étonné et il accepte un échange de regards que j'appellerai compatissant pendant quelques secondes. J'ai alors la croyance qu'il se détend un peu.

L'adolescence, une déconstruction de l'intersubjectivité ?

Partager des regards, des idées risque nécessairement de brouiller les limites de soi : « Qui pense ? D'où me vient cette pensée ? En suis-je l'auteur ou l'esclave ? » Brusquement ces questionnements font irruption dans la tête de l'adolescent en même temps que son corps subit une transformation morphologique radicale qui menace la continuité existentielle de son image.

L'adolescence comme affirmation de sa subjectivité

Comment l'adolescent peut-il gérer la profonde métamorphose de son corps et en même temps préserver un sentiment d'identité, garder l'illusion de rester lui-même ? La dépendance accrue au regard des autres correspond à ce moment de flottement mais elle est insupportable aux yeux de l'adolescent. Dès lors, le regard intérieur, le regard sur soi, devient un relais indispensable, d'où l'impérieux besoin de s'affirmer comme le maître et le propriétaire exclusif du contenu de sa tête.

« Le soir, je me couche et je me mets à penser, j'arrive pas à m'endormir », dit Juliette, jeune adolescente de quinze ans. Elle n'a jamais eu aucun problème de sommeil dans son enfance, se couchant puis s'endormant sans difficulté. En même temps Juliette rencontre quelques soucis dans une scolarité jusque-là facile avec de bons résultats ; elle traverse une période de fléchissement scolaire, elle a des difficultés de concentration et s'inquiète de la baisse de ses notes en référence à son choix de métier, le même que celui de sa mère. Elle est en conflit ouvert avec son père dont elle ne supporte plus les manifestations d'autorité, d'autant qu'elle s'est consacrée à soutenir celui-ci dans sa dépression les deux-trois années précédentes et considère de ce fait qu'il a une dette à son égard. Elle ne supporte pas la méfiance de celui-ci quand elle invite des amis dans sa chambre : son père exige que la porte de la chambre reste ouverte et il s'énerve vite si elle refuse... Elle en arrive à penser que son père pourrait bien être jaloux, même si cette pensée l'étonne. D'ailleurs elle se dit que cela lui « ferait les pieds » si elle couchait avec l'un d'entre eux même si elle n'en a pas (encore ?) vraiment envie !

Qui dans cette histoire excite qui ? Est-ce le corps de Juliette qui excite sa tête, est-ce le père [1] qui excite sa fille, est-ce la fille qui s'excite de l'excitation du père ? L'essentiel est dans la tentative de Juliette de chercher à saisir l'origine de son excitation, d'en trouver la cause, d'en définir le sujet : elle se met à penser. Désormais, quand Juliette se met au lit, non seulement elle pense mais plus encore elle pense à ce qu'elle pense. En d'autres termes, elle pense à ses pensées et développe une pensée réflexive : elle devient le sujet de ses pensées, ce qu'à l'adolescence on appelle le « travail de subjectivation », dont R. Cahn [2] nous dit qu'il s'agit essentiellement d'un processus de différenciation qui, « à partir de l'exigence d'une pensée propre, permet l'appropriation du corps sexué et l'utilisation des capacités créatrices du sujet ». C'est très exactement ce que fait Juliette le soir avant de s'endormir...

---

1. Ou plus exactement ce qu'on nomme le contre-Œdipe, tout ce qui pousse le parent à prendre son enfant comme objet de ses désirs et fantasmes, réaction émotionnelle qui, évidemment, s'exacerbe avec la puberté dudit enfant.

2. R. Cahn, « Le processus de subjectivation à l'adolescence », in *Adolescence et psychanalyse : une histoire*, M. Perret-Catipovic, F. Ladame, Delachaux et Niestlé, 1997, 313-327, p. 215. Soulignons encore la dimension de différenciation contenue dans le travail de subjectivation : Juliette cherche à saisir le lieu précis d'émergence de cette excitation qui semble en fait lier l'un à l'autre père et fille, chacun étant pris dans les rets d'une intentionnalité commune.

Désormais, l'adolescent ne pense pas seulement à ce qu'il a fait ou a dit hier, à ce que sa copine ou son copain, son enseignant ou ses parents ont bien pu vouloir lui dire, à ce qu'il fera ou dira demain, toutes questions que l'enfant se pose lui aussi. L'adolescent s'interroge aussi sur le sens de ses dires et de ses actes : comment l'autre comprendra et interprétera ce que lui-même dira ou fera ; s'il dit cela, l'autre alors pensera comme ceci ou comme cela, en conséquence il vaut mieux le dire de cette manière. En un mot, non seulement l'adolescent pense à ce que l'autre pense – cela les enfants dès le plus jeune âge y sont introduits à travers cette « théorie de l'esprit » que l'on a décrite dans la première partie. Mais en outre – et il y a là une considérable différence –, l'adolescent se demande pourquoi il pense à ce que l'autre pense. A partir du moment où l'adolescent s'interroge ainsi, il se met à penser sur ses pensées.

Si l'enfant se demande très régulièrement pourquoi l'adulte pense cela, alors que lui-même pense ou croit autre chose, l'adolescent se demande pourquoi il pense à ce que pense son parent, son copain, son ami, son(sa) petit(e) ami(e). Au fond, l'adolescent tente de mettre en mots et en pensées ce qui, du temps de son enfance, circulait silencieusement et implicitement entre ses proches et lui au travers des échanges de regards. Si cet entre-deux, cet écart propice à l'exercice de la pensée est investi de plaisir, si, depuis la petite enfance, l'expérience d'une pensée qui appartient en propre au sujet s'est faite dans un climat de jubilatoire surprise, l'adolescent peut s'ouvrir au jeu fascinant des hypothèses cognitives et de la comédie humaine. Mais si depuis le plus jeune âge l'expérience de cette pensée autonome s'est accompagnée de constantes menaces (moqueries, dévalorisations systématiques, dénigrements, projections permanentes du style : « Tu dis cela parce que tu sais que je n'aime pas, que ça ne me fait pas plaisir », précisément accompagnées d'un regard de moquerie, de mépris ou de grande sévérité imposant la soumission[1]), alors investir cette métathéorie de l'esprit conduit tout droit à la menace confusionnelle : « Si je pense en fonction de ce que l'autre pense, si je me soumets à ses pensées, alors où est ma propre pensée, où suis-je, moi, en tant que sujet indépendant pensant librement ? » ; on aura reconnu la thématique d'un nombre considérable de romans de l'adolescence, culminant avec ceux d'André Gide et d'un nombre tout aussi considérable de réflexions philosophiques.

Comble de paradoxe, cette émergence d'une pensée réflexive est fortement stimulée par l'irruption de la sexualité, le « pubertaire »[2] : le jeune adolescent contraint de constater la réalité de la différence des sexes[3] commence à s'interroger sur leur rapport et leur complémentarité : « Quel sens a pour moi ce désir de l'autre inconnu, ne vais-je pas m'y perdre ? » Il ne peut éviter de s'affronter à cette question énigmatique de la complémentarité des sexes et de l'altérité des désirs : « Quel est ce mystérieux "objet" vers lequel une partie de moi (ou de mon corps) est inéluc-

1. Quand ces remarques et critiques sont quasi constantes, l'enfant finit par croire que sa pensée est en lien « consubstantiel » avec celle de l'autre, celle de ses proches dont il dépend : sa pensée risque de devenir un danger pour ce lien. Il vaut mieux dans ces conditions soit ne pas penser, soit s'en remettre à la pensée de l'autre ou d'un autre, un gourou par exemple.

2. Ph. Gutton, *Le Pubertaire*, PUF, 1991.

3. Cette constatation a déjà été faite dans l'enfance mais l'acuité de ce questionnement se trouve renforcée par l'irruption de la puberté du sujet et celle de ses congénères : la réponse ne peut plus être reportée à plus tard comme précisément on le dit à l'enfant ou comme il se le dit à lui-même : « Quand je serai grand... »

tablement attirée ? » L'enfant, bien sûr, est curieux de la sexualité et de ce qu'on appelle la scène primitive, c'est-à-dire la manière dont il s'imagine la relation sexuelle entre ses géniteurs. Petit, il aurait voulu souvent prendre la place de l'un ou l'autre parent dans ce grand lit. Adolescent, il se demande soudain ce qu'il ferait ou aurait à faire dans cette situation. Il se met en scène dans ce qui n'est plus une curiosité sur la scène primitive mais devient un scénario incestueux : il se sent aspiré par une force inquiétante provenant d'un « organe » inconnu qui l'excite. « Pourquoi me fait-il (elle) cet effet ? », « Quel emprise cet objet exerce-t-il sur moi, à mon insu ? », « Puis-je moi aussi déclencher son excitation, c'est-à-dire lui faire ce qu'il me fait ? » On touche ici du doigt une des différences fondamentales entre l'enfant et l'adolescent : alors que chez l'enfant la proximité du parent a toujours une valeur d'apaisement, avec l'adolescence et la puberté, la proximité parentale prend souvent un pouvoir d'excitation. Dès que l'adolescent se pose ce genre de question, il doit tolérer un insoluble paradoxe : penser son propre désir implique une prise de conscience de sa dépendance à l'égard d'autrui, mais en même temps penser l'altérité des désirs confronte le sujet à la radicale solitude humaine parce qu'il doit s'éloigner de son parent et qu'il n'est jamais certain du désir de l'autre : l'être humain est seul dans sa boîte crânienne...

Le paradoxe identitaire : entre dépendance et individuation

A l'adolescence, l'identité s'élabore autour de ce paradoxe : celui d'une découverte de la solitude « intracrânienne » irrémédiable alors même que le sujet fait l'expérience d'une attirance irréductible et énigmatique, potentiellement persécutrice, de la part de l'objet sexuel[1]. Cette attirance exercée par l'autre à partir du moment où la sexualité habite le corps du sujet, ce besoin de partage sexuel, viennent en quelque sorte redoubler l'attirance du nouveau-né et du petit enfant pour le partage des regards. Elle explique l'extrême sensibilité de l'adolescent au regard des autres. Penser cette attirance ouvre un espace de réflexion indispensable à l'étayage de cette part psychique de la sexualité qu'on appelle l'altérité des désirs : en son absence, la sexualité humaine redevient une copulation physique. Refuser de penser cette attirance conduit à projeter sur le monde extérieur la source de toutes les excitations, les difficultés, les problèmes et à s'appauvrir soi-même. Mais inversement, s'abandonner à cette attirance conduit tout droit à un sentiment de confusion, de perte des limites de soi. Comment gérer cette contradiction ? Celle-ci n'est vivable et assumable que si – et uniquement si – l'écart entre soi et l'autre est reconnu, investi, élaboré. Longtemps, l'inscription de cet écart a été le fait de la loi et surtout des règles sociales, en particulier cette règle extrêmement puissante de la convenance et de la norme : « Ça ne se fait pas ! » L'individu devait supporter le poids et l'entrave de cette contrainte, mais quand il s'y soumettait voire l'acceptait, il en retirait une protection et une liberté relatives, à l'intérieur de ce cadre[2]. L'autorité de la tradition, l'autorité du

1. Cela s'appelle en termes techniques le conflit narcissico-objectal.

2. M. Gauchet a décrit ces personnalités traditionnelles qui vivent la loi et les règles sociales comme imposées du dehors dans un processus d'assujettissement qui, quand il est accepté, donne à la personne une part d'autonomie déléguée ; il a aussi décrit les personnalités « classiques » qui ont intériorisé ces normes, lesquelles se condensent dans une part inconsciente du sujet qui accepte ces limitations pour

regard vertical venu d'en haut, celui des anciens, contenait, limitait l'adolescent, y compris et peut-être surtout contre lui-même. Aujourd'hui, ce cadre a en grande partie explosé : il n'est plus ni accepté ni supporté.

Ce refus n'est pas le propre de l'adolescence : il se construit dès l'enfance dans une société qui en fait une marque essentielle de l'individu. Sur ce point se conjuguent subtilement la théorie et la vie quotidienne. En effet, quand on prend un peu de recul et qu'on regarde les théories du développement de l'enfant, force est de constater qu'elles adoptent volontiers l'idéologie du moment pour expliquer ce développement.

Ainsi de la phase bien connue du « non », dans le cours de la deuxième année : elle a été décrite par un auteur du nom de R. Spitz dans la première moitié du XXe siècle. Ce « non » exprime le besoin chez l'enfant de se différencier de son parent et par là d'affirmer son propre désir, ses propres pensées, sa propre volonté. Il correspond d'abord à un désir, une revendication d'existence. Cette interprétation du « non » de l'enfant comme manifestation de son individuation apparaît exactement en même temps que les écrits des sociologues, par exemple N. Elias [1], s'intéressent à l'émergence de l'individu. Certes, une telle interprétation est probablement justifiée, mais en donnant cette signification au comportement de l'enfant et en valorisant au plan culturel le mouvement d'individuation, on crée un effet de redondance entre la théorie et les principes éducatifs [2] : les

---

accéder à un sentiment de rectitude et de bien-être personnel. Voir *La Démocratie contre elle-même*, Gallimard, 2002.

1. Voir le chapitre précédent.

2. On oublie un élément essentiel dans cette phase du « non ». En effet, quand le jeune enfant dit « non », en même temps, il croise le regard de l'adulte et cherche à le défier. Pendant longtemps, l'éducation est restée sourde à ce « non », ne retenant que le regard : l'adulte exigeait

parents sont inéluctablement enclins à respecter ce « non » de leur enfant comme étant la manifestation de sa personnalité naissante. Après cette phase du « non » et comme pour la valider, la phase de séparation/individuation a ensuite été décrite chez le petit enfant. Cette phase culmine dans le cours de la troisième année et se caractérise par la reconnaissance de soi en tant qu'être individué, psychiquement séparé des autres, surtout les personnes proches. Bien évidemment ces modèles de compréhension sont tout à fait fondés, mais nous souhaitons aussi mettre en évidence le fait qu'ils correspondent étrangement aux exigences sociales de la période où on a commencé à en faire la description. Par exemple il est inutile d'insister sur la valorisation que représente la capacité d'un enfant à pouvoir se séparer, ce qui conduit à l'idée qu'il doit être autonome.

A ces notions est venue s'ajouter plus récemment celle des droits de l'enfant, censés venir préciser ce à quoi tout enfant a droit dans un monde où il fut souvent utilisé, exploité, maltraité et parfois abusé. La reconnaissance de ces droits garantit à l'enfant un statut d'être humain à part entière, véritable « petit homme » et pas seulement « petit d'homme ». Mais l'idée d'un enfant propriétaire de ses droits, témoignant de sa singularité individuelle, prend l'exact contre-pied de l'enfant tel qu'il est perçu et compris par la psychologie du développement. En effet, d'un point de vue psychologique, le bébé, le jeune enfant, l'enfant et, osons le dire, l'adolescent aussi sont des êtres humains profondément inscrits dans une relation de dépendance à autrui, leurs parents, leur famille, les proches. Cette dépendance est non seulement constitutive, elle est aussi

---

de l'enfant une soumission à son regard. En quelque sorte le lien social, le lien par le regard l'emportait au plan éducatif sur l'affirmation de soi. L'éducation actuelle tend à privilégier le « non » comme affirmation de sa singularité et à ignorer le lien que sous-tend la croisée des regards ...

constructive, elle est non seulement nécessaire, elle est aussi bénéfique !

Cette notion de dépendance est contradictoire, on l'a vu, avec celle qui s'impose aujourd'hui : l'individu libre, maître de ses choix et de sa vie. Ces frictions et ces antagonismes sont renforcés par le modèle qui émerge sous nos yeux, celui de l'« individu hypermoderne [1] ». Un exemple : la dépendance n'est pas une valeur très positive, au contraire. L'individu doit être autonome, capable de choisir et de décider ce qui est bon pour lui, il ne dépend que de lui-même, etc. Comment dans le même temps respecter la vertu de la dépendance chez l'enfant ou l'adolescent et disqualifier toute forme de dépendance chez l'adulte ? L'éducation d'un enfant ne saurait s'abstraire de son cadre social et culturel : les valeurs reçues par l'enfant au cours de son éducation, dans sa famille comme dans son environnement, les valeurs que les parents transmettent, pas toujours de façon consciente et volontaire, souvent au contraire de façon inconsciente et subreptice, sont fortement imprégnées des croyances, convictions, principes moraux ou culturels partagés et valorisés par la société. L'« individu hypermoderne » est aussi le résultat d'une éducation hypermoderne. D'ailleurs l'explosion de l'individualisme constatée en ce début de millénaire tient probablement à la conjonction entre les idéaux mis en avant dans nos sociétés actuelles et l'arrivée à l'âge adulte de jeunes élevés dès leur naissance selon ces mêmes principes.

1. Selon le titre de l'ouvrage collectif dirigé par N. Aubert, *L'Individu hypermoderne*, Eres, Toulouse, 2004. Nous y ferons souvent référence.

Quelle séparation à l'adolescence ?

Il en est de même pour l'adolescence, qui a commencé à être décrite comme une seconde phase du processus de séparation. Selon ce modèle, l'adolescence correspond à une individuation sociale là où l'enfance se marquait par l'émergence d'une individuation psychique : là encore cette conception est au plus près de l'idéologie sociale ambiante. Très rapidement la notion de séparation a dominé la compréhension de l'adolescence et une « bonne adolescence » correspond à une capacité de se séparer. Quand celle-ci s'avère impossible, il convient de recourir à une « séparation thérapeutique[1] ». L'idée de cette séparation infiltre complètement la prise en charge thérapeutique des adolescents même si de nombreux auteurs ont, à la suite de P. Blos, insisté sur le fait qu'il ne s'agit pas tant de la séparation physique, matérielle (le fait de vivre dans deux lieux différents par exemple), que d'une séparation psychique, c'est-à-dire la capacité de se représenter un être cher en dehors du cadre de vie habituel[2]. Là encore, il est évident qu'une telle compréhension est largement justifiée, mais il est non moins évident qu'elle s'enracine dans une idéologie sociale forte. L'adolescent se doit d'être séparé et d'affirmer sa singularité existentielle.

Le paroxysme de cette conception infiltrée de croyance sociale s'observe dans le développement actuel de la problématique de la dépendance. Celle-ci tend à devenir centrale

1. D. Marcelli, « La question de la séparation », in P. Alvin, D. Marcelli, *Médecine de l'adolescent*, Masson, 2000, p. 288-290.

2. Pour marquer cette différence, P. Blos dans un second temps avait formulé la nécessité d'une séparation de façon plus abstraite et théorique comme « le besoin de désengagement des liens aux objets

dans la représentation théorique de l'adolescence[1] et dans les modèles de compréhension d'un nombre de plus en plus grand de conduites pathologiques à l'adolescence et chez l'adulte : toxicomanie, alcoolisme et consommation de produits, mais aussi boulimie et anorexie mentale, conduite à risque et tentatives de suicide à répétition, addiction au jeu, au travail, au sexe, la liste tend à devenir interminable[2]. La dépendance et l'addiction ont, en tant que modèles de compréhension de la pathologie, l'avenir pour elles. Parallèlement la dépendance dans la société devient une calamité, la marque d'un individu immature, faible, promis à un avenir inquiétant.

Comment s'étonner dans ces conditions que les pédiatres soient consultés de plus en plus fréquemment par des mères inquiètes parce que leur enfant les « colle » ? Le besoin d'attachement naturel de l'enfant de douze-dix-huit mois s'est transformé sous nos yeux en menace de dépendance. L'idéologie éducative prône en effet l'autonomie comme une vertu cardinale. Parmi toutes ces jeunes mamans se plaignant que leur jeune enfant soit trop collant, il y en a peut-être quelques-unes qui ne supportent pas cette « dépendance » par rapport à elles-mêmes, mais une majorité d'entre elles sont probablement piégées par l'idéologie sociale ambiante désignant systématiquement tout comportement de dépendance comme négatif si ce n'est franchement pathologique...

œdipiens », soit en d'autres termes la capacité à prendre une distance affective minimum à l'égard de ses parents.

1. M. Corcos, M. Flament, P. Jeammet, *Les Conduites de dépendance*, Masson, 2003.

2. *Le Nouvel Observateur* a consacré un numéro hors série (nº 58, mai-juin 2005) à ces « nouvelles addictions » avec les sous-titres suivants : addiction sexuelle, cyberdépendance, dépendance affective, addiction aux thérapies, achats compulsifs...

Une expression tend actuellement à se répandre, non seulement chez les adolescents où elle a commencé sa carrière, mais aussi chez les adultes : « Tu me prends la tête ! » ou « Ça me prend la tête ! » A quel moment survient cette remarque ? En général quand quelque chose d'extérieur s'installe dans la pensée du sujet qui résiste ou s'oppose à son mode de penser habituel : une remarque de son interlocuteur, un fait extérieur contradictoire, etc. Cette expression banale traduit le sentiment douloureux d'être pris par un lien extérieur au sujet, le danger ressenti d'être placé sous influence étrangère, comme si l'autre menaçait de s'installer dans le cerveau ! On ne peut mieux illustrer ce renversement de perspective au cours duquel l'altérité n'est plus ressentie comme une ouverture potentielle mais comme une menace sournoise d'envahissement : sentir sa tête prise par quelque chose qui ne serait pas vraiment soi. Ce n'est pas un hasard si cette expression court sur les lèvres adolescentes, à cet âge où il faudrait que la pensée provienne de soi et de soi seul !

Déconstruire l'intersubjectivité pour s'affirmer ?

L'adolescent doit devenir lui-même. Si un enfant est encore autorisé, bien qu'avec quelques réserves, à être dépendant de ses parents, l'adolescent doit pouvoir affirmer son désir, ses idées, ses choix, etc. En famille, cela ne se fait pas sans accroc. Les parents supportent mal, parfois, ces soudaines manifestations péremptoires de leur enfant ; eux-mêmes n'ont pas renoncé à l'affirmation de leur propre point de vue. L'affrontement peut être vif, d'autant plus vif que précisément la capacité à s'affirmer devient une valeur éducative porteuse[1] ! Mais il y a maintenant de nombreuses familles dans lesquelles ce genre de conflit est évité comme la peste et où il s'agit d'être tous bien ensemble. La stratégie est alors de laisser chacun dire ou faire comme bon lui semble, de laisser chacun s'épanouir selon ses besoins. L'adolescent est censé être un individu capable de faire ses propres choix sans que ses parents aient à chercher à l'influencer, ce qui serait dangereux pour lui. L'exemple type de cet évitement généralisé concerne le devenir professionnel de l'adolescent et par ricochet l'orientation scolaire. On connaît la réponse habituelle des parents quand on leur pose la question : « Qu'aimeriez-vous que votre enfant fasse plus tard ? » Ils répondent sans exception : « Ce qu'il(elle) voudra, l'important c'est qu'il(elle) soit heureux(se) dans la vie. » L'impératif du bonheur, sous-entendu l'impératif de l'épanouissement de soi, fait autorité sur les parents et les met en « devoir de réserve » : il n'est pas question qu'ils imposent à leur enfant un désir qui ne serait pas le sien. Tout cela est excellent pour l'affirmation de l'individu mais laisse entière la question des bases sur lesquelles construire l'édifice, d'autant plus que, peu ou prou, les enseignants et le système d'orientation scolaire donnent au jeune des réponses identiques.

L'adolescent doit donc faire ses propres choix. Il se différencie de ses parents et de sa famille, il s'affirme dans la propriété exclusive de son corps, il est libre dans l'exercice de sa sexualité, il a acquis des droits[2] et, comme il le

1. Cet affrontement est d'autant plus intense qu'il est aussi alimenté par l'excitation de ces scènes pubertaires évoquées ci-dessus. C'est dans ces conditions qu'il peut dégénérer, allant parfois jusqu'à des comportements violents du parent sur l'adolescent ou inversement.

2. La question des droits de l'enfant, que nous avons abordée dans *L'Enfant, chef de la famille*, est évidemment au centre de cette problématique. Nous avons montré combien l'idée des droits de l'enfant,

déclare volontiers, il ne veut « dépendre de personne »... D'un strict point de vue psychique, la période de l'adolescence est celle où l'individu est exhorté à couper les liens qui pourraient entraver le déploiement de sa pensée personnelle[1]. Cette pensée lui appartient, il en est le seul dépositaire : c'est une conviction profondément ancrée chez tous les individus de nos sociétés occidentales et partagée sans exception par tous ses membres. L'adolescent doit donc satisfaire à cette conviction. On attend de lui qu'il la partage. Il doit donc développer cet espace intérieur, l'investir d'une pensée réflexive et trouver par lui-même du sens à la vie. Bien sûr cette quête de sens prend d'abord le sujet lui-même pour cible : « Ma vie c'est quoi ? Ma vie ce sera quoi ? » De tout temps les adolescents ont été pris dans cette contradiction entre l'élaboration d'un idéal de vie plutôt lointain, ce qu'on appelle l'idéal du moi, et une intense pression immédiate liée aux besoins pulsionnels, ceux de la sexualité en particulier. L'adolescence est proba-

---

être juridique à prendre dans son entièreté close sur elle-même, va complètement à l'encontre de l'enfant psychologique, être en devenir, dépendant fondamentalement de son environnement. Ce grand écart conceptuel entre un enfant individu de droit à part entière et un enfant personne psychologique inscrite dans une profonde dépendance à autrui représente un des problèmes conceptuels majeurs de nos sociétés et une des difficultés centrales de la question de l'éducation.

1. Quand cette coupure psychique n'est pas possible, quand l'adolescent reste la proie d'un conflit psychique, d'une tension qui lui « prend la tête », il recourt volontiers à un acte, celui de se couper, de s'entailler la peau, véritable métaphore de cette exigence de coupure imposée par l'idéologie moderne. Quand il se coupe, la douleur physique « coupe » fréquemment la douleur psychique, l'interrompt et le soulage paradoxalement : par ce geste, sa souffrance ne dépend plus de personne et son acte lui permet de récupérer la maîtrise. Il a coupé tout lien psychique.

blement l'âge où se pose cet enjeu essentiel : l'individu va-t-il choisir l'investissement de la pensée, si douloureux soit-il, pour rendre tolérable cette incontournable attente, ou va-t-il se précipiter dans des consommations de substitution, dans des conduites et passages à l'acte multiples pour contourner une attente ressentie comme insupportable ?

Une grande partie de la littérature du XIXe siècle et du début du XXe a eu pour thème cette douleur à penser [1] qui représente le creuset de la subjectivité : le roman de R. Musil, *Les Désarrois de l'élève Toerless*, en est l'exemple type. Dans tous ces romans, si douleur il y avait, c'est parce que le sujet devait lutter entre ce qu'il pressentait comme un désir personnel (question d'identité sexuelle ou de choix amoureux, question de métier ou de représentation sociale, etc.) et une obligation ou contrainte liée au cadre social de vie : exigence familiale, paternelle surtout (nombre de romans jouent sur l'écart entre la décision du père empreinte de principes qui ignoraient le choix personnel de l'adolescent et le désir maternel qui refusait de voir cet enfant se sacrifier sur l'autel du destin familial), exigence sociale plus large (par exemple dans le cas d'une conviction d'homosexualité rencontrant l'opprobre dans la communauté de l'internat...).

Le drame intérieur voyait se déployer un affrontement entre une reconnaissance du « vrai moi » de l'individu adolescent et les liens socio-familiaux qui l'enserraient. L'éclairage ne permet pas de douter : si l'individu souffre, c'est à cause de ces liens. Sous-entendu et implicitement, s'ils n'existaient pas, l'individu ne souffrirait pas et pourrait se

1. Sur ce thème, voir N. Catheline, « Quand penser devient douloureux : intérêt du travail thérapeutique de groupe en institution et avec médiateur dans la pathologie du jeune adolescent », *Psych. Enf.*, 2001, 61, 1, p. 169-210.

réaliser librement. C'est à quoi les adolescents ont été subtilement conduits par l'idéologie sociale reprise dans une conception théorique du développement : il convient de se désengager des liens aux objets[1] investis du temps de l'enfance. Mais ce désengagement largement prôné comme principe d'émergence de la condition individuelle méconnaît une nouvelle douleur à penser : « Mon vrai moi, que désire-t-il vraiment ? Ne vais-je pas me tromper, faire un mauvais choix ? » Renvoyé à lui-même, le moi chute dans une aporie tout aussi douloureuse : comment se prendre soi-même pour modèle lorsque, précisément, le modèle est en cours de construction ? Comment faire un choix quand il n'y a plus à hésiter entre un désir et le respect d'une règle ou d'un interdit, mais qu'en revanche deux désirs différents sont là présents et que rien n'empêche de choisir l'un ou l'autre mais qu'il est impossible de les satisfaire tous les deux en même temps ? Cette alternative douloureuse tend à ne plus être perçue comme un conflit psychique (qu'il s'agisse d'un conflit entre un désir et un interdit ou entre deux désirs incompatibles), mais comme une entrave imposée à l'individu, entrave qui vient contrarier l'idée qu'en toute occasion c'est lui qui décide et qu'il a les clefs de cette décision.

Le fantasme de l'auto-engendrement

La conviction, la croyance socialement partagée que le contenu de la tête appartient en propre à cet individu précis, qu'il est l'auteur exclusif de ses pensées, entre en réso-

1. « Objet » est à prendre ici dans son acception du français ancien : objet de mon amour, de mon ressentiment..., ce vers quoi se dirigent les investissements pulsionnels.

nance avec un fantasme particulièrement actif à l'adolescence : le fantasme d'auto-engendrement. L'individu ne procéderait que de lui-même, il serait à lui-même son propre créateur, son propre géniteur psychique à défaut d'en être le géniteur somatique. Une version de ce fantasme dans la psychopathologie quotidienne est bien connue des parents qui, lors d'un conflit où s'affrontent des idées différentes sur tel ou tel problème, entendent leur adolescent leur répondre : « De toute façon, je n'ai pas demandé de naître... » Ce reproche survient au moment où le parent refuse de prendre en compte le point de vue personnel de l'adolescent et celui-ci renvoie à ses parents le fait qu'il n'a même pas été consulté pour sa conception ! Dans la tête du parent, ce genre de provocation suscite aussitôt une crainte symétrique, celle d'une tentative de suicide. C'est aussi ce que pensent certains adolescents : puisqu'on ne leur a rien demandé à la naissance, qu'ils aient au moins la maîtrise de leur mort. « A défaut de décider de vivre, je décide de mourir, puisque ma vie m'appartient et n'appartient qu'à moi[1] ! » Une autre manière d'affirmer ce fantasme d'auto-engendrement prend le corps pour objet : celui-ci concrétise ce que chaque individu « doit » à ses parents ! Dans le corps de tout un chacun réside la marque de ses géniteurs : cet individu doit accepter de porter ce corps et pas un autre, il doit s'en accommoder ! Or là aussi le discours social prône exactement l'inverse : le corps est une propriété singulière qui appartient exclusivement à l'individu[2]. Les marquages du

1. Incontestablement ce fantasme se retrouve chez de nombreux adolescents suicidaires. Voir D. Marcelli, E. Berthaut, *Dépressions et tentatives de suicide à l'adolescence*, Masson, 2001.

2. Il n'y a pas très longtemps, une action de santé publique en direction des sévices et des abus sexuels sur les enfants avait comme slogan principal : « Ton corps c'est ton corps, il t'appartient... » Le

corps, tatouages, percings en tous genres et en grand nombre, scarifications, griffures et bien sûr tentatives de suicide mais aussi maintenant demandes de chirurgie plastique, non pas pour réparer un organe objectivement mal formé mais pour avoir une morphologie corporelle telle qu'on l'a décidée, toutes ces conduites sont à un degré plus ou moins important l'expression d'un désir d'auto-engendrement largement cautionné par la société.

Être à soi-même son propre modèle pousse les adolescents dans des chemins incertains. Cependant, une autre issue s'offre encore : celle d'une consommation de substitution. Pourquoi investir douloureusement un espace intérieur de réflexion quand apparemment la réponse au questionnement pourrait se trouver dans la possession d'un objet matériel ? Les sociétés occidentales sont devenues en quelques décades d'une redoutable efficacité pour convaincre chaque individu qu'il y a toujours une réponse concrète, matérielle, disponible et susceptible de combler ce besoin, de répondre à cette attente. Les jeunes, adolescents et jeunes adultes, sont devenus des moteurs

---

message diffusé était que les adultes n'avaient pas de droit sur le corps de l'enfant. Tout cela est vrai *du point de vue du droit.* Je ne suis pas convaincu, en tant que psychiatre d'enfant et d'adolescent, que cela soit aussi vrai *du point de vue affectif et psychologique.* Mais idéologiquement le premier point de vue écrase le second et malheur à celui qui met en avant ce genre de subtilité... On affecte ensuite l'étonnement quand les adolescents déclarent haut et fort que leur corps leur appartient et qu'ils peuvent en faire ce qu'ils décident eux-mêmes... Comme toujours ceux qui vont bien et qui depuis la petite enfance ont été reconnus et respectés dans leurs besoins et dans leur corps ne font pas un usage destructeur de cette liberté. Il n'en va pas de même pour ceux qui ont subi dans leur enfance des violences de toutes sortes : ils n'ont souvent de cesse de faire subir à ce corps des violences que la société ressent alors comme outrageantes.

indispensables à la relance de la consommation et au développement économique des sociétés. Ce besoin d'objets, d'autant plus qu'il s'agit d'objets nouveaux, d'objets de dernière génération, devient une préoccupation sociale envahissante au point qu'on finit par ne plus savoir qui a besoin de quoi : s'agit-il des adolescents qui ont besoin de ces nouveaux portables ou ordinateurs de plus en plus performants mais rarement utilisés dans toute la gamme de leurs performances, ou s'agit-il des grands groupes industriels qui ont besoin, pour attirer les investisseurs, de faire progresser leur chiffre d'affaires en suscitant des besoins jusque-là inexistants ? Pris dans ce paradoxe, au moment même où il affirme son désir d'indépendance, l'adolescent multiplie les comportements de dépendance ! Il réclame sans cesse des objets nouveaux indispensables pour qu'on le reconnaisse dans sa personnalité (habits, chaussures, allure vestimentaire générale, objets multiples : mobylette, portable, télévision et ordinateur dans sa chambre, chaîne hifi, etc.), en même temps qu'il se met à consommer divers produits dont certains provoquent une dépendance majeure (en particulier le tabac et l'alcool), et qu'il adopte des comportements et des styles de vie qui le rendent difficile à distinguer de ceux de sa génération.

Adolescents et société : qui est le miroir de l'autre ?

Reconnaissons que la société actuelle ne facilite pas la tâche des adolescents. Leur quête de sens et d'idéal apparaît sérieusement brouillée par une apparente réduction des valeurs : le sens appartient à la catégorie des symboles, l'idéal quant à lui est gratuit : notre société préfère les faits bruts et tout ce qui rapporte le plus vite possible en monnaie sonnante et trébuchante. Le « retour sur investissement » doit être de plus en plus rapide, le temps se contracte et l'objectif de bien des sociétés dites de consommation est de parvenir à une gestion instantanée pour réagir au marché en temps réel : société de l'urgence des besoins, des prises de décision, des réactions, son temps devient analogue à une sorte d'impatience adolescente, d'urgence à obtenir la satisfaction. A bien des égards nos sociétés ont adopté comme normes les exigences des adolescents : désormais c'est un peu comme s'ils se regardaient eux-mêmes dans le miroir déformant que leur tendent les médias... L'exemple de *Loft Story* est venu à point nommé pour confirmer ces remarques. C'est bien la tranche d'âge des adolescents et des jeunes adultes qui a connu les plus forts taux d'audience et ils ont été les héros de leurs propres histoires.

Est-ce pour cette raison que l'absurde cède le pas à la dérision ? Désormais ce qui fascine les adolescents « modernes », c'est la dérision, érigée en quasi-valeur. Contrairement à l'humour, la dérision s'exerce aux dépens de l'autre qu'il s'agit de rabaisser voire d'humilier. N'est-ce pas pour nombre d'adolescents la seule manière qui leur permette de se différencier d'un monde adulte passant son temps à les singer ? Mais la dérision est délétère : elle détruit sans reconstruire. La désespérance serait-elle le seul credo ? Comment alors les adolescents pourront-ils relever ce défi d'une société pressée et qui les presse pour construire leur propre système de valeurs susceptible de leur fournir le guide, le mode d'emploi de leur vie ?

Certains adolescents nous montrent qu'ils savent transformer cette pression de l'instant, cette urgence généralisée, cette dérision permanente en un système de valeurs, création ou invention qui s'enracine dans le collectif : il suffit pour s'en convaincre d'écouter un peu de rap. D'autres passent des heures pour réussir un mouvement particulier sur leur skate, leur surf, leurs rollers. Cet acharnement à maîtriser l'instabilité, le déséquilibre, la pesanteur, l'éphémère par le mouvement révèle, intact, le besoin, le plaisir à dominer les forces contraires, à vaincre le déséquilibre, la fragilité de l'instant : parions sans trop de risque de se tromper qu'un tel apprentissage leur sera d'une grande utilité dans un monde dominé par l'incertitude des positions acquises. Dans ce monde précaire dont le temps se comprime, l'idéal de fugacité, la quête de l'instant magique prennent d'autant plus sens que le mouvement peut se figer sur la cassette vidéo et prendre une allure d'éternité. Par la grâce de la photo, nombre de posters qui ornent les murs des chambres de nos adolescents figent le geste fugace et instantané d'un héros.

Toutefois, quand l'instantanéité et la fugacité deviennent des valeurs en soi, comment l'adolescent peut-il construire son propre idéal, quel guide intérieur peut-il trouver face à la relative dissolution des valeurs collectives s'imposant « d'en haut » ? Comment être à soi-même son propre modèle ? Récusant le modèle des parents, des anciens, de la tradition, le regard de l'adolescent se dirige du côté de son copain, de sa classe d'âge, de ses pairs. Si l'adolescent tourne en dérision la remarque parentale « Ça ne se fait pas » quand l'un ou l'autre de ses parents voudrait lui imposer une limite, ce même adolescent exige telle ou telle tenue, revendique tel ou tel mode de vie, de langage, d'amusement, de consommation de produit, déclarant, imperturbable, « Ça se fait » ou « Ça le fait » comme unique justification. Le lien social horizontal fait d'autant plus autorité sur le jeune qu'il n'est plus limité par un lien vertical. Dans les collèges, entre douze-treize ans et quatorze-quinze ans, l'allégeance aux pairs est plus contraignante qu'elle ne l'a jamais été ! L'avantage (?) pour la société est que chaque génération successive d'adolescents revendique son propre modèle, enclenchant un merveilleux « moteur de recherche » pour la nouveauté et surtout pour la consommation.

Ainsi la société prend l'individu adolescent dans un redoutable paradoxe. Au nom de la liberté individuelle, elle ne lui impose plus le modèle des anciens, un idéal en kit, en prêt-à-porter. Mais elle exige de chaque adolescent qu'il privatise son idéal, qu'il s'affirme lui-même à ses propres yeux. La société observe avec attention les efforts de ses adolescents, lesquels n'ont plus d'autre modèle qu'eux-mêmes.

Troisième partie

Un regard qui revendique

Chapitre 7

L'individualisme ou l'affirmation assertive du regard

Tous les individus de nos sociétés dites occidentales en sont convaincus : leur corps et leurs pensées leur appartiennent. Ils sont convaincus que nul autre qu'eux-mêmes n'a de droit sur ce corps et que leurs pensées viennent d'eux et uniquement d'eux : ils en ont l'exclusive propriété. Cette conviction nous paraît aller de soi, pourtant il n'en a pas toujours été ainsi et il n'en est pas partout de même : l'idée d'une propriété intellectuelle des pensées n'a pas plus de quelques siècles d'ancienneté et, dans bien d'autres cultures, l'idée que l'individu soit le seul maître de son corps apparaît volontiers impie et iconoclaste. Depuis l'apparition des droits de l'homme, un principe d'égalité entre les êtres humains régit les rapports sociaux des individus entre eux : tous sont égaux en droit. L'individu des temps modernes avance en majesté, couronné de ses seuls droits ; il n'a publiquement à s'incliner devant aucun maître ni aucun dieu. Sa liberté de penser et de croire est affaire privée.

M. Gauchet, s'interrogeant sur l'émergence d'un nouveau type d'individu, appelé « hypermoderne », distingue « ceux qui pensent que fondamentalement l'humanité reste la même, qu'il y a une sorte d'invariance anthropologique [...] et ceux qui au contraire considèrent qu'il y a une sorte de mutation anthropologique, c'est-à-dire une altération de la constitution même de l'invariant[1] ». Sommes-nous au seuil d'une telle mutation rendue nécessaire du fait des pressions auxquelles cet « individu hypermoderne » est confronté ? Que signifie cette accumulation de termes[2] comme « hypermodernité », « hyperfonctionnement », « hyperactivité, hyperactif », « hyperindépendant, hyperindividualisme », « hyperconsommation, hyperconsommateur », « hyperréalité » ? Cet emballement du langage semble témoigner d'un effort pour « être à la hauteur », une surenchère constante. Au-delà de l'effet de style, du besoin de marketing, cette inflation n'exprime-t-elle pas ce besoin permanent de différenciation et de dépassement devenu une des valeurs fondatrices de nos sociétés ?

Portrait de l'« individu hypermoderne »

Responsable de ses options, de ses choix, capable de déployer des stratégies personnelles, l'individu de l'hypermodernité peut s'affirmer sans réticences dans ses pensées et ses opinions ; elles sont les siennes et il les revendique comme telles. Apte à s'engager à fond pour un travail ou une cause choisie, sans hésiter si nécessaire à « se défoncer », il peut dans l'instant se désengager si d'aventure une déception, une imperfection, une anomalie lui apparaît, disqualifiant la tâche ou la cause. Au travail il est hyperactif, multipliant les projets ; branché dès l'aube, quand ce n'est pas vingt-quatre heures sur vingt-quatre, sur internet,

1. M. Gauchet, « Vers une mutation anthropologique ? », in *L'Individu hypermoderne, op. cit.*

2. Tous rencontrés dans *L'Individu hypermoderne, op cit.*

le ou les portables en éveil, il veut réagir en temps réel, à l'instant, dans l'immédiateté : l'urgence est son avenir, l'instantanéité son mode d'être. S'adapter est sa devise, faire preuve de souplesse et de flexibilité représente la qualité majeure. Il ne veut pas s'encombrer la tête des données du passé qu'il stocke dans la mémoire vive de son portable. Chiffres d'affaires antérieurs, graphes de projection du semestre prochain, il vérifie en temps réel que l'activité présente est conforme aux prédictions, se réjouit si elle les dépasse légèrement, s'inquiète au premier fléchissement. Pour les loisirs comme pour le travail, anticipant le futur proche, il planifie son activité pour éviter le temps mort, le temps perdu, et profite du voyage pour régler quelques dernières questions encore en suspens avec ses proches collaborateurs ou collègues. Soucieux d'être à la pointe du progrès et de bénéficier des performances optimales, il s'équipe des appareils de dernière génération, confiant les précédents à une ONG spécialisée dans l'aide aux pays en voie de développement.

Soucieux aussi de sa forme et de son physique, il consomme chaque matin des suppléments vitaminiques et des extraits naturels pour l'équilibre de sa santé, le soir une crème de visage ou un masque relaxant, mais en cas de coup dur ou si un « coup de bourre » est nécessaire, il n'hésite pas à absorber quelques psychostimulants dont il a pris connaissance sur le dernier forum internet. Pour être en forme le lendemain, surtout si une réunion importante est planifiée, il prend le dernier somnifère recommandé, celui qui ne crée aucune dépendance et est complètement inoffensif. Il s'endort avec la télé ou la musique en fond sonore et aime aussi « se faire un DVD » en séance privée avec son ami(e). Le soir il se fait volontiers une « petite bouffe » impromptue et sur le pouce. Car si l'anticipation reste un maître mot, pouvoir goûter l'immédiateté de l'instant, faire preuve d'improvisation et d'initiative est aussi indispensable : savoir prévoir et anticiper mais aussi innover et réagir, planifier et être spontané. Comble de souplesse, l'« individu hypermoderne » doit aussi savoir se dégager de l'emprise des prévisions ! Dans sa vie privée comme dans sa vie professionnelle il faut être flexible, adaptable. A la maison, s'il retrouve femme ou compagne, enfants et beaux-enfants, il aime surtout se raccorder à son serveur pour consulter ses e-mails et se balader sur son forum interactif puis partir dans un MUD, un MUSE, un MOO ou un MMORPG[1] où il pourra jouer à être un autre : autres sexe, âge, langue, métier, désir, famille, fantasme, etc.

L'« individu hypermoderne » fonctionne dans cette trépidation dont il retire son énergie, il est porté par elle, il en a besoin. Connecté sans discontinuer, il vit en réseau, dans la Toile pour avoir l'information indispensable à la réaction immédiate. Maître de lui-même, il ne supporte pas la passivité, la soumission, l'inertie : « Je maîtrise » est une de ses expressions favorites.

Certains week-ends ou pendant les vacances, il apprécie les « teuf » ou les « rave » : le rythme syncopé, les décibels, les flashs éblouissants et les spots lumineux, l'alcool, les psychostimulants, la danse trépidante, serrés les uns contre les autres, la nuit sans dormir, la matinée somnolente, l'insomnie, le sentiment de flotter dans le temps, l'excès des stimulations, la familiarité sans réticence avec tous, la proximité des corps, véritable dissolution de soi, ce bain de

---

1. MUD, *Multi Users Dugeons* ; MUSE, *Multi Users Shared Environments* ; MOO, *Mud Object Oriented* ; MMORPG, *Massively Multiplayers Online Role Playing Game* ; voir F. Jauréguiberry, « Hypermodernité et manipulation de soi », in *L'Individu hypermoderne, op. cit.*

fusion des corps, des désirs, des sensations, des perceptions fait enfin tomber ces limites obsédantes du soi, permet d'être soi et autres mêlés indistinctement, la pensée anesthésiée cotonneuse, vaporeuse, collectivement branchés sur la pulsation de la sono, portés par la résonance vibratoire dans les os du crâne, de la colonne vertébrale et des membres, unisson de sensations au-delà de l'épuisement, au-delà du temps qui ne compte plus, ne se compte plus, renoncement, oubli, laisser-aller, passivité, mollesse, le corps comme la pensée peuvent oublier cette habituelle vigilance acérée, conquérante et tendue. Il s'est explosé, éclaté, déchiré... Enfin l'« individu hypermoderne » a pu un instant se fragmenter, s'ouvrir, se dissoudre.

Ces « individus hypermodernes », en connaissons-nous beaucoup ? Fort peu en réalité, aucun peut-être. Pourtant, ils nous semblent familiers car ils peuplent les articles des médias, les hebdomadaires, les émissions de télévision, internet, les publicités. Ils illustrent un fantasme et sont offerts comme modèle et comme idéal, celui d'un individu complètement en phase avec la société moderne, aussi bien du côté de ses exigences que de ses extraordinaires possibilités.

Un individu raccordé

Un des premiers traits caractéristiques de cet « individu hypermoderne » est sa volonté farouche de contrôler ses liens sociaux. Il récuse et cherche à se désengager des liens qui lui sont imposés ou qu'il ressent comme tels, les liens d'affiliation comme ceux de proximité qui pourraient devenir encombrants. En revanche, il est friand sinon avide de liens choisis, décidés et volontiers lointains : il noue des relations à l'autre bout du monde via internet, il s'engage dans un groupe culturel, sportif ou idéologique mais n'hésite pas à en changer. Il choisit sa croyance, sa religion ou son adhésion sectaire... Dans ce parcours, l'essentiel est de conserver constamment le sentiment d'être actif dans le choix et d'avoir à tout instant la maîtrise : la rupture, disons plutôt le débranchement, devient la garantie de sa liberté. Cette maîtrise et cette activité sont mises au service du sentiment de liberté, d'absence d'entrave dans l'affirmation de soi, et deviennent constitutives du besoin de l'individu. Le contraire prouverait que les liens sont plus forts que le soi, marque d'une intolérable dépendance.

Néanmoins, ce besoin complique sa vie affective, car les émotions lui font perdre une partie de son autonomie : les émotions lui tombent dessus sans qu'il y soit toujours bien préparé et s'inscrivent dans une relation à un(e) autre. L'individu se trouve ligoté au bon vouloir de cet autre, pris dans ses propres contradictions ressenties comme pénibles. Un exemple, ce fragment de conversation entendu dans un train, le TGV évidemment. Une jeune femme, vingt-cinq-trente ans, la voix assez forte, sans aucun souci pour ceux qui, présents, entendent nécessairement tout, parle dans son portable : « ... (rire)... Ben, oui, j'me suis fâchée... (silence, rire un peu gêné)... ben, tu m'connais, j'me suis fâchée et après j'me suis défâchée (très à l'aise)... Y va quand même falloir que j'arrive à prendre une décision... oui pour Thierry, tu sais bien... » Passons sur la disqualification implicite des autres personnes contraintes de participer à cette conversation privée, il ressort de cela qu'on se fâche et se « défâche » mais qu'il faut quand même s'expliquer, choisir, décider. Les émotions et les sentiments impliquent le plus souvent d'autres individus.

Pour ne pas s'inscrire dans ce type de dépendance, l'individu recourt volontiers à la recherche de sensation[1]. La sensation est une trace inscrite dans le corps, elle dépend de l'activité de l'individu, commence quand il le décide, s'achève avec l'action (ou la durée d'efficacité du produit : alcool, haschich, ecstasy, etc.). L'individu s'auto-administre cette sensation qui ne dépend de personne. Elle peut être parfaitement localisée en une zone du corps sélectionnée. Comme cette sensation dépend d'une conduite précise, d'un produit inerte, l'individu conserve la conviction qu'il garde le contrôle, qu'il pourra s'arrêter quand il le voudra (ce que disent tous les consommateurs au début de leur consommation, y compris quand ils commencent à devenir dépendants, qu'il s'agisse de conduite particulière, jeux, vidéos, ou de produits). Là où l'émotion conduit l'individu à une prise de conscience obligée de sa dépendance à autrui, la sensation donne au contraire à ce même individu une conviction de singularité, de maîtrise, d'autonomie et de différenciation.

Contrôler et maîtriser les émotions comme on le fait des sensations devient un objectif majeur. Peut-être est-ce la raison qui conduit l'individu à cadrer ses moments d'émotion dans des lieux de massification anonymes circonscrits dans l'espace et le temps, contrôlés par des bornes posées sur le cours de sa vie : « teuf » ou « rave », stades ou rassemblements de masse, toutes ces manifestations où la dissolution de soi et le bain collectif d'émotions semblent être les ingrédients recherchés d'un renoncement temporaire à son costume d'individu. Le partage peut se faire avec des anonymes de rencontre qui sont là pour les mêmes raisons et qu'on ne reverra probablement plus de sa vie. L'autre solu-

1. D. Marcelli, « Une psyché vide d'émotion exige un corps plein de sensations, du lien précoce au lien d'addiction », *Neuropsychiatrie de l'enfance*, 1994, 42, 7, p. 279-284.

tion adoptée par l'individu pour contrôler le risque inhérent à ce partage émotionnel consiste à chercher un partenaire le plus éloigné possible, aux antipodes, à des milliers de kilomètres. Les techniques de communication facilitent ce genre de relation et donnent à l'individu l'impression de pouvoir projeter son désir à travers le monde entier. Il n'y a plus de limites matérielles à l'expansion de ses sentiments, ils peuvent se répandre sur toute la surface de la planète. Mais notre expérience clinique montre que, sauf rares exceptions, la rencontre physique, en vrai, est souvent décevante quand elle se produit et qu'ensuite les connexions ne sont plus aussi agréables : quand il y a désaccord, plus l'autre est proche, plus son regard devient reproche. Certes, pour les adolescents, ce jeu lointain autorise la découverte des sentiments, des subtilités de la relation, ils en sont friands et tombent volontiers amoureux(se) d'un(e) correspondant(e) éloigné(e) : de la lettre au téléphone, il n'y a rien de très nouveau sinon que la technologie démultiplie les possibilités spatiales tout en contractant le temps dans l'instantanéité. Cependant, pour l'individu, l'essentiel dans ce type d'échange est de pouvoir conserver la maîtrise, de se connecter et se déconnecter quand il en a envie, quand il le décide. Choisir ou non de décrocher, laisser le répondeur ou la messagerie pour identifier l'appelant, couper la communication, raccrocher si l'impulsion surgit, toutes ces stratégies de connexion-déconnexion donnent à l'individu la confirmation qu'il contrôle la communication, qu'il garde la maîtrise de ses émotions, qu'il ne dépend pas de cette relation. Pourquoi un besoin si envahissant ?

De l'homme moderne à l'« individu hypermoderne »

De tout temps la personne, le sujet, s'est construit dans les liens aux autres, nous l'avons montré dans les deux premières parties de ce livre, la recherche d'intention représentant la trace de ces liens. Naturellement l'individu est lié à son entourage, il est branché sur une altérité, il est inscrit dans la communauté de ses semblables. Ces liens apparaissent de nos jours comme une contrainte pour l'assomption de l'individu. Il lui faut se débrancher, déconstruire cette intersubjectivité. L'adolescence, on l'a vu, est l'âge de cette déconstruction. Mais l'« individu hypermoderne » ne peut s'abstraire aussi facilement de ce besoin d'être branché : désormais le branchement matériel vient se substituer au débranchement relationnel préalable.

Ce débranchement a une longue histoire[1]. Avant la Renaissance, la personnalité traditionnelle se caractérisait par l'incorporation de normes sociales contraignantes mais protectrices dont les liens claniques ou familiaux représentaient le modèle : la personne pouvait alors se penser et s'énoncer librement à l'intérieur de ces normes... La personnalité moderne, qui apparaît au cours des XVIe et XVIIe siècles, a intériorisé et privatisé cette norme dans un inconscient qui lui donne un espace psychique de réflexion, ce qui procure au sujet une liberté de jugement même si c'est au prix d'un éventuel conflit psychique douloureux car cet inconscient reste porteur d'une altérité fondatrice. L'« individu hypermoderne » accepte et reconnaît cet inconscient, il vit avec mais ne veut pas en être encom-

1. Voir M. Gauchet, « Essai de psychologie contemporaine. L'inconscient en redéfinition », in *La Démocratie contre elle-même*, *op. cit.*, p. 263-295.

bré ni se sentir empêtré dans d'éventuels conflits ou contradictions. Pour ce faire, il privilégie l'instant, l'éphémère, évite la durée source d'ambivalence et passe d'un branchement ou d'un raccordement à l'autre.

Ainsi, cet idéal d'hypermodernité, tout ce qui semble faire la valeur positive de l'« individu hypermoderne », contrevient aux besoins fondamentaux du noyau anthropologique de l'être humain, cet invariant anthropologique à l'origine même de la culture humaine : chercher le regard de l'autre, quêter ses intentions et s'en servir comme guide pour ses propres pensées. L'individu d'aujourd'hui semble mis en demeure de rejeter ce besoin primaire qui va à l'encontre de l'idéologie régnante. Dès la naissance et la petite enfance, cet individu est invité à s'affirmer, se distinguer, se différencier, se montrer...

Un enfant hypermoderne ?

Voici à peine une ou deux générations, le petit enfant était souvent limité dans ses désirs, se voyait opposer des interdits de faire ceci ou cela, devait se plier à des exigences parentales, elles-mêmes reflétant des normes éducatives partagées par le groupe social, etc. Ces temps-là paraissent lointains ! Dès leur naissance, les bébés actuels sont stimulés, poussés à « faire des choses » : sourire, suivre des yeux, montrer leur compétence interactive à des adultes qui viennent vers eux attentifs, disponibles, aimables, bienveillants et prêts à entrer en contact quand bébé semble disposé à le faire. Dès les premiers mois le bébé est exhorté à saisir mille et un objets, stimulé par des portiques bariolés et sonores, entouré de peluches sympathiques ; quand il commence à se déplacer, il entraîne l'admiration de tous et les exhortations à poursuivre, à aller de l'avant, à montrer ce qu'il sait faire et dévoiler les progrès accomplis depuis la veille ; chaque adulte fait silence au moindre gazouillis, recueille avec délice les premiers mots, les comprend, engage le dialogue, se tait pour le laisser s'exprimer, attend patiemment sa réponse, montre son contentement...

Le petit enfant vit dans un monde magique qu'il façonne à sa convenance, qui semble lui obéir presque au doigt et à l'œil. Les bénéfices de cet entourage attentif et bienveillant sont immenses : ils donnent au bébé, au jeune enfant un sentiment de confiance en soi, dans le monde et dans les autres, fondateur d'un narcissisme solide ; ils lui permettent d'acquérir une croyance rassurante que le monde est là pour le comprendre ; ils permettent que se développe chez cet enfant une croyance dans sa toute-puissance désirante, dans une capacité d'inventer le monde, de faire que l'objet soit là juste quand on y pense et qu'on le désire, etc. Mais vient un jour où cette toute-puissance du désir de l'enfant bute sur la réalité, les contraintes matérielles et existentielles qui pèsent sur les familles et les empêchent parfois même de satisfaire les besoins les plus simples des enfants.

L'idéalisation de l'enfance, le souci d'être des bons parents expliquent pourquoi les parents actuels ont tant de mal à donner les nécessaires limites à leurs jeunes enfants, là où quelques décennies auparavant les grands-parents avaient su sans trop d'états d'âme mettre quelque frein et quelques limites à ce désir de conquête triomphante du monde si caractéristique d'un enfant en bonne santé. Actuellement les parents cherchent d'abord à aménager le cadre d'évolution du jeune enfant dans l'espoir de retarder les interdits. Là aussi cet aménagement est bénéfique quand il participe à une meilleure sécurité, mais souvent les parents le modifient pour simplement ne pas avoir à interdire, pour « avoir la paix ».

Et si les parents hésitent eux-mêmes à interdire, alors qu'ils écoutent avec attention le « non » de leur enfant et le respectent, c'est aussi parce qu'ils en savent l'importance : en disant « non », un enfant accède à une bonne affirmation de soi. N'est-ce pas une compétence primordiale dans la vie moderne ? N'est-ce pas dangereux pour cet enfant que de le brimer et d'entraver ainsi son potentiel d'affirmation de soi ? Respecter ce besoin d'opposition mais dans le même temps faire face aux exigences de la vie quotidienne, au besoin de partir le matin au travail, de prendre le petit déjeuner, mettre ses chaussures puis son manteau, le soir à la nécessité de se laver ou au contraire de sortir du bain, d'aller au lit, relève d'une gymnastique familiale périlleuse, à l'équilibre instable et jamais assuré ! Du fait de leur propre vie active et trépidante, les parents inquiets et pressés sont tentés de renoncer, biaisent, font semblant de jouer, donnent une limite ou disent « non » en souriant, s'excusent, s'expliquent, voudraient obtenir l'accord raisonnable du bambin avec lequel ils continuent à dialoguer comme entre deux individus responsables ou finissent par laisser faire [1]...

De nos jours l'enfant est exhorté à faire, à se montrer dans ses compétences. Les parents se réjouissent des actes de leur enfant, de sa capacité à s'affirmer et ce dernier comprend vite qu'en se manifestant de la sorte il suscite l'admiration, la satisfaction de ses parents. Désormais c'est en faisant par lui-même, en montrant la panoplie de ses

1. On peut lire D. Marcelli, « Des godasses aux Nike, petite histoire de l'autorité », in *Questions d'autorité*, « Enfance et Psy », Eres, Toulouse, 2003, 22, p. 8-15.

compétences qu'un enfant recueille l'assentiment des parents, là où jadis c'était plus volontiers en se soumettant à leurs interdits, en respectant leurs exigences et leurs commandements. Cela n'a pas été suffisamment pris en compte dans la structuration de la personnalité et nous semble en modifier radicalement les enjeux.

L'instance assertive

Les conditions sociales et culturelles actuelles, les modes d'éducation qui tendent à se diffuser aboutissent chez l'individu à l'apparition d'une forme nouvelle d'organisation du psychisme : l'instance assertive. En psychologie, on parle d'« assertivité » (mot dérivé du latin *adserere*, « attacher à soi ») pour caractériser une personne capable d'exprimer avec aisance son point de vue et ses intérêts sans réticence, sans crainte ni anxiété mais sans dénier celui des autres. L'assertivité est une capacité d'affirmation de soi sereine, tranquille et assurée : l'autre peut dire le contraire, le sujet assertif persiste tranquillement dans son affirmation sans être perturbé par cette opinion contradictoire. Ce terme se répand actuellement dans le langage spécialisé de la neuro-cognition.

Issue du moi, l'instance assertive[1] regroupe les compé-

1. L'idéal du moi pourrait apparaître comme une instance proche, en particulier pour la préservation de ce qu'on nomme le narcissisme. Mais l'idéal du moi se dégage secondairement du surmoi et, comme cette dernière instance, il est lui aussi fortement modelé par les représentations des projections parentales sur leur enfant. L'idéal du moi, dans son essence, est profondément marqué par cette altérité. C'est précisément la différence majeure que nous voulons souligner en recourant à une expression nouvelle. A l'évidence, aussi bien l'idéal du moi que l'instance assertive ont d'étroits rapports avec la constitu-

tences de ce moi en développement, les exhortations et les encouragements des proches à les montrer, le plaisir pris à les mettre en action, la satisfaction du sujet comme celle des proches, les parents surtout, devant ce qui est réalisé : manger seul, monter une marche, répéter un mot, faire les marionnettes, etc. De cet exercice l'enfant retire un sentiment de fierté qui lui donne le désir et la motivation de recommencer. Plus tard, l'enfant devenu adulte continuera à rechercher ce paisir assertif.

Dans la mesure où l'exigence assertive vient du moi du sujet et de lui seul, ce dernier peut la reconnaître comme sienne et en faire un élément de son identité. En revanche, si l'exigence provient d'un autre, elle est perçue comme une menace, une altération, une dégradation de la valeur singulière et fondatrice de cette instance assertive. Mais si l'assertivité doit s'enraciner au cœur du sujet pour qu'elle soutienne l'affirmation de l'identité, sa confirmation nécessite le regard des autres, leur admiration, reconnaissance, félicitations. L'autre devient un pur miroir, l'instrument où se reflète l'ego dans l'épanouissement de sa fierté. Si le narcissisme classique s'élabore dans un espace de réflexion [1], l'assertivité se construit sur une exigence de visibilité, de démonstration : « M'as-tu vu ? » C'est le para-

tion du narcissisme, mais là aussi il nous semble que la chronologie n'est pas identique. Le fait de reconnaître l'enfant, dès sa naissance, comme l'acteur principal de lui-même modifie radicalement le regard que cet enfant apprend à porter sur lui... Il lui restera comme trace indélébile de sa nature humaine, le noyau anthropologique de l'humanité, le besoin, en apparence paradoxal, de cette reconnaissance.

1. Même s'il peut s'y noyer, Narcisse regarde son reflet à la surface des eaux et s'absorbe dans une contemplation réflexive potentiellement mortifère. Averti de ces dangers, l'« individu hypermoderne » ne perd plus de temps dans un arrêt sur image, il préfère la course et vérifier qu'il est en tête...

doxe de l'instance assertive car le sujet est habité par un besoin contradictoire : d'un côté l'action, le désir, l'engagement doit venir de lui-même et uniquement de lui-même pour qu'il puisse le ressentir comme vrai, personnel ; mais d'un autre côté, ce sujet n'accédera à cette plénitude que si le regard des autres lui confirme qu'il est bien le seul acteur de son action, désir, engagement.

Comme l'instance assertive sert l'expression du potentiel du sujet, comme elle est directement dérivée de son moi, les obstacles à la réalisation assertive seront ressentis comme autant de menaces pour l'intégrité de ce moi, comme d'intolérables entraves. Lorsqu'un désir habite le sujet et que cette affirmation assertive rencontre un obstacle incontournable, ce sujet n'a d'autre solution que de désinvestir soudainement et totalement ce désir mais avec le risque de se trouver amputé de cette partie désirante du moi, sauf à déplacer aussitôt ce désir sur un autre objet proche et à s'y raccorder. Il en va de même quand le sujet doit faire face à des désirs contradictoires, difficilement conciliables en même temps. Cette hésitation, cette incertitude sont autant de menaces pour l'individu : l'intégrité de l'instance assertive, de sa toute-puissance désirante doit toujours être préservée comme garantie de l'identité du sujet. Il convient d'évacuer le conflit de l'espace psychique interne, ce conflit qui provoque souffrance, doute sur soi, vulnérabilité, sentiment de non-complétude. Classiquement, il faut s'engager dans un travail de renoncement pour que ce conflit soit surmonté. En revanche, tous les efforts de l'individu hypermoderne sont portés sur la réalité qu'il s'agit de transformer, de plier, de modeler pour que l'instance assertive maintienne son emprise : fantastique puissance de transformation du monde !

L'individualisme, une croyance pour des individus raccordés

L'individualisme est-il une caractéristique de nos sociétés ou n'est-ce qu'une mode trompeuse ? Ce débat anime régulièrement colloques et congrès, avec ses partisans et ses contempteurs. Les partisans font volontiers l'apologie de cette capacité nouvelle de l'individu à « se réaliser », s'affirmer dans ses propres choix, rompre les liens imposés qui l'entravent et décider de liens électifs et souples, opter pour une microculture vraiment personnelle, etc. Mais les contempteurs se font aussi persuasifs, dénonçant la fourmilière moderne, une société où l'individu se résume à ses actes de consommation toujours encadrés de façon subreptice par un marketing qui capte constamment l'« attention des consciences », produisant des « individus techniques » nourris par cette accumulation de biens matériels et de symboles fabriqués[1]. L'individuation, c'est-à-dire la capacité à se comporter en individu séparé, serait menacée par la technologie industrielle, commerciale et informatique.

Le débat pourra durer longtemps car la réponse dépend en grande partie de l'instrument d'observation : microscope, loupe, télescope... L'observation centrée sur le seul individu le montre dans un comportement dont les déterminants paraissent de plus en plus individuels et sont proclamés comme tels par cet individu. Un peu de recul montre que ce même individu présente un parcours étonnamment semblable à celui de son voisin : sous l'apparente diversité des situations familiales instantanées (célibat,

1. B. Stiegler, « La fourmilière. L'époque hyperindustrielle et la perte d'individuation », in *L'Individu hypermoderne, op. cit.*, p. 249-271. Voir aussi du même auteur : *De la misère symbolique*, Galilée, 2004.

cohabitation, mariage, divorce, remariage ou concubinage), on s'aperçoit en revanche que les trajectoires de vie de ces mêmes individus se ressemblent toutes étrangement, passant par les mêmes événements et les mêmes phases qui s'enchaînent de façon quasi similaire. Un recul supplémentaire montre tous ces individus dans des activités de masse où la différenciation semble plus factice que réelle, où les déterminants comportementaux semblent réglés collectivement plus qu'individuellement.

Il reste à comprendre pourquoi ce genre de débat apparaît si fondamental et semble susciter tant de passions. Car il s'agit bien de passions, probablement parce qu'elles recouvrent une croyance. Cette croyance repose sur la conviction énoncée au début de ce chapitre et partagée par tous les membres de la communauté : tous les individus des sociétés dites démocratiques occidentales sont convaincus que le corps et la pensée appartiennent en propre à la personne singulière qui se proclame telle. La relativité de cette prétendue universalité dans le temps (ce genre de croyance commença à émerger au moment de la Renaissance) comme dans l'espace (les cultures où cette croyance est partagée sont loin d'être majoritaires) devrait pourtant mettre aux uns comme aux autres la puce à l'oreille. Deux questions se trouvent liées dans cette constatation : sur quelles bases se fonde ce besoin d'individualisme ? Pourquoi cet individualisme caractérise à ce point les sociétés dites occidentales aux économies libérales voire néolibérales ?

S'éprouver en tant qu'individu, séparé physiquement mais surtout psychiquement de ses compagnons, a représenté une longue marche s'affirmant peu à peu au cours des XVIIe et XVIIIe siècles pour culminer au XIXe et la première moitié du XXe siècle. Pendant ces longues années, l'idée de l'individu s'est toujours élaborée autour de deux axes complémentaires mais aussi radicalement hétérogènes. Le premier concerne le rapport de similitude : s'affirmer (« je », le *cogito*), puis se reconnaître soi-même dans cette composante d'identité, qui accepte une dimension d'altérité intériorisée. Il s'agit d'être comme...

Ce rapport identitaire de similitude implique toujours un temps qui dure, un temps passé dans lequel le sujet trouve la trace qu'il reconnaît comme sienne. Il est de l'ordre de l'énonciation, de la nomination, s'imposant au sujet. De nature essentiellement symbolique (le nom, le lignage, l'identification aux traits de caractère ou à l'apparence de tel ou tel ancêtre), ce rapport de similitude peut parfois se soutenir de quelques accessoires matériels pour aider à le figurer : blason, signes distinctifs... Mais ces signes n'ont de valeur que par rapport à ce qu'ils signifient : cette composante inscrit le sujet dans un espace symbolique dont l'expression la plus typique est dans le partage d'une même croyance. Sensiblement différent est le rapport mimétique, lequel cherche à ce que disparaisse tout écart entre celui qui imite et celui qui est imité. Ce rapport mimétique, caractéristique de l'idole et de l'idolâtrie, se soutient par l'accumulation d'un marquage concret, matériel. Il faut posséder tous les objets de l'idole et si un seul manque la crédibilité du mimétisme est menacée : tout risque de s'effondrer.

Par son besoin de marques matérielles, cette composante mimétique annonce et préfigure l'autre composante : la différenciation, liée à l'avènement de la notion nouvelle d'individu. Autant le sujet peut se reconnaître dans un rapport de similitude à un ancêtre, à un maître, à une croyance, autant l'individu a besoin de se sentir différent de l'autre qu'il côtoie pour ne pas éprouver la confusion due à la perte de ses propres limites quand cet autre lui ressemble trop : celles-ci lui sont garanties grâce à une confrontation à la réalité de l'autre. Le rapport de différenciation consiste à se distinguer de son voisin, il s'inscrit dans l'instant présent et recourt essentiellement à des marques physiques, matérielles.

La mode est un excellent modèle de ce travail interminable de différenciation : être à la mode, c'est porter la marque et l'habit du moment, se distinguer des autres, attirer leurs regards, accéder au sentiment d'être unique. Le paradoxe veut qu'à l'instant de ce regard, l'autre cherche à susciter la même attirance et adopte aussitôt cette mode : tous, peu ou prou, seront bientôt vêtus de même jusqu'à la mode suivante... La composante de différenciation s'inscrit dans le présent des rapports sociaux et elle s'ancre dans des actes de consommation matérielle. La technique vient au secours de ce besoin de différenciation en procurant à l'individu l'objet de dernière génération. De celui-là, l'individu peut être certain que ses ancêtres (pour l'adolescent : ses parents) ne l'ont jamais eu et que ses voisins ne l'ont probablement pas encore : il fait partie du club des initiés, des promoteurs [1]... La technique, au service de la différenciation, et avec elle l'anticipation, deviennent de véritables valeurs qui donnent à la personne sa flexibilité, sa capacité de changer, de s'adapter sans plus être entravée par le poids de ses identifications au passé.

Ainsi, pour se distinguer, il faut recourir à ces raccordements multiples, cette recherche de connexion constante, par l'utilisation de ces objets marqueurs du changement

1. Dans le monde technique, l'objet de dernière génération a autorité sur ceux qui le précèdent : l'objet « dernier-né » fait toujours autorité sur ses aînés... Dans une société technique, l'autorité appartient à l'infantile.

où la chose à venir a plus d'importance que la chose du passé. La recherche de différenciation est non seulement contestataire et novatrice à défaut d'être révolutionnaire, elle est surtout productrice de consommation. En cela, l'axe de la différenciation répond pleinement, et au-delà même, aux valeurs de la société de consommation et aux besoins du capitalisme. L'individualisme, c'est le triomphe de la seule différenciation comme valeur assertive tandis que le processus d'identification symbolique tend à être marginalisé.

La puissance de la société néolibérale capitaliste est de valoriser à l'extrême cette composante de différenciation et d'avoir rejeté la composante symbolique à la marge[1]. En vendant l'idéologie de l'individualisme, c'est cette unique dimension de différenciation qui est privilégiée : elle représente la motivation dont se nourrit la majorité des multinationales, lesquelles, par une segmentation des cibles de marketing, encouragent cette différenciation à l'extrême. L'« individu individualisé », l'individu à l'individualisme exacerbé, est contraint de s'engager dans une course effrénée, toujours à la pointe et toujours menacé d'être rattrapé par les autres. Les adolescents sont à la fois les principaux acteurs et les premières victimes de cette course générali-

1. Bien sûr les individus résistent et cherchent dans des groupes d'affiliation des valeurs plus symboliques : contestation de la consommation, recherches généalogiques et héraldiques, chine dans les brocantes et collections d'objets anciens, défilés de vieilles voitures et commémorations multiples, amicales des anciens de ceci ou de cela, les exemples abondent, montrant *a contrario* la puissance de ce besoin. Mais un fait demeure : si ces mouvements ou manifestations sont fort prisés des individus, au plan médiatique et dans les valeurs largement diffusées, c'est un peu comme si cela n'existait pas, n'avait pas d'importance, représentait une gentille lubie dont il faut s'accommoder mais qui ne fournira rien d'essentiel à la marche du monde...

sée : ils quêtent en permanence ce fameux objet de dernière génération, véritable graal susceptible de leur garantir une identité incertaine, mais très vite ils se trouvent tous équipés pareillement. Si cela peut conforter leur sentiment d'appartenance générationnelle, ce mimétisme entre pairs les pousse aussi à inventer des microsignes de distinction : la société y pourvoit avec complaisance en saisissant au vol ces modes d'adolescents qu'elle impose ensuite aux autres générations.

Deux obstacles à l'individualisme

Toutefois l'individualisme bute sur deux obstacles de taille : la sexualité et l'éducation des enfants. L'un et l'autre appartiennent au registre de la reproduction, celle des corps et celle de la culture. L'affirmation d'auto-engendrement de l'« individu individué », ce fantasme de se façonner soi-même et d'être son propre créateur, ne tient pas face à ces contraintes (encore présentes pour combien de temps[1] ?). Sans entrer dans de trop longues digressions, notons que ces deux domaines, la sexualité et l'éducation des enfants, posent à nos sociétés des problèmes épineux. Chacun revendique « sa » sexualité en oubliant un peu vite que sexualité provient de *secare*, terme latin qui signifie « couper ». De l'instant où l'individu est pubère, sexué, qu'il a une sexualité active, il devient coupé et entre dans une condition douloureuse pour le fantasme d'individualisme : il dépend du désir de l'autre et doit s'accommoder de cette imperfection !

1. La secte des raéliens n'hésite pas à revendiquer ce « droit » d'auto-engendrement...

La complémentarité des sexes et des désirs, découverte de l'adolescence, implique pour chaque partenaire de la relation amoureuse un renoncement au moins partiel et transitoire à être constamment l'acteur de « son » scénario[1]. Réduire l'autre à n'être que le matériau passif de la jouissance de l'un, à subir son scénario d'excitation sans la moindre part d'existence, cela s'appelle la perversion dont la pornographie est le vecteur. La pornographie représente le triomphe de l'assertivité de l'individu : la copulation active de l'un s'excite de l'asservissement de l'autre. Inversement, la sexualité partagée est l'obstacle majeur de l'instance assertive. Certes, quand la jouissance de l'autre est d'adopter cette soumission absolue, la rencontre avec le scénario de l'un devient une affaire d'individualismes libres et consentants ! Mais reconnaissons que cette rencontre n'est pas si fréquente et qu'il y a plus de candidats pour le scénario actif que pour l'autre ! La régulation sociale de cette absolue liberté sexuelle, revendication majeure de l'individualisme triomphant, pose de sérieux problèmes...

L'éducation des enfants représente la seconde butée. La dépendance du bébé, du jeune enfant à l'adulte provoque chez ce dernier une effraction surprenante qui prend l'absolu contre-pied des valeurs dans lesquelles il baigne ordinairement. La société idéalise à l'excès les premiers jours de cette dépendance au travers de ce que nous avons appelé

1. Dit autrement, cela signifie que les rôles actif et passif puissent être harmonieusement répartis entre les deux partenaires, qu'ils puissent chacun à leur tour y trouver satisfaction. Ce jeu relationnel pas si éloigné du jeu entre une mère et son bébé demande à trouver un accordage pas toujours évident sur le rythme ! Le désaccord peut conduire à des recherches de raccordements ou de branchements sur des sites qui offrent l'illusion d'un choix actif et strictement personnel.

une bébolâtrie triomphante, véritable idolâtrie des temps modernes. De notre point de vue, cette idolâtrie du statut du bébé traduit certes la nostalgie de ce paradis perdu, mais par sa relative nouveauté et son intensité, elle semble également révéler l'enfouissement douloureux du besoin de dépendance des êtres humains. Désormais les adultes se soumettent à ce besoin de dépendance du bébé, satisfont toutes ses demandes, ses exigences, ses caprices pour mieux l'installer dans la toute-puissance de son désir. Bien sûr ils le font de manière inconsciente et sont effectivement débordés quand leur enfant, de deux ou trois ans, ayant appris cette leçon et muni du langage, décide de commander ses parents !

Si l'infantile est porteur d'une autorité nouvelle, c'est bien l'autorité de ce besoin de dépendance désormais profondément refoulé : les adultes s'y soumettent pour mieux apprendre à cet être humain en gestation qu'il doit devenir un individu autonome. La question technique de l'éducation sera de définir l'âge d'accession à cette autonomie, et là les réponses divergent. Les débats de société s'en nourrissent en évitant d'aborder le fond du problème : l'individu peut-il être à lui-même son propre modèle ?...

L'exigence d'un regard sur soi

Les droits de l'homme n'ont pas modifié la réalité anthropologique de l'être humain, il reste dépendant du regard de l'autre. Mais la tension entre l'individu en droit, clos sur lui-même, entité juridique à part entière, l'individu en majesté des démocraties modernes, et l'être humain en quête de partage et de dépendance, celui que nous avons décrit dans les deux premiers chapitres de cet ouvrage, n'a jamais été aussi forte. Le discours social actuel tend à disqualifier systématiquement cette part d'humanité et à proposer des valeurs strictement inverses : être autonome, indépendant, décider seul de sa vie, choisir pour soi... Ces représentations, conformes aux droits de l'individu, méconnaissent ses besoins affectifs, émotionnels : est-ce la raison pour laquelle les individus confondent de plus en plus souvent le plan du droit de justice et celui du droit au bonheur, à la jouissance, le droit aux affects, à l'affection. « J'y ai droit », semble crier l'individu d'autant plus fort qu'il n'arrive pas à attraper l'objet du bonheur. Confusion fréquente entre ces diverses formes d'affirmation de soi, les « droits juridiques » et les « droits psychologiques » se retrouvent dans cette assertivité qui tend à devenir une norme chez les « individus hypermodernes ».

La première estocade à l'idée d'un individu clos sur lui-même a été portée par S. Freud puis par J. Lacan montrant, pour le premier, l'existence d'une conflictualité permanente et inconsciente de désirs contradictoires au sein même du sujet et, pour le second, l'aliénation de ce sujet au désir de l'autre. Acceptant cette part inconsciente de lui-même, l'individu semble avoir décidé de s'en abstraire, ou du moins le lui a-t-on fait croire, en extériorisant la source du malaise et en transformant le conflit psychique en entraves dues à la réalité : c'est elle qu'il convient d'aménager. Mais la seconde estocade est actuellement portée avec la démonstration scientifique et rigoureuse de ce qu'on nomme l'inter- ou la transsubjectivité. Le « sujet » n'advient pas *ex nihilo*, il advient constamment dans un partage dont il portera à jamais l'estampille : c'est en cela qu'il est un être humain. Se défaire de cette estampille, vécue comme une entrave insupportable à son autonomie, à sa liberté, voilà le projet de l'« individu hypermoderne ».

L'individualisme ou l'affirmation assertive du regard

Malheureusement pour lui, l'« individu individualisé » conserve la trace de ses origines humaines, de son humanité : il a besoin du regard des autres pour trouver le reflet de sa distinction. Renversement de perspective, l'« individu hypermoderne » ne quête plus dans le regard de l'autre une intention comme guide de sa propre conduite, mais il est animé par l'intention assertive de capter le regard de l'autre pour exhiber sa conduite en modèle de reconnaissance. Il cherche à capter dans la prunelle de l'autre la reconnaissance de soi. La performance et la revendication permettent de capter ce regard sur soi.

Chapitre 8

La performance ou la captation du regard de l'autre

La plupart des turfistes ont encore en mémoire les performances d'Idéal du Gazeau ou d'Ourasi... Au milieu du XIXe siècle, le terme « performances » fut introduit en français en utilisant le pluriel[1]. Employée dans le domaine du turf en particulier et du sport en général, cette expression renvoie à la description d'un accomplissement, d'une réalisation, de résultats réels : on parle des performances d'un cheval comme de celles d'un sportif ; le pluriel signifie la répétition de la chose par opposition à un acte exceptionnel et unique.

D'emblée, peut-on dire, les performances s'opposent à la performance. En effet les performances évaluent les conditions structurelles de l'action et par conséquent la capacité de répétition, c'est-à-dire la compétence, ce qui en quelque sorte constitue la règle de l'action. La performance au singulier est une notion fondamentalement opposée puisqu'elle s'attache à décrire la forme instantanée, l'acte unique à la reproductibilité aléatoire. En 1968, à Mexico, Bob Beamon s'élance et retombe presque neuf

1. *Dictionnaire historique de la langue française*, Le Robert, 1992, tome 2, p. 1478-1479.

mètres plus loin : se relevant, il regarde stupéfait le tableau d'affichage et la surprise semble l'avoir définitivement écrasé. Il n'approchera plus jamais ce bond fabuleux... Quand un sportif réalise une « perf » qui va au-delà de ses habituelles performances, il utilise pour décrire cet acte hors norme des termes intéressants : il s'est « éclaté », « explosé », « déchiré », etc. Ces expressions renvoient à l'idée d'une rupture dans les représentations ordinaires du sujet, une sorte d'effraction narcissique de l'individu dans un au-delà hors de lui-même qui le surprend.

Inversement, quand on décrit un objet matériel, une voiture, un avion, un ordinateur, on s'interroge volontiers sur ses performances : sa vitesse, sa consommation, sa capacité de mémoire, etc. Il ne viendra à l'idée de personne de demander à propos de cet objet : « Quelle est sa performance ? »

Une singulière performance

Concernant la performance, le singulier apparaît antinomique à l'idée d'objet matériel : la performance serait-elle alors une spécificité de l'humain ? Certes on peut dire que chaque jour, en mettant Paris à deux heures de Lyon, le TGV réalise une performance quotidienne, mais le singulier de cet article indéfini vaut pluriel par sa reproduction régulière. On peut aussi parler de la performance que représente la pyramide du Louvre : c'est la seule construction au monde dans laquelle le poids de la structure portée, les plaques de verre, soit supérieur au poids de la structure portante, l'armature métallique. Cette performance est le fait de la subtilité du calcul d'un être humain, Peï, l'architecte qui l'a conçue : derrière cette performance singulière on retrouve la trace humaine. Durant l'été 2004, Zinedine Zidane a été convoqué en tant que témoin assisté par un juge italien qui enquête sur les éventuelles pratiques aux limites de la fraude et du dopage dans le célèbre club de la Juventus de Turin : par quelle singulière performance ce club est-il parvenu à une répétition régulière de ses performances ? Hors norme, la performance nous surprend souvent... Mais la répétition de cette surprise dans des performances régulières nous interroge toujours car cette répétition réclame des conditions structurelles qui doivent nécessairement s'inscrire dans une organisation réglée. Il y a une différence sensible entre le record de vitesse détenu par le TGV, plus de 500 km/h, et la vitesse d'exploitation commerciale autour de 300 km/h. Les règles rigoureuses de l'exploitation commerciale expliquent cette baisse de performance. Ainsi on touche du doigt une incompatibilité puisque la performance est toujours hors norme tandis que sa reproductibilité exige un minimum de règles qui entraînent une nécessaire résistance voire une certaine viscosité. Dans ces conditions, peut-on aller jusqu'à la déduction suivante : vouloir reproduire régulièrement la performance ne conduit-il pas inéluctablement à se mettre hors norme, à utiliser des méthodes qui transgressent l'ordre commun, contournent la règle ? La performance appartient au registre de la surprise : elle étonne, elle sidère même, comme le montre l'exemple de Bob Beamon. Cette surprise donne à la performance tout son attrait. En revanche, la répétition des performances trouverait-elle toujours sa source dans la transgression des règles et de l'autorité ? On sait aujourd'hui que Stakhanov n'a pu répéter sa performance d'extraction de charbon que grâce aux mensonges et dissimulations officiels. Cet exemple appartient à l'histoire mais son essence est-elle si différente de l'affaire Enron :

sur quelles règles peut s'appuyer une entreprise dont les performances s'apparentent à du stakhanovisme boursier ?

Il est intéressant de constater que si nos sociétés font sans réticence l'éloge de la performance, elles font tout aussi spontanément preuve d'un scepticisme certain devant la répétition de ces performances, surtout humaines. En effet, quand il s'agit de mécanique, la reproduction des performances apparaît plus directement liée à la qualité technique et semble moins entachée de suspicion naturelle. Comment résoudre ce paradoxe puisque, dans nos sociétés, d'un côté la performance devient en soi un culte[1] et, de l'autre, ces mêmes sociétés se définissent par leur grande sensibilité au règlement, au code de conduite, toutes mesures dont l'objectif est de faire en sorte que les règles du jeu identiques pour tous garantissent une égalité des chances ? Besoins contradictoires donc : celui d'une égalité des citoyens, croyance fondatrice de la démocratie moderne, celui d'une distinction de l'individu par la performance susceptible de l'élever au-dessus des autres. Le sport représente la caricature de ces enjeux contradictoires.

Le sport, une réponse au paradoxe identitaire

Pour affirmer son existence, l'individu doit recourir à des stratégies de distinction/différenciation. Ce besoin est d'autant plus impérieux que ce même individu lutte avec acharnement pour une égalité des droits et pour qu'aucun autre, le regardant d'en haut, ne l'oblige à courber l'échine. Dans une société qui était organisée par un regard qui ordonne, la notion d'appartenance était essentielle, consti-

1. A. Erhenberg, *Le Culte de la performance*, Calmann-Lévy, 1991.

tutive du sujet : appartenance à un maître, à un clan, à un roi, chacun se sentait protégé et constitué par ce lien d'appartenance, les bénéfices de la protection l'emportant largement sur les inconvénients de la contrainte. De nos jours, l'appartenance est devenue une valeur plutôt négative, laissant percevoir les entraves plus que les avantages. Être humain libre, l'individu accepte à la rigueur un dieu privé (hors de ce monde, hors de ce temps), mais en aucun cas un maître public sous la bannière duquel il puisse se ranger, se protéger, s'identifier. Ainsi, plus la société met en avant une idéologie égalitaire, plus le besoin de différenciation s'installe au cœur même de chaque individu. C'est ce que répètent à l'envi les sociologues contemporains. « A travers la concurrence s'impose peu à peu à tous les niveaux de la société une série d'images de vie et de modes d'action qui poussent *n'importe qui*, quelle que soit sa place dans la hiérarchie sociale, *à occuper une position qui rend visible sa seule subjectivité*, par quoi chacun est différent, c'est-à-dire *simultanément unique et semblable*[1]. » A. Erhenberg remarque encore : « La société moderne est caractérisée avant tout par l'individualisme, c'est-à-dire par le primat de l'individu sur le tout social. Or, l'individualisme met en jeu des mécanismes impersonnels traversés par une tension qui tire d'un côté vers l'anonymat, l'indifférenciation – que la représentation de la société en termes de masse a longtemps symbolisée – et, de l'autre, vers la singularisation, la différence – cette impersonnelle personnalisation. Cette tension est la conséquence du caractère égalitaire de la culture moderne[2]. » La performance devient pour chaque individu la réponse possible au paradoxe de

1. *Ibid.*, p. 16. Les italiques sont de A. Erhenberg lui-même.
2. *Ibid.*, p. 39.

cette tension identitaire et, comme le précise A. Erhenberg, « le sport résout, dans le spectacle, c'est-à-dire dans l'apparence, ce dilemme central et indéfini de l'égalité et de l'inégalité puisque tous peuvent entrer *constamment* avec tous en compétition [1] ». Le sport devient le lieu social par excellence où les individus sont initialement placés en position égalitaire et où l'un d'entre eux pourra émerger et se distinguer grâce à la performance.

Le sport ou la performance dans le champ social

A Athènes, pour la première fois aux Jeux olympiques, plusieurs sportifs ont été déchus de leur titre après des contrôles systématiques de dopage. Certes il y avait bien eu pour l'exemple, à Séoul en 1988, le déclassement de celui qui avait été le plus rapide sur 100 mètres [2] : son cas était tellement manifeste que la crédibilité des Jeux s'en serait trouvée engagée si rien n'avait été fait ! Ce fut le premier « condamné » pour l'exemple, en outre dans la discipline reine, avec l'espoir que cela suffirait ; mais précisément cela n'a pas suffi ! Certaine discipline sportive semble plus sévèrement touchée que d'autres, telle le cyclisme, mais il est probable que le dopage étend ses ramifications souterraines bien au-delà. Comment en est-on arrivé là ? Pourquoi cet envahissement et pourquoi ce temps de latence sociale avant de réagir ? Faut-il, parmi les sportifs de très haut niveau, un nombre supplémentaire de morts

1. *Ibid.*, p. 40.

2. Pour être cohérent il me paraît nécessaire de ne pas donner son nom car se serait encore lui faire une publicité indirecte : qui se souvient du gagnant, celui qui a obtenu la médaille d'or après déclassement du tricheur ?

précoces, telle celle de F. Griffith-Joyner, pour que la prise de conscience s'amorce à l'échelle planétaire ? Les médailles restent-elles la seule justification de certains régimes politique comme ce fut le cas pour la République démocratique d'Allemagne, dont on sait aujourd'hui avec certitude qu'une grande majorité de ses sportifs ont été dopés quasiment sous la contrainte et de façon systématique ? Combien faudra-t-il d'années pour qu'une réglementation internationale homogène et suffisamment rigoureuse soit mise en place, avec un suivi obligatoire et régulier des sportifs y compris en période de préparation et à distance des manifestations sportives, seule méthode à même de réduire ce genre de pratique ?

Mais au fond, la société dans son ensemble, les médias tellement avides d'images, de performances et de records pour faire grimper les indices d'écoute, les pouvoirs sportifs qui en tirent bénéfice, tout ce monde a-t-il vraiment, non pas envie mais intérêt à ce que cesse cette escalade ? Que dirait-on d'un concours de niveau mondial ou de Jeux olympiques au cours desquels aucun record ne serait battu ? Continuerait-on à aller voir des matchs si les équipes en compétition se montraient un peu moins pugnaces, rapides, vigoureuses, performantes ? Surtout, le rythme des rencontres sportives, et par conséquent des retransmissions télévisées, pourrait-il être maintenu, et pourrait-on continuer d'exiger de ces vedettes des efforts atteignant chaque fois le maximum de leurs possibilités ? Car le sport dans son essence même exige d'être regardé ! Le regard du spectateur sur le sportif est aussi nécessaire à la reconnaissance sociale de la performance que l'acte en soi présidant à cette performance : un record anonyme, cela n'existe pas. Un record doit, pour sortir de l'ordinaire, être porté par le regard des autres, celui de la foule présente, celui des caméras et des commentateurs. « La triade égalité/individualisme/apparence forme le noyau dur du spectacle sportif[1]. » Ce besoin d'être regardé, cette visibilité indispensable a un prix, celui de la transparence : les conditions de la performance, de l'exploit doivent être transparentes. A cette exigence de transparence correspond comme en miroir la face cachée et honteuse du dopage !

Le sport et sa face honteuse illustrent parfaitement la place que tient la performance dans les sociétés démocratiques actuelles. C'est un moyen pour l'individu de s'élever au-dessus des autres, d'être ainsi reconnu et « consacré » : il y a en effet du religieux et du sacré accordé à celui qui triomphe. Les lauriers déposés sur la tête des vainqueurs à Athènes étaient là pour rappeler le sens de ce sacre. Dans des sociétés démocratiques, cette marque de supériorité est acceptée, valorisée même puisque cette performance n'apparaît pas liée à des privilèges de caste, d'origine, de race, d'ethnie, etc. La performance est présentée comme le résultat du travail d'entraînement et de la mise en valeur des compétences du sportif. Notons qu'il s'agit là d'une pure croyance car s'il y a une inégalité entre les individus, c'est bien l'inégalité de leur potentiel de réussite dans le sport en fonction de leurs caractéristiques physiologiques (dont certaines ne sont pas sans rapport avec des morphotypes liés à des caractéristiques d'origine génétique) comme de leurs expériences précoces : les entraîneurs sportifs savent fort bien repérer quels sont les traits particuliers aussi bien morphologiques que comportementaux, au travers de la dynamique des gestes par exemple, qui permettent de sélectionner les jeunes pouvant devenir des champions, même s'il y a quelques exceptions. Cependant, cette pro-

1. A. Erhenberg, *op. cit.*, p. 43.

fonde inégalité est probablement compensée par l'extrême diversité des compétences requises selon la discipline sportive, de telle sorte que chaque individu a le sentiment qu'il peut toujours réussir et qu'il garde la liberté de choix...

Mais une fois là-haut, consacré par sa performance, comment ne pas retomber dans l'anonymat de la foule, redevenir un simple spectateur ? En faisant l'apologie de la performance, acte exceptionnel, unique, en l'instaurant comme modèle de distinction sociale, tout en refusant de prendre en compte les implications structurelles liées à une reproduction régulière de cette performance, sans même parler de son nécessaire dépassement, les sociétés démocratiques et néolibérales occidentales s'enferment dans un paradoxe qui devient un symptôme de plus en plus évident. Le monde sportif semble prisonnier de ce paradoxe avec d'un côté la brillance médiatique de l'exploit et de l'autre le symptôme honteux du dopage.

Le QI ou la performance dans le domaine individuel

« Performance » vient du monde anglo-saxon, même si, comme cela fut souvent le cas, ce terme a puisé son sens premier dans l'ancien français « parformer » avec une valeur voisine de « parfaire » [1]. Il n'a commencé à être utilisé pour décrire les performances humaines qu'au début du XXe siècle, étant jusque-là réservé soit au domaine mécanique (les performances d'une machine), soit avec un début de spécialisation au domaine du turf. La notion de performance implique toujours l'idée d'un classement et

1. *Dictionnaire historique de la langue française*, *op. cit.*

par conséquent d'une mesure : pour classer sans erreur, en dehors de toute préconception morale ou sociale, il faut mesurer, compter. Là encore, en même temps que la notion d'individu s'installait de plus en plus solidement dans la société, parallèlement l'idée de classer ces mêmes individus sur des bases strictement égalitaires cheminait. Car si les individus ne sont plus classés par leur origine sociale, culturelle, par leur patrimoine ou leurs quartiers de noblesse, sur quels critères opérer ce rangement ?

La scolarisation rendue obligatoire et étendue à un pourcentage de plus en plus grand de chaque classe d'âge apporta un début de réponse. En effet, rendre l'école obligatoire pour tous, c'est permettre à tous les individus d'une classe d'âge de savoir lire, écrire, compter, mais c'est aussi pouvoir ranger ces mêmes individus selon leurs performances scolaires. A l'idéal démocratique et généreux de l'école, permettre à chacun, indépendamment de sa condition sociale et économique initiale, d'accéder au savoir, idéal affiché, exprimé, valorisé, constamment revendiqué, correspond une pratique tout aussi constante qui colle à l'école comme le chewing-gum à la semelle : le besoin de classement.

Pour être démocratique, un tel classement ne devait s'appuyer que sur les productions de l'élève, le plus méritant (performant ?) étant précisément l'élève d'origine modeste aux résultats brillants. Mais certains élèves semblaient incapables de profiter du système, de réussir, d'apprendre. Etant donné la générosité de l'idéal social, permettre une accession de tous au savoir, cet échec ne pouvait se situer du côté de l'école. Il devait trouver son explication dans une cause individuelle et si possible dénuée de toute dimension socioculturelle : l'apparition d'enfants en échec d'apprentissage conduisit des médecins, des psychologues à mettre au point des instruments de mesure pour évaluer cette compétence dans les apprentissages et pour distinguer ceux qui peuvent réussir de ceux qui risquent d'échouer[1] : le premier test d'intelligence, le fameux QI[2], est apparu en 1905, créé par Binet et Simon.

Rapidement d'autres tests ont été élaborés, d'autant que celui de Binet et Simon avait l'inconvénient de mesurer au moins autant les acquisitions scolaires, ou plus précisément la capacité d'apprentissage scolaire, que l'intelligence dans son ensemble. Wechsler, psychologue américain, conçut un test plus complexe et plus complet très utilisé de nos jours avec quelques variantes, améliorations et actualisations, mais dont le principe reste identique à la première version[3]. Les sub-tests de performance sont réputés être moins sensibles que les sub-tests de vocabulaire aux acqui-

---

1. D'emblée il a été question de sélectionner les enfants et d'orienter vers des classes dites pudiquement « spécialisées » ceux qui ne pouvaient apprendre le programme proposé. Il n'a pas été question de s'interroger sur la pertinence de ce programme dont la légitimité reposait sur l'idéologie généreuse d'une chance donnée à tous : cette légitimité se justifiait d'elle-même. L'Education nationale ne s'est jamais vraiment remise de ce malentendu initial...

2. Quotient intellectuel : il résulte du calcul d'une moyenne soit par rapport à l'âge comme c'est le cas pour le Binet-Simon, soit par rapport à un groupe de référence comme pour le WISC (voir note suivante).

3. Actuellement on utilise le Wechsler-Bellevue pour les adultes, le WISC III-R (*Wechsler Intelligence Scale for Children*, échelle d'intelligence de Wechsler pour enfants, troisième édition, révisée) pour les enfants entre six et douze ans, le WISPP (*Wechsler Intelligence Scale for the Preschool Period*) entre quatre et six ans. Entre douze et seize ans il y a une période de flottement, chaque clinicien utilisant, en fonction du jeune à tester, soit le WISC soit le Wechsler adultes. Dans tous les cas, ce test comprend un ensemble de douze sub-tests qui se regroupent en six sub-tests dits « de vocabulaire » (un seul est chronométré, les autres sont en temps libre) et six sub-tests dits « de performance », ces derniers étant tous chronométrés.

sitions sociales et scolaires. Ces sous-échelles de performance seraient-elles plus proches de la compétence brute, représenteraient-elles une évaluation vraie du potentiel du sujet ? C'est en tout état de cause l'objectif déclaré de ce test. Or contrairement au test de Binet-Simon où aucune épreuve n'est chronométrée, tous les sub-tests de performance le sont. Cela n'est pas le fait du hasard.

En liant ainsi intelligence et temporalité si ce n'est rapidité, Wechsler inscrit profondément un point de vue culturel au cœur même de la notion d'intelligence, ce que, rappelons-le, n'avaient pas fait Binet et Simon. Pour ceux-ci en effet, l'intelligence, à la manière des terrains géologiques, est conçue comme une longue et lente sédimentation dont les couches successives laissent entrapercevoir les strates de connaissances accumulées. L'intelligence est un contenant, un récipient, et le test d'intelligence mesure la taille, le volume de ce contenant. Pour Binet et Simon, médecin et psychologue très imprégné de culture et de savoir, l'intelligence ne peut se mesurer qu'en fonction des acquis sociaux et culturels. Dans le nouveau monde, l'intelligence change de paradigme : elle devient un processus, un mécanisme en marche. Le modèle est celui de la stratégie et de la conquête. L'intelligence se rapproche d'une vitesse maximale : le plus intelligent serait celui qui va le plus vite. On ne peut pas faire passer un WISC sans chronomètre... Mais la rapidité est-elle pour autant une qualité intrinsèque de l'intelligence ? Les analystes financiers qui réagissent en temps réel, et de ce fait majorent considérablement les moindres frémissements de l'indice boursier, font-ils preuve d'intelligence au travers de cette rapidité de réaction ? Il est probable qu'ils ont tous de bons QI [1]...

1. Notons au passage que ce besoin de réactivité instantanée conduit ces mêmes analystes financiers à s'observer les uns les autres,

L'intelligence se trouve-t-elle dans cette quasi-instantanéité d'appréhension des données et de réaction ? Ne se situerait-elle pas plutôt dans une capacité de distanciation et de réflexion ? Celui qui prend son temps est-il moins intelligent que celui qui saisit la chose immédiatement ? En faisant de l'intelligence un « objet » qui se chronomètre, Wechsler relie étroitement l'intelligence et la performance par l'intermédiaire d'une mesure, celle du temps. Il ne s'agit pas seulement de ranger les individus les uns par rapport aux autres dans un classement ponctuel : premier, deuxième, troisième, etc. Il s'agit plus fondamentalement de placer chaque individu sur une échelle hiérarchique utilisable dans l'absolu, et pour cela le rangement ne suffit pas, il faut comptabiliser, compter, etc. La mesure du temps, et à un moindre degré de l'espace, est étroitement liée à la notion de performance : les techniques de mesure, de l'espace mais surtout du temps font partie intrinsèque du développement de la performance. Les progrès techniques dans le chronométrage ont partie liée avec la performance et le sport : comment distinguer le vainqueur uniquement à l'œil et par simple comparaison ? Dans de nombreux sports, il faut non seulement une mesure électronique au centième voire au millième de seconde mais aussi un enregistrement vidéo qu'on passe et repasse, qu'on dissèque image par image pour déterminer le gagnant, celui dont la performance l'emporte sur les autres[1]. La vitesse de fonctionne-

---

à ne pas se quitter du regard et finalement à adopter des comportements plutôt grégaires, lesquels rendent compte des mouvements volontiers erratiques des valeurs boursières... L'individu, analyste financier si intelligent soit-il, est pris au piège de sa quête d'intention du voisin...

1. Nombreux sont les sports modernes, en particulier tous les sports de glisse et les sports mécaniques, qui ne pourraient exister sans les progrès réalisés dans les techniques de chronométrage.

ment devient ainsi la valeur à partir de laquelle les individus seront de plus en plus souvent « ordonnés ».

Pourquoi ces réflexions précisément ? Parce qu'elles touchent à l'origine de la pensée, laquelle, on n'a cessé de le dire, appartient à l'individu, en est l'émanation. On nous accordera que l'intelligence se donne comme une tentative de mesure de la pensée, même si chaque personne sensée sait parfaitement que toute la pensée n'est pas dans l'intelligence ! Pour autant, en mesurant le flux de la pensée, son débit, on espère en obtenir une mesure approximative. Mesurer et classer les intelligences, c'est mesurer et classer les individus sans *a priori* sociologique, culturel, racial, etc. On comprend l'importance des débats sur la véritable nature de ce QI : représente-t-il le potentiel génétique héréditairement acquis de chaque individu ou est-il l'expression des apports sociaux, culturels et autres ?

La performance : le regard des autres sur soi

La performance ne se conçoit qu'accompagnée d'un classement et plus encore d'un comptage. La performance est une mise en chiffres du monde. Les êtres humains, comme leur production, y sont désormais classés, chacun étant censé avoir les mêmes chances que les autres dans ce classement. Un double fondement idéologique encadre cette idée de classement : une égalité des individus et l'absence d'un principe qui leur soit supérieur. En effet, ce besoin de classement par la performance correspond parfaitement à des sociétés où l'individu représente l'unité de valeur comptable et d'où le principe divin, le religieux, est fondamentalement expulsé. Il n'y a rien au-dessus de l'individu. La performance représente ainsi ce par quoi l'individu devient son propre modèle, la marque de sa distinction individuelle : elle devient la religion « laïque et démocratique » d'une société sortie du religieux. C'est le produit culturel et social d'un système qui place l'individu au centre de sa hiérarchie de valeurs.

La performance procure à son acteur un véritable label social qui non seulement le différencie des autres mais en outre l'installe sur un piédestal : le détenteur de la performance est au-dessus des autres. La performance répond à ce paradoxe systémique : « Je veux bien être ton égal à condition d'être un peu plus égal que toi ! » Dans un monde d'individus supposés égaux, la performance apporte enfin un principe différenciateur et hiérarchique auquel chacun aspire secrètement puisque le monde matérialiste ne place aucune autre valeur au-dessus de l'individu : à défaut de regarder au-dessus de lui, l'individu performant peut regarder au-dessous... Les autres, les individus moins performants, peuvent rêver en levant un regard admiratif vers les images de leurs idoles. Steve Fossett, milliardaire américain qui s'est fait une spécialité de battre des records et d'établir des performances, le dit sans détour ni fausse pudeur : « L'accomplissement le plus pur se trouve dans les records. Une seule personne détient un record parmi la multitude[1]. »

Si, pour l'individu performant, l'objectif est bien d'attirer sur lui le regard des autres, concernant la dynamique sociale, la structure de la performance repose sur deux ressorts essentiels : celui de la surprise et celui du dépassement, le fait de se situer hors norme précisément[2]. Du

1. Interview dans le *JDD*, le 4 janvier 2004, p. 21.

2. D. Marcelli, « La performance à l'épreuve de la surprise et de l'autorité », in *La Performance, une nouvelle idéologie ?*, B. Heilbrunn dir., La Découverte, 2004, p. 28-42.

côté de la surprise, s'il arrive parfois que la performance réponde exactement à ce qui était attendu, dans la très grande majorité des cas celle-ci est précédée d'une attente, d'une incertitude : « Va-t-il(elle) gagner, va-t-il(elle) y parvenir, va-t-il(elle) battre le record ? » Cette dimension d'incertitude accroît l'excitation potentielle et capte l'intérêt du spectateur. Du côté du dépassement, la performance grandit l'individu, entraîne un sentiment d'élation, une sorte d'élévation hors de soi. Elle ouvre un nouvel espace, élargit le potentiel, repousse la limite. Surtout, elle singularise l'individu : désormais il est marqué de cette estampille, objet d'une reconnaissance sociale. Les médias s'emparent de son image, qu'il s'agisse des journaux sportifs ou des magazines économiques tout aussi prompts que les précédents à décerner les lauriers de la meilleure performance boursière de l'année.

Dans une société où l'individu ne semble accepter aucune valeur qui lui soit supérieure, mais où chacun reste avide d'affirmer sa propre singularité existentielle, quelle peut être la stratégie d'affirmation de soi ? La réponse tient en un mot : le dépassement. Il faut se dépasser, aller au bout de soi-même et si possible dans cet élan dépasser les autres, même si ce désir doit rester caché, tous n'ayant pas la relative candeur des aveux de S. Fosset. Ainsi, dans cette affirmation narcissique du dépassement de soi, dans cette démarche autocréatrice, c'est fondamentalement le besoin de dépasser l'autre : aller au bout de soi-même, à l'extrême pointe de ses compétences et encore un peu au-delà... Et si certains sages plaident pour le dépassement de soi dans sa propre intimité, rejoignant en cela l'élan mystique, la majorité donne à ce dépassement une forme sociale plus visible, plus ostentatoire oserons-nous dire : la performance. Dépassement de soi et performance apparaissent comme les deux points de capiton qui structurent l'idéologie de nos sociétés, lesquelles placent la personne humaine et les droits de l'homme au sommet de leur hiérarchie de valeurs. Le lien d'autorité vertical, la hiérarchie, le commandement, qui fondait la démocratie débutante des XVIIIe et XIXe siècles, celle des chevaliers de l'industrie, ne bénéficie plus de nos jours d'une reconnaissance partagée et socialement valorisée. A cette autorité hiérarchique, les sociétés actuelles ont préféré peu à peu un lien de régulation horizontal, sur la base du contrat ou de la négociation. Mais en passant d'un principe de différenciation verticale, hiérarchique à une exigence de différenciation horizontale, égalitaire, l'individu sans dieu ni maître ne peut se mesurer qu'à lui-même. Dans ce contexte, les valeurs de dépassement de soi et de performance représentent l'indispensable stratégie d'affirmation singularisante.

Une société faite d'ego performants ?

Mais en changeant notre principal mode de régulation sociale, en passant d'un lien d'autorité vertical à un rapport de régulation horizontal, notre société s'affronte à une question structurelle : ne sommes-nous pas en train de transformer notre démocratie en une égocratie ? L'autorité comprise comme un lien vertical de hiérarchie conduisait les êtres humains à se battre entre eux pour savoir lequel s'approprierait le commandement, la loi étant le principe qui tentait de réglementer ce combat. L'autorité comprise comme un rapport horizontal, une communauté d'intentions partagées, de contrats, de négociations, etc., conduit chaque individu à une recherche de dépassement de soi et de performance pour parvenir à une différenciation fondatrice du sentiment d'existence. Dans un tel contexte, on se bat de moins en moins pour les autres, de plus en plus pour soi-même, on se bat même de plus en plus souvent contre soi-même que contre les autres !

A partir du moment où le dépassement, de soi d'abord, des autres ensuite, et la performance fonctionnent comme des instances de différenciation, le futur devient l'objet d'investissement privilégié de la société. Auparavant, la place occupée par l'individu dans la société provenait de son lignage, de son histoire. Désormais la place sociale occupée par l'individu est essentiellement assurée par sa performance, tournée, elle, du côté du futur. Or le temps futur vient vers nous et se contracte : la performance est étroitement liée à la pression du temps, à l'urgence : « Derrière le mythe de l'état d'urgence, il y a la garantie du dépassement, de l'extrême limite, de l'excellence, de la performance et pour ainsi dire de l'héroïsme[1]. » Le temps qui passe est un ennemi de la performance : il faut lutter contre le temps. Contrairement à la performance, le souvenir ne se chronomètre pas ! Ainsi, ce qui fonde la différence, ce qui classe les individus, ce ne sont plus des signes issus du passé supposés appartenir à des privilèges de caste, mais des possibilités, des potentiels supposés accessibles à tous. Et dans ce classement des potentiels, des compétences, des performances, le comptage et la mesure du temps deviennent les principes de différenciation les plus neutres, les plus égalitaires, ceux qui s'imposent uniformément à tous sans distinction de caste, de privilèges, de patrimoine. Ils font autorité dans la société qu'on dit encore démocratique mais qui, de ce fait, devient de plus en plus égocratique.

Ce faisant, la contrainte à reproduire la performance

1. N. Aubert, *Le Culte de l'urgence*, Flammarion, 2003, p. 184.

comporte un constant danger de délitement social. La performance est le symptôme du conflit culturel dans lequel nous sommes plongés. La performance surprend et par cette surprise désigne l'individu dans sa singularité autocréatrice. Il est ainsi sacralisé, offert comme modèle aux regards des autres. Mais contraint de la répéter pour maintenir ce constat d'existence, ce même individu n'a d'autre solution qu'un recours inéluctable à la transgression, véritable disqualification du lien social. Lorsque l'individu accède à la « performance », de par cette réalisation il sort *ipso facto* du lien social, il devient un délinquant potentiel.

Placer ainsi les notions de potentiel, de dépassement, de performance comme valeurs principales de nos sociétés donne à ces mêmes sociétés une fantastique capacité d'investissement dans la nouveauté, d'intérêt pour l'écart par rapport à la norme, de créativité et d'inventivité désormais libérées et livrées à une curiosité sans complexe. Chaque individu peut s'y épanouir, s'y reconnaître, s'y affirmer. Et, comme nous le montre A. Erhenberg, quand il s'y épuise, il a encore la possibilité d'aller jusqu'au bout de sa fatigue, de son épuisement, véritable triomphe du négatif, concept qui fascine le courant psychanalytique actuel : il y a une véritable performance du négatif, de l'« autosabotage » selon l'heureuse expression de P. Jeammet ! Mais en même temps, comme ces valeurs reposent sur le futur, sur l'advenir et non pas sur les acquis du passé, les individus deviennent prisonniers d'une véritable course addictive au dépassement. On le constate aisément, tout dans la performance fait que son détenteur utilise pour y parvenir une stratégie qui flirte volontiers avec les limites, les normes, les règles... D'autant que la performance appelle aussitôt sa répétition selon la logique du « toujours plus » : une menace surgit alors puisque pour répéter cette performance il faut adopter des méthodes qui nécessairement seront hors norme, hors règle, hors loi : l'idéologie de la performance, instrument de la reconnaissance sociale individuelle, produit donc en apparence son propre poison social collectif : une recherche constante de transgression.

Les divinités, les rois ou les idoles du temps jadis tenaient leur légitimité d'un ancrage au passé, d'une filiation à un ancêtre, ce qui autorisait leur place au-dessus des autres. Tous d'ailleurs avaient le souci de montrer au peuple les racines de cette ascendance (qu'elles soient réelles ou inventées pour la cause, peu importe). Les individus égalitaires des démocraties modernes se distinguent uniquement sur leurs compétences personnelles : les conditions de fabrication de la performance deviennent un précieux trésor qu'il faut cacher aux yeux des autres pour mieux se montrer dans l'instant performatif. Si, lors de la performance, l'individu a besoin que les regards se braquent sur lui comme signe de reconnaissance, d'affirmation singulière d'une existence exceptionnelle, ce même individu performant réclame, exige, revendique un droit à l'image pour protéger le secret de cette fabrication. Il faut alors échapper aux regards des autres...

Chapitre 9

La revendication ou l'emprise sur le regard des autres

Le 31 août 2004, aux informations télévisées et radiophoniques les annonces se succèdent : un groupe terroriste *revendique* l'enlèvement de deux otages journalistes et formule d'impératives exigences pour les relâcher, le pays se mobilise ; un attentat dans le métro de Moscou a fait au moins sept morts, un groupe d'opposants tchétchènes le *revendique* ; en Israël, un attentat dans un bus fait au moins quinze morts, le Hamas *revendique* l'action ; quelques jours auparavant, deux avions de ligne quittant Moscou se sont écrasés, tuant quatre-vingt-dix passagers, la découverte d'explosif sur les débris confirme bien qu'il s'agit d'un double attentat confirmant la *revendication* d'un groupe peu connu jusque-là... L'époque est à la revendication.

De nos jours, le mot « revendication » est largement et quotidiennement utilisé dans les médias pour traiter l'information et pour parler d'événements dont la nature « morale » ou « éthique » apparaît totalement hétérogène : revendication des sans-papiers regroupés dans une église, revendication de salariés occupant un site industriel promis à la fermeture pour délocalisation, revendication d'un groupe terroriste après le massacre dans la gare de Madrid, revendication de Palestiniens en guerre contre un Etat... Toutes ces actions semblent nivelées sous le même terme et avoir ainsi une valeur identique. Elles s'en trouvent toutes légitimées, quelle que soit la modalité d'expression, pacifique ou violente. D'ailleurs les journalistes, pris au piège de ce nivellement, parlent de « revendication pacifique » pour décrire une action sans violence tandis qu'à l'inverse ils se contentent du terme « revendication » seul, sans utiliser un qualificatif négatif : violente, agressive, destructrice... C'est un peu comme si la consécration sociale du terme « revendication » interdisait subtilement de la dévaloriser : on ne tire pas sur une valeur socialement reconnue. Pourquoi ce terme rencontre-t-il tant de succès ?

Il semble qu'un lien secret unisse la valeur suprême des démocraties : l'individu, et la modalité d'expression qui caractérise l'individu en marche vers l'individualisme : la revendication. Dans ce pacte démocratique tacite entre individu et revendication, si le premier utilise l'autre pour s'affirmer, rapidement la légitimité fondatrice du second le conduira à prendre en otage le premier. Le couple individu/revendication représente le verso pervers du recto positif et brillant de la médaille : le couple individu/performance. L'objet de la performance comme celui de la revendication est de capter le regard par des chemins opposés. La performance suscite l'admiration par le brio et la séduction ; la revendication provoque l'effroi par la fascination et la répulsion. Mais l'un comme l'autre, admiration et effroi, captent le regard. Il y a en effet un fil rouge, un seul, derrière toutes les actions de revendication, quelles qu'elles soient : l'acteur qui « revendique » réclame, exige qu'on porte sur lui un regard de considération ; qu'on le considère lui en tant que personne (ou en tant que groupe souvent très minoritaire), qu'on considère sa demande, qu'on considère sa cause et son bien-fondé (selon son point de vue). Il fait tout pour que le regard des autres, le regard social, se tourne vers lui, pour mobiliser ce regard. La revendication commence par une emprise sur le regard de l'autre. La puissance de cette emprise sera d'autant plus forte qu'elle pourra être relayée par des images : photos, vidéos, films, reportages, etc. Et comme il s'agit d'une emprise sur le regard, les groupes médiatiques, qui par nature sont des centrales d'achat, des grossistes et des promoteurs d'images, se trouvent dans une étrange position d'otages/acteurs des images de revendication, même s'ils revendiquent leur liberté de diffusion...

Revendiquer son corps

Certains vont jusqu'à revendiquer leur corps. Orlan est une artiste qui a décidé d'utiliser son corps comme matière première de ses créations. Elle décrit ainsi le début de son parcours, militante féministe pour la liberté sexuelle, fumant la pipe, écrivaine engagée : « On était tellement obligés de marquer son territoire, de l'acquérir, de revendiquer tout : sa sexualité, son corps, son droit de parler... on passait des nuits entières à refaire le monde[1]. » Même si, à cinquante-sept ans, Orlan se réclame désormais de la bonne humeur, drôlerie, distance et humour, d'un « corps plaisir et non souffrance » (l'anesthésie et les antalgiques autorisent effectivement cela), le procédé qui la fit reconnaître fut « la violence des images avec scalpel, sang, fils et boursouflures des opérations de chirurgie plastique prati-

1. « Orlan, l'incarnation du bien ou du mal, portrait », par G. Breerette, *Le Monde*, 20 avril 2004, p. 30. Les citations suivantes proviennent de ce texte.

quées sur son visage », opérations ponctuées de scandales comme autant de résonateurs indispensables à ses actes. Quel sens avait cette démarche ? « Inscrire dans une perspective artistique le remodelage de son visage par la chirurgie plastique ; au nom de son droit à disposer de son corps et de son image, entre 1990 et 1993, Orlan a programmé neuf opérations en transformant le bloc opératoire en studio atelier, allant jusqu'à retransmettre la dernière de ses interventions en direct via une liaison satellite sur Paris. »

Chirurgie plastique de pointe, anesthésie délicate, bloc opératoire moderne, technique d'enregistrement sophistiquée, technologie de transfert d'image à la pointe du progrès, y compris avec un satellite, on le voit, le meilleur de la modernité est convoqué, à quelle fin ? Revendiquer la liberté de s'autofaçonner, de se faire un visage tel que l'individu l'a choisi et non pas tel qu'il l'a reçu à sa naissance, de par une autorité qui transcende le désir de cet individu, l'autorité du patrimoine génétique et de ses liens de filiation : Orlan met en scène, en décors artistiques, le fantasme d'auto-engendrement ; c'est en quoi elle mérite incontestablement le nom d'artiste car elle exhibe au regard des individus les ressorts qui les agissent. Le résultat immédiat de cette mise en actes d'un tel fantasme ne se fait pas attendre : « J'ai été mise de côté pendant cinq ans. Des gens qui étaient proches ne m'adressaient plus la parole. » Transgressant les lois sociales pour s'affirmer comme individu autocréé, Orlan se trouve mise au ban de ses relations sociales, exclue des liens qui constituent l'être humain dans son rapport aux autres. Prise dans une escalade de marquage, elle n'a alors d'autre solution que de se dissoudre dans un magma cellulaire : « Avec des chercheurs en biotechnologie, Orlan *envisage* d'élever du derme à partir de ses cellules et de celles de personnes de couleur différente pour en faire un manteau d'arlequin[1]. » Dilution d'elle-même dans une sorte de grand tout, de soupe cellulaire et génétique, Orlan s'érigerait ainsi en représentante de l'« individu hypermoderne », un patchwork qui devient un manteau identitaire anonyme ! Après le fantasme de l'auto-engendrement, voici celui de la fusion nirvânique... Mais toute cette démarche est alimentée, soutenue par les « progrès » de la science qui à chaque action marque le corps d'une estampille bien visible et exhibée, choisie par l'individu. Orlan est un paroxysme.

Des adolescents qui revendiquent

Quotidiennement nous rencontrons des adolescents pris dans une problématique similaire. Ils sont plus nombreux et moins connus qu'Orlan, même si, comme elle, ils font tout pour que le regard des autres s'arrête, étonné, sur eux. Tous les adolescents sont habités par ce désir/besoin d'être regardés, reconnus. Tous utilisent des marques de différenciation, nous l'avons vu. Mais quels sont ceux qui revendiquent ce regard, qui réclament d'être regardés avec considération, qui clament leur besoin de respect ? On les rencontre dans les banlieues dites pudiquement « défavorisées », on les retrouve aussi dans les cabinets des juges pour mineurs : ces adolescents se plaignent tous sans exception au minimum de l'ignorance dans laquelle on les tient, au

1. Je ne résiste pas à l'envie de mettre ainsi en italiques le moteur de l'action... A-t-elle besoin, après s'être « dévisagée », d'être enfin « envisagée », retrouvant à rebours la nécessité de la rencontre d'un regard humain sur soi ? Conjuguant la fascination, le pathétique et l'effroi, la démarche de cette artiste ne peut effectivement laisser indifférent. Voir le chapitre 3.

pire du regard de mépris qu'ils disent ressentir. Ils demandent, réclament, exigent un regard de considération, de respect de la part des adultes. Tous sans exception ont souffert d'un manque initial de reconnaissance, soit d'origine affective dans leur famille, ayant été élevés dans un contexte d'allure abandonnique, soit d'origine socioculturelle, ayant souffert d'un regard de dévalorisation directement sur eux-mêmes ou plus encore sur leurs proches, le père en particulier[1]. Ces adolescents revendiquent un regard de considération, et la vigueur de cette revendication est directement proportionnelle à l'intensité de la carence.

La nature et l'ampleur de cette emprise au regard dépendent de la qualité du regard reçu dans l'enfance. C'est le lien silencieux qui continue de faire autorité sur chaque être humain. Devenus adolescents, certains cherchent l'étonnement, d'autres la répulsion, d'autres la frayeur, d'autres encore font tout pour mettre le passant dans un état de malaise intense en agissant de telle sorte qu'ils attirent son regard pour aussitôt fusiller celui-ci de leur propre regard assassin en retour : « Pourquoi tu me regardes comme ça, qu'est-ce que je t'ai fait ? » On pourrait multiplier les exemples : cette adolescente gravement anorexique, d'une extrême maigreur que ses parents « ne voient pas », ne commence à s'inquiéter qu'en lisant l'effroi dans les yeux d'une vendeuse qui voit son corps en partie

1. Qu'on le veuille ou non, l'asymétrie en termes de reconnaissance sociale persiste largement : cette reconnaissance est plus le fait du père. Toutes les enquêtes sociologiques montrent de façon monotone et répétitive combien la disqualification sociale du père (chômage, métier très dévalorisé voire objet de mépris social, inactivité) peut être néfaste pour les enfants au moment de l'adolescence et plus particulièrement pour les garçons.

dénudé pour essayer une robe ; c'est ce regard d'effroi qui lui fait accepter la démarche de consultation... Les adolescents qui accumulent les percings, les tatouages, les scarifications en tout genre ont dans une écrasante majorité souffert de carence affective doublée souvent d'un climat de violence verbale ou physique : ils traitent leur corps à l'aune de ce qu'ils ont reçu dans leur enfance. En se scarifiant, l'adolescent cherche à faire peau neuve, à s'approprier un corps et une enveloppe corporelle qui souvent n'a pas bénéficié d'un investissement affectif tendre dans l'enfance[1]. Ils retournent contre eux-mêmes la violence qui les habite et par l'acte de se couper tentent d'interrompre la montée d'une excitation désorganisante.

Ce besoin de se scarifier, dont la fréquence semble en augmentation, nous paraît exemplaire de la pathologie de l'adolescent « hypermoderne » qui réalise ce désir d'auto-engendrement où l'individu peut affirmer la possession de son corps propre. Il rejette ainsi le lien à son enfance et affirme son individualité, justifiant sa conduite grâce au discours social ambiant. Mais ce discours le pousse au paroxysme : il se piège dans une escalade répétitive. A défaut d'avoir reçu un regard de tendresse, d'amour et d'apaisement dans l'enfance, l'adolescent contraint les autres, les adultes à regarder avec crainte, étonnement et effroi les marques sur ce corps comme autant de blessures désymbolisées. Car la différence fondamentale entre les marquages ritualisés des sociétés dites traditionnelles et ceux qu'on observe dans les sociétés occidentales actuelles tient au partage de sens : les inscriptions rituelles sur le corps possèdent toujours une signification culturellement

1. D. Lebreton, *La Peau et la Trace : sur les blessures de soi*, Métailié, 2003.

partagée tandis que les marques sur le corps des adolescents en déshérence culturelle n'ont de signification que pour eux-mêmes et le microgroupe marginal dont ils se réclament. Elles sont la trace d'un rejet devenu actif après en avoir subi un de façon passive ; ce ne sont pas des marques d'inclusion mais d'exclusion. Passé la période du malaise, nombreux sont les jeunes mal à l'aise avec ces traces persistantes : ils les cachent avec un sentiment où se mêlent la gêne, la honte, la tendresse et la nostalgie d'une période difficile, le besoin intermittent de contempler cette trace pour garder vivant le souvenir du parcours de vie, etc. Certains demandent une exérèse chirurgicale, d'autres conservent cette trace comme un précieux talisman... Différentes manières de « traiter » le malaise d'adolescent.

La revendication des individus « par défaut »

Les adolescents les plus démunis n'ont souvent que leur corps comme objet de revendication. D'autres recherchent la considération, ce regard social qui donne à chacun un sentiment de valeur dont le besoin se fait sentir quand plus personne ne le regarde. B. Ehrenreich, dans son expérience d'immersion au milieu de l'Amérique pauvre, en donne une illustration saisissante [1]. Autre visage de l'hypermodernité, ces individus en creux, en manque de reconnaissance, de considération représentent l'autre versant de l'« individu hypermoderne », ceux que R. Castel appelle les « individus par défaut », ces individus qui « manquent des ressources et des supports objectifs nécessaires pour assurer leur indé-

1. B. Ehrenreich, *L'Amérique pauvre, Comment ne pas survivre en travaillant* (2001), Grasset, 2004.

pendance d'individu », fragiles psychiquement, toujours menacés d'effondrement, ils n'ont jamais reçu « les ressources et les supports pour asseoir ces attributs positifs de l'individualité[1] ».

Richard Durn est une inquiétante illustration de ce besoin de revendication. Dans la nuit du mardi 26 au mercredi 27 mars 2002, Richard Durn abat huit conseillers municipaux de Nanterre et en blesse dix autres. Arrêté, interrogé au Quai des Orfèvres, il se suicide le 28 mars en se jetant dans le vide. Son journal intime, retrouvé après sa mort, a été publié partiellement dans le journal *Le Monde* du 10 avril 2002 et repris par V. de Caulejac[2]. Traçant l'itinéraire d'un jeune qui s'enfonce progressivement dans la solitude, ce journal constitue une véritable chronique d'une catastrophe annoncée : « Je n'ai pas vécu, je n'ai rien vécu à trente ans » (9 février 1999), « Je ne peux plus être au bas de l'échelle et voir tous les gens que j'ai côtoyés progresser dans la vie (mariage, vie en couple, indépendance financière, rupture ombilicale avec la famille, carrière professionnelle et manœuvres pour y progresser) », « Depuis des mois, les idées de carnage et de mort sont dans ma tête. Je ne veux plus être soumis, je ne veux plus manquer d'audace et me planter. Pourquoi devrais-je me détruire et souffrir seul comme un con ? Même si on me maudira, si on me prendra pour un monstre, je ne me sentirai plus floué et humilié », « Je ne mérite pas de vivre. Mais je dois crever au moins en me sentant libre et en prenant mon pied. C'est pour cela que je dois

---

1. R. Castel, « La face cachée de l'individu hypermoderne, l'individu par défaut », in *L'Individu hypermoderne*, *op. cit.*, p. 127 et 128.
2. V. de Caulejac, « Le sujet manqué, l'individu face aux contradictions de l'hypermodernité », in *L'Individu hypermoderne*, *op. cit.*, p. 129-143.

tuer des gens. Une fois dans ma vie j'éprouverai un orgasme. J'éprouverai le sentiment de puissance, d'être quelqu'un », « Le conformiste que je suis a besoin de briser des vies, de faire du mal pour, au moins une fois dans ma vie, avoir le sentiment d'exister »...

Il serait aisé de lire ce journal comme une lente descente dans un syndrome dépressif d'allure mélancolique ni identifié ni traité. Mais cela n'aurait pas d'autre intérêt que celui de l'anecdote. En revanche, là où le mélancolique classique entraîne ses proches dans la mort, ceux avec lesquels il a noué des liens affectifs même si ceux-ci représentent le motif de sa souffrance, Richard Durn tourne sa haine vers des individus responsables représentants de la collectivité, engagés dans l'action politique municipale, acteurs dans une ville où lui-même n'a pu trouver sa place après y avoir passé la totalité de son existence : « Puisque j'étais devenu un mort vivant par ma seule volonté, j'ai décidé d'en finir en tuant une mini-élite locale qui était le symbole et qui était les décideurs dans une ville que j'ai toujours exécrée » (audition du 27 mars 2002 à 12 heures, Quai des Orfèvres[1]). Le journal de Richard Durn illustre au contraire la vie d'un anonyme qui n'arrive pas à prendre des décisions, hésite, craintif dans ses relations affectives et amoureuses, incapable d'affronter les autres, de s'affirmer dans ses choix..., bref l'antiportrait de cet « individu hypermoderne », idéal complaisamment rapporté par les médias.

Un tel idéal semble hanter littéralement cet anonyme qui peu à peu se met à revendiquer une action d'éclat susceptible de lui procurer jouissance, triomphe, instant de gloire, c'est-à-dire l'exact opposé d'une vie quotidienne à la durée pesante : un instant, si bref soit-il, où tous les

1. Cité par V. de Caulejac, *op. cit.*, p. 137.

regards convergeront sur sa personne. Cette icône magnifiée de l'« individu hypermoderne » fonctionne comme un soleil noir qui aspire l'énergie de Richard Durn : il ne peut se résoudre à une vie médiocre, écrasée, mode de vie qui n'a plus aucune des justifications culturellement partagées auparavant telles que la dure condition humaine, l'humilité devant Dieu, le prix des fautes commises, etc. L'individu s'est libéré de ces discours et non seulement, comme le dit l'un des frères Karamazov, « si Dieu n'existe pas tout est permis », mais en plus tout devient indispensable pour accéder au sentiment d'appropriation d'une vie à soi, pour soi.

La revendication des victimes

Terroristes et victimes partagent un étrange destin : ils se sont croisés par le plus grand des hasards, ils sont étrangers l'un à l'autre, ils ont en général une conception radicalement opposée du droit, les uns le méprisent, le disqualifient et déclarent qu'il ne les concerne pas, les autres l'approuvent et le respectent, au moins jusqu'au surgissement de ce drame. Tout les oppose et pourtant ils se retrouvent dans une étrange identité de position : les uns comme les autres se plaignent de l'ignorance dans laquelle la société les tient, se sentent lésés dans leurs droits les plus fondamentaux. Ils revendiquent une reconnaissance sociale...

Du côté des victimes, cette revendication a commencé d'apparaître dans le cours des années 80, et s'organisera avec les affaires du sang contaminé, des accidents collectifs de Furiani (effondrement d'une tribune dans un stade de football) et du mont Sainte-Odile (crash d'un airbus) pour culminer avec les attentats terroristes des années 95 et 96. Les victimes de ces divers accidents et attentats s'organisent en associations de défense de leurs droits, fédérées dès 1986 sous l'égide de l'Institut national d'aide aux victimes et de médiation (Inavem). Considérant que le devoir d'un Etat est de garantir la sécurité civile à ses citoyens, les victimes d'attentat terroriste demandent à être reconnues dans un statut sur le modèle des invalides de guerre. Par la suite cette juste revendication liée à un événement qui s'apparente effectivement à un acte de guerre sera élargie à l'ensemble des victimes en même temps que sont prises en considération l'ensemble des séquelles. En effet, si les premières demandes de réparation portaient essentiellement sur des séquelles physiques : paraplégie, amputation, lésions cutanées majeures et cicatrices invalidantes de brûlure, perte de la vue ou de l'audition, etc., rapidement ces demandes ont pris en compte la dimension affective et cognitive au travers d'un syndrome dont la description apparut en même temps, le syndrome de stress post-traumatique (SSPT ou PTSD [1]). Chaque victime d'une catastrophe naturelle [2], d'une erreur médicale et plus

1. PTSD : *Post-Traumatic Stress Disorder*, apparu en 1980 dans le *DSM III*, la classification de l'American Psychiatric Association (APA), 3e version. On pourra consulter sur la victimologie : J. Audet, J.-J. Katz, *Précis de victimologie*, Dunod, 1999.

2. En cas de catastrophe naturelle, tremblement de terre, inondation, etc., il est intéressant de constater l'évolution de l'« angle de vue » au cours des reportages télévisés. Dans les années 60, les caméras s'attardaient longuement sur les efforts des secouristes, pompiers, services officiels... Le cadre institutionnel « se portait » au secours des victimes selon la formule consacrée et la télévision fonctionnait comme l'instrument de cette reconnaissance hiérarchique : les secours descendaient vers ces pauvres victimes. De nos jours, à chaque catastrophe naturelle, la parole commence par être longuement donnée aux victimes qui presque toujours se plaignent de la lenteur et de

récemment judiciaire, d'un sinistre inhabituel pas nécessairement couvert par une assurance, se considérant comme injustement lésée, revendique une reconnaissance sociale du préjudice subi et entame habituellement une démarche judiciaire complétée par une demande d'indemnisation ou de réparation financière. En 2000 est adoptée une loi sur la présomption d'innocence et le droit des victimes, transformant d'ailleurs le procès initialement pensé uniquement du point de vue de l'intérêt général en un « procès organisé comme une espèce de thérapeutique de la victime, avec l'idée que c'est la seule façon d'effacer le trauma[1] ».

Bien sûr ces démarches sont justifiées, cela doit être dit sans ambiguïté. Les procédures judiciaires sont très souvent utiles car elles permettent de mieux analyser les causes et les enchaînements qui ont abouti à l'accident ou à la catastrophe. Grâce à celles-ci des progrès peuvent être accomplis, débouchant sur une amélioration des systèmes et des procédures de contrôle. La sécurité s'en trouve globalement accrue. Tout cela est indéniable. Mais ces progrès, ces bienfaits pour l'individu ne doivent pas nous empêcher de comprendre les enjeux sous-jacents et de tenter d'en saisir les conséquences sur le fonctionnement social.

Un événement aléatoire survient, un individu s'y trouve associé par hasard. Voici un individu victime d'un double imprévu au cours de cette rencontre : l'imprévu de l'événement, l'imprévu de sa présence à ce moment. Brusquement replacée dans l'incertitude de l'espace et du temps, la vic-

l'inefficacité des secours. Ces victimes récriminent, disqualifient plus ou moins la compétence et l'autorité des services constitués et exigent, revendiquent une amélioration. La télévision, en donnant ainsi la parole à l'individu, instaure celui-ci comme le pivot justificatif de l'autorité sociale.

1. Interview de L. Karpik, *Le Monde*, 22-23 août 2004, p. 5.

time subit une double soumission, une double passivité : être là, à ce moment-là, sans avoir rien voulu, demandé, désiré. D'un seul coup d'un seul, l'être humain revient quelques millénaires en arrière, subissant un sort qui le dépasse, jouet passif d'un démiurge malin. Si le sujet éprouve toujours ce sentiment de fatalité, l'individu, lui, veut comprendre : il veut analyser les causalités, saisir les enchaînements logiques, décortiquer les responsabilités. Il veut retrouver la cohérence et la rationalité du monde où il vit. C'est fondamentalement cette reconnaissance qu'il revendique d'abord par cette démarche active qui lui redonne le sentiment d'être un individu maître de sa vie ; puis éventuellement en isolant, identifiant, déterminant la cause, il espère cerner au plus près le fautif pour obtenir indemnisation ou réparation de ce qui est devenu un préjudice[1] et non plus une fatalité.

Ce que l'événement victimaire attaque en premier c'est le sentiment que l'individu est propriétaire de sa vie, croyance fondatrice des sociétés dites démocratiques et occidentales : il y a là un vrai scandale qui exige réparation. Avec la performance, la revendication est l'acte de foi d'une société sortie du religieux, considérant que rien n'est au-dessus de l'individu. Actif, reprenant en main un destin qui a failli lui échapper, l'individu revendicant est prêt à dépenser une énergie considérable, à agir, à déployer une activité de tous les instants et à montrer ses séquelles

1. Le préjudice est une atteinte portée aux droits du fait d'un tiers : en transformant l'accident en préjudice, l'individu et derrière lui la société transforment l'aléa en règle de droit et désignent un tiers comme responsable. Il doit toujours y avoir un tiers comme absolue garantie que l'individu n'est pas entre les mains d'un destin capricieux qui serait plus fort que lui, au-dessus de lui, quel que soit le nom donné à ce destin.

comme signe de stigmatisation mais aussi comme signe identitaire et distinctif. La revendication permet au sujet de redevenir un individu, de se reconnaître comme tel et d'exiger des autres cette reconnaissance quand l'événement aléatoire a menacé de le priver de cette maîtrise. Si la performance est l'habituelle stratégie d'affirmation assertive d'existence d'un individu, la revendication est celle qui répond à une menace sur son existence. De là vient le pacte tacite entre revendication et victime : si le droit légitime d'une victime est de revendiquer, inversement toute revendication place spontanément l'individu en position de légitime victime.

C'est pourquoi, vers la fin du XXe siècle, en même temps que l'« individu hypermoderne » s'affirmait dans le triomphe assertif de lui-même, la revendication est devenue une cause juste et fondée, respectée et respectable, respect partagé par l'ensemble du corps social. Il ne faut plus ignorer, mépriser, se moquer des victimes comme trop souvent ce fut le cas dans les temps précédents – ignorances et moqueries qui représentaient la marque de défiance sociale face à des personnes qui avaient été marquées du signe du « malin » : au fond ne méritaient-elles pas ce signe d'infamie car il n'y a pas de fumée sans feu ? De nos jours la victimologie est devenue une science, une spécialité juridique, médicale, psychologique : toute victime attend des autres individus cette reconnaissance réparatrice quand par malheur elle a fait l'objet d'une injuste et inique désignation par le sort. L'exigence sécuritaire est le complément naturel de la revendication.

La revendication, une thérapie pour les victimes

Au début du XXe siècle, la psychiatrie française s'est adonnée avec une passion certaine à une frénésie classificatrice. C'est ainsi qu'un nombre considérable de maladies furent décrites et isolées les unes des autres dans une perspective purement descriptive[1]. Les délires chroniques ont fourni une véritable mine d'objets délirants tous plus passionnants et originaux les uns que les autres ! Ainsi, dans le groupe des « délires passionnels » ont été décrits les « délires de revendication » : ce sont des patients qui demandent réparation pour un préjudice personnel qu'ils sont convaincus d'avoir subi, plus rarement pour faire triompher des réformes sociales, religieuses ou politiques qu'ils s'estiment souvent les seuls à défendre. Parmi ces délires de revendication, les psychiatres distinguaient les « quérulents processifs », où le sujet s'engage dans une action en justice qui cependant ne lui donne jamais satisfaction, la poursuivant de façon interminable, dans une escalade de revendications de plus en plus grandes à mesure que les jugements ne vont pas dans le sens souhaité ; les « inventeurs méconnus », autodidactes convaincus d'avoir trouvé le remède miracle, la nouvelle source d'énergie, etc. ; les « délires de filiation » où le sujet, convaincu d'une ascendance illustre, s'engage dans des procédures de reconnaissance et de récrimination ; les « idéalistes passionnels » qui consacrent la totalité de leur vie et de leur énergie dans une cause le plus souvent d'allure marginale.

1. On ne manquera pas de noter que cette frénésie classificatrice a repris avec vigueur comme en atteste par exemple le *DSM*, classification de l'association américaine de psychiatrie qui s'impose actuellement au reste du monde. Sur les « délires de revendication », voir M. Porot, *Manuel alphabétique de psychiatrie*, PUF, 7e éd., 1996.

Dans tous ces cas, confronté à la dimension délirante de ses propos ou mis face à l'impossibilité d'obtenir gain de cause, le patient peut s'effondrer dans un état dépressif mais plus souvent devenir violent et passer à l'acte pour que le bien-fondé de sa revendication soit reconnu. Si cette description minutieuse du délire de revendication apparaît quelque peu datée pour décrire le comportement de l'individu, elle pourrait en revanche s'appliquer sans trop de réticence à des comportements sociaux de plus en plus fréquents : dans une société d'individus, si la performance est le signe de distinction positive, la revendication apparaît comme l'attitude complémentaire. Il est bien évident qu'il existe de justes revendications mais nous avons voulu montrer que la logique sociale incluse dans la revendication comporte aussi le risque de débordements...

Le 10 juillet 2004, Marie M. avec son jeune enfant franchit les portes d'un commissariat parisien pour porter plainte : elle a été victime d'une agression dans le RER commise par un groupe de jeunes hommes qui lui ont infligé des marques antisémites sur la peau. Un groupe d'hommes décrits comme des voyous de banlieue qui s'en prennent à une femme seule, en plus accompagnée d'un enfant, un crime à la fois « sexiste et raciste », tous les ingrédients de l'horreur sont réunis. Pendant plusieurs jours cet acte sera au centre des interventions des médias comme des hommes politiques, y compris au plus haut niveau. Marie M., jeune femme fragile aux relations difficiles avec sa famille, sa mère surtout semble-t-il, ayant un besoin compulsif d'être enfin reconnue et considérée, a inventé ce scénario. Elle avait besoin qu'on parle d'elle. Pendant plusieurs jours, la France entière a eu les yeux braqués sur elle ! Au-delà de l'anecdote, cette affaire peut aussi être comprise comme un symptôme de notre société car tous les ingrédients habituellement épars s'y trouvent ici concentrés : le dangereux anonymat du métro, la ville menacée par la banlieue, la femme isolée contre une bande de mâles, l'enfant innocent, la lâcheté sexiste, le racisme et l'antisémitisme... C'est presque trop ! On y retrouve aussi la surenchère médiatique alimentée par la crainte de passer à côté d'un fait divers dramatique, l'urgence exigée d'une réponse, l'inflation des commentaires, l'empressement politique à occuper cette scène médiatique pour ne pas être taxé d'indifférence ou de mollesse dans la réactivité [1]... Comme c'est son devoir, la titulaire du poste de secrétaire d'Etat aux droits des victimes n'a pas manqué de se rendre au chevet de Marie M. En fait, de même que Richard Durn, Marie M. revendiquait une reconnaissance tant de ses proches que de l'environnement social. L'un et l'autre illustrent les risques de débordement de ce besoin inhérent à l'individu, se conformant d'ailleurs aux traits de comportement habituel selon le sexe : les hommes extériorisent de façon agressive la violence de leur besoin, les femmes retournent en général cette violence sur elles-mêmes et en sont les premières victimes. L'individu assertif, conquérant et actif, n'existe cependant que par le regard qu'il peut mobiliser sur lui : entre la performance et la revendication, les blessés de la vie n'ont qu'un choix... L'événement victimaire devient sous nos yeux le scandale absolu des temps modernes, la revendication en est la thérapie.

1. La majorité des hommes politiques semble « préférer le risque d'être mystifié à l'infamie du silence », *Le Monde*, 3 septembre 2004, p. 12 : « Fausses affaires antisémites : les pièges du silence et de la précipitation. »

La nouvelle communication : tout voir sans (se) regarder, une communication solipsiste ?

L'œil de l'être humain ne se contente pas de voir, il regarde. Il y a quelque deux millions d'années, en ne détournant pas ses yeux lorsqu'un congénère le fixait des siens, *homo habilis*, *ergaster* ou *erectus* a transformé radicalement l'organe de la vision et contraint son encéphale à subir une évolution considérable. La vision procure à l'individu des indices nécessaires à sa survie, lui permettant de réagir, fuir ou attaquer. Le regard ouvre chez l'individu la quête de l'intention, l'immense champ des probabilités. Si on est à peu près sûr de ce qu'on voit, on n'est jamais certain de ce qu'on regarde...

Partager ainsi des intentions ouvre à une communication d'une infinie richesse, d'une extrême souplesse, d'une grande capacité d'adaptation. Mais contrairement à la communication indicielle, qui associe de façon univoque un signe et une réponse, la communication par le regard et le partage d'intention est structurellement ambiguë, incertaine, équivoque. Aussi doit-elle être soutenue par d'autres modalités de communication afin de réduire autant que possible cette dimension énigmatique : le geste et la parole y pourvoiront. Est-ce un hasard si le *pointing* apparaît comme une interaction strictement spécifique de l'espèce humaine et comme un préalable au développement du langage ? Dans cette séquence, deux êtres humains portent leurs regards sur une personne, une situation ou un objet tiers, l'un d'eux peut tendre le doigt pour préciser ce lieu tiers puis l'un ou l'autre faire des commentaires. Le modèle le plus exemplaire de ce type de séquence concerne bien évidemment un jeune enfant entre douze et dix-huit mois avec l'adulte qui l'accompagne : l'enfant voit quelque chose qu'il juge intéressant, cherche le regard de l'adulte et tend le doigt tandis que l'adulte cherche ce qui intéresse l'enfant puis nomme l'objet ou la situation. Certes le mot est un symbole, mais avant d'être celui de la chose représentée, il est un symbole de l'écart entre les regards, de l'espace allant du doigt tendu à l'objet visé : le mot porte cet écart et figure la tension entre ces deux points. Fondamentalement la séquence du *pointing* ne sert à rien, du moins du point de vue de la survie individuelle de chacun de ces deux protagonistes. Mais elle est imprégnée d'une émotion commune de plaisir et elle repose sur un partage d'attention et d'intention soutenu par le geste et la parole. Chaque individu doit accepter un effet de décentrement de sa personne propre pour se soumettre à l'intérêt commun. Le partage de regard précède le partage d'attention qui lui-même précède le partage d'intention. A partir de là, la fonction visuelle sera de plus en plus assujettie au questionnement du regard : l'être humain ne cessera de se demander quel est le sens de ses visions...

Nos plus lointains ancêtres ont eu le souci de dessiner sur les parois des grottes des esquisses d'animaux comme on le voit à la grotte de Lascaux et, de découverte plus récente, à celle de Cosquer : chevaux, cerfs, bouquetins, taureaux, rhinocéros, bisons..., tout un bestiaire qui témoigne de l'intérêt de nos ancêtres pour ce qui devait constituer une de leurs préoccupations principales et un des motifs essentiels d'échange d'idées et d'intentions. Tous les anthropologues s'accordent à reconnaître que la chasse en commun représentait une des activités structurantes du groupe et qu'elle a largement participé à l'émergence de ce qui fait la condition humaine. Ces dessins sur les parois des grottes figurent assurément ce qui constituait l'objet d'attention et d'intention partagées de façon privilégiée par tous les membres du groupe. En outre, « la main est le motif que l'on rencontre dans tous les sites ornés de la préhistoire [1] », main toujours dessinée avec les doigts tendus (les représentations d'animaux et de mains formant des dessins que les spécialistes appellent des pictogrammes). Enfin, ces représentations animales comme ces dessins de mains sont souvent accompagnés de traits, points, figures plus ou moins géométriques dont la signification reste énigmatique. Là encore les spécialistes de l'art préhistorique décrivent deux types de signes : les idéogrammes et le psychogramme, les premiers évoquant des disques, rectangles, triangles, flèches, les seconds des traits en éclats rattachés à une qualité émotionnelle.

Au cours de la chasse, ces mêmes ancêtres devaient utiliser le geste de pointage pour communiquer entre eux, accompagné de mots ou de gestes significatifs, comme le font encore de nos jours les chasseurs de nos campagnes. Il me semble que sur les parois des grottes se trouvent réunis tous les éléments de cette situation de pointage : tout d'abord le pictogramme, c'est-à-dire la cible visée, la représentation de l'animal d'un côté et de l'autre la main doigts tendus, main jamais située au milieu des représenta-

1. E. Anati, « Les premiers arts sur la Terre », in *Aux origines de l'humanité, op. cit.*, tome 1, p. 510-565.

tions animales mais toujours placée à l'écart dans une position qui invite l'œil à parcourir le trajet allant de la main à l'animal, en d'autres termes l'interaction qui correspond au geste de pointage ; ensuite les idéogrammes, c'est-à-dire le mot, le cri ou le signe qui sert à désigner l'animal, le lieu, ou peut-être la (ou les) personne(s) impliquée(s) dans cette chasse ; enfin le psychogramme représentant l'émotion collective que les participants de la chasse ont partagée, ce ciment qui va les unir.

Si l'œil ne voit qu'une main, la silhouette d'un animal, en revanche le regard humain cherche le rayon qui unit la main et l'animal, se demande quel est le sens de cet écart, de cet intervalle [1]. L'ensemble symbolise ainsi un moment de partage qui représente par anticipation la chasse à venir et permet assurément au groupe de chasseurs d'accroître ses chances de réussite dans l'entreprise communautaire. Cet ensemble, cible-pointage-idéogramme/psychogramme, pourrait constituer une tentative de représentation, de figuration de l'intention commune. Cette manière de capter l'intention, de la fixer sur les parois de la grotte était peut-être aussi une tentative de capter par anticipation la proie, de la prendre déjà dans les rets du projet comme promesse de meilleure réalisation du jet de pierres ou de flèches. On peut penser que la puissance de cette représentation siégeait dans ce pouvoir sacré qui lui était dévolu par l'artifice de la *fixation* sur les parois de la grotte. Peut-être nos ancêtres se réunissaient-ils ainsi avant la chasse pour invoquer cet instant décisif, pour le faire advenir et en garantir le succès, en tout cas pour le partager en

1. L'intervalle a pour fonction « d'établir entre les éléments d'une image des effets de voisinage qui feront *interroger l'un par l'intermédiaire de l'autre* », A.-M. Christin, *Poétique du blanc, vide et intervalle dans la civilisation de l'alphabet*, Peeters Vrin, Louvain, 2000, p. 65.

commun et ainsi mieux communautariser les actions futures. L'intention commune se transformait en croyance et en foi partagées.

Dans tous les lieux de culte, des lieux où les êtres humains partagent leur croyance et leur foi, on retrouve des représentations. Souvent celles-ci figurent directement l'image des animaux, des rois, des dieux, des héros, des victimes, des proies. Parfois le pouvoir attribué à cette image est si puissant, si menaçant pour la chose représentée qu'elle en est interdite : elle devient dangereuse. Alors seul un signe non figuratif est permis : une évocation qui autorise ce partage d'intention sans fixer l'objet cible ni le menacer par cette fixation[1]. Mais qu'il s'agisse d'une figure ou d'un signe non figuratif, l'objet de cette représentation est de permettre à la communauté de partager un regard : la représentation soutient cette communauté des regards qui précède la communauté de croyance, laquelle s'affirmera par la clôture concomitante et temporaire des paupières. Yeux clos, chacun alors se recueille dans un partage de réflexions, de pensées, de foi. Dans ces lieux de culte, dans ces sanctuaires, il ne s'agit pas simplement de voir mais de regarder puis de tourner ce regard en direction de l'intention suggérée.

Les premières représentations furent toutes des représentations sacrées, témoignant des croyances : elles ont pour objet d'unir les regards autour de cette croyance, ce qui était vu apparaissant comme secondaire. La peinture laïcisée sera en revanche obsédée par cet écart entre la vue et

---

1. Concernant cette ambivalence inhérente à la représentation, on pourra consulter l'ouvrage de J. Goody, *La Peur des représentations, L'ambivalence à l'égard des images, du théâtre, de la fiction, des reliques et de la sexualité*, La Découverte, 2003.

le regard. En effet, la représentation picturale[1] s'inscrit dans cet écart entre voir et regarder. Quand la peinture est dans le champ du sacré, le regard importe plus que la vue. Mais dès que cette peinture sort du domaine du sacré se pose alors la question de ce qu'on voit. Longtemps la technique picturale fut au service de ce voir, en particulier en Occident, dominé par l'idée d'une représentation idéale de l'objet[2] où pourraient enfin coïncider parfaitement la vue et le regard. L'arrivée de la photographie et des techniques qui en dérivent a fait exploser ces tentatives. Dès lors, la peinture semble avoir divergé avec d'un côté la recherche d'une représentation pas nécessairement figurative mais dont l'objet principal est de chercher à transmettre au spectateur la pure subjectivité du regard du peintre, ses « impressions », le regard du spectateur étant invité à s'accorder à la subjectivité du peintre ; à l'opposé, on rencontre dans certaines représentations picturales une volonté de réduire la fonction visuelle à la seule vue, au travers d'une figuration hyperréaliste, comme c'est le cas dans la peinture dite hyperréaliste ou hyperfigurative et parfois aussi dans l'art résolument abstrait : il semble s'agir d'une tentative de supprimer la fonction du regard et de faire du tableau une pure vision, le regard du peintre sur son objet devant en quelque sorte s'effacer. Il est intéressant de constater que cette vision épurée, dépouillée de tout regard, apparaît

1. Et à un moindre degré la représentation sculpturale car la peinture par sa bidimensionnalité oblige à un travail psychique de transformation qui ouvre plus directement à l'évocation.

2. Les travaux de F. Jullien ont bien montré qu'en Chine l'option prise ne fut pas celle-là, mais bien plutôt de capter le processus, le déroulement, en un mot l'intention sous-jacente. Voir *La grande image n'a pas de forme, ou du non-objet par la peinture*, Seuil, 2003. Egalement *De l'essence ou du nu*, Seuil, 2000.

comme une quasi-hallucination, une pure perception sensorielle qui aurait perdu son support signifiant.

Aucun animal ne peint, aucun animal ne semble spontanément intéressé par ces représentations. Même les primates supérieurs capables de déchiffrer un nombre conséquent de symboles quand ils sont mis en situation expérimentale dans un laboratoire au cours de séquences qui sont toujours précédées ou suivies par des contacts avec des humains, ces primates supérieurs paraissent se désintéresser de ces images longuement apprises dès qu'ils se retrouvent en situation naturelle et qu'ils interagissent spontanément entre congénères. Le désir, le besoin encore plus probablement, de l'être humain de « représenter » est très certainement lié à cette capacité d'attribution d'intention au cours des échanges de regards : par la représentation, l'être humain cherche dès les prémices de son humanité à saisir, à capter le support de cette mystérieuse intentionnalité, ces rayons visuels qui l'unissent aux autres, qui le relient au monde environnant. Dessiner, représenter symbolise à la fois l'émergence de l'humanité et la tentative du dessinateur de capter cet écart entre la vue et le regard. Ce que l'image veut saisit, ce n'est jamais le réel, c'est l'intention ! Peut-être ce dessinateur croit-il qu'en s'appropriant cet écart, en le faisant sien, il pourra refermer cette insupportable brèche, clore cette impression d'incomplétude, cet éprouvé permanent de vulnérabilité : être l'auteur, le créateur de son inspiration, pouvoir enfin la tenir, avoir sur elle autorité ! Le spectateur de son côté est habité par l'illusion que, ses yeux posés sur l'image, son regard ne dépend que de lui. L'image libère le regard de sa dépendance à autrui. De ce point de vue, l'image du sexe[1] délivre

1. C'est pourquoi dans la pornographie le sexe doit être vu.

un instant l'individu sexué de sa dépendance au désir de l'autre. Car dans le rapport amoureux et sexuel, le regard posé sur le sexe du partenaire condense l'énigme de l'intention partagée...

Les premiers humains étaient si faibles et si vulnérables qu'ils n'ont dû leur survie qu'à une seule stratégie : mettre en commun leurs intentions pour mieux coordonner leurs actions. Cette exigence a fait autorité sur chacun d'eux. L'histoire du regard est liée à l'histoire de l'autorité, et inversement les formes culturelles de l'autorité peuvent se lire comme une histoire de l'évolution des regards.

Le partage des regards donne à chaque être humain un souffle d'inspiration : en ce sens il autorise une création, il fait autorité sur l'un et l'autre. Le regard de l'adulte est appelé par le regard du bébé tout comme le regard du bébé cherche celui de l'adulte qui le porte : naturellement l'un pose son regard sur l'autre et réciproquement. Qui appelle qui ? Certes l'*infans*[1] ne parle pas et l'adulte semble avoir le privilège de la parole : en le regardant, l'adulte donne au bébé un nom et fait de cet être qui vient au monde « une » personne, redoublant dans le langage l'effet d'altérité du regard. L'espace psychique, la capacité de penser surgissent dans cet entre-deux caractérisant la dimension d'intersubjectivité ou mieux encore de transsubjectivité propre aux êtres humains. Dans son espace intime, chaque personne a besoin de recevoir le regard d'un autre dont il se soutient et sur lequel il se construit. Mais ce besoin de regard partagé fait aussi le malheur de l'être humain : il

1. Enfant a pour étymologie *infans, infantis*, qui signifie « qui ne parle pas ».

signe son inéluctable incomplétude. Le regard comme le langage garderont longtemps la trace de cette altérité qui s'impose au sujet. Si la fonction initiale du langage fut de venir au secours de la dimension énigmatique des regards, d'en mieux appréhender le sens, en se développant le langage peut donner au locuteur l'illusion d'une clôture sur soi, d'une maîtrise individuelle, d'autant plus que l'adulte parlant à l'*infans* est souvent tenté de faire de ce privilège un abus autoritaire. Si l'appel du regard est un besoin qui fait autorité sur l'enfant comme sur l'adulte dans une symétrie fondant le rapport humain, la parole, privilège de l'adulte, sera vite détournée au seul profit de ce dernier et le regard secondairement assujetti à la parole comme principe ordonnateur.

Dès lors le regard va ordonner, relayé par le commandement si ce n'est le pouvoir : le regard met en ordre et donne l'ordre... Ce regard d'autorité est une captation, un détournement au profit du seul adulte, du seul chef, du seul maître, de ce qui était le bien de tous : l'intention partagée. Mais cette appropriation singulière n'est pas sans avantage car elle installe un « maître en soi » comme le disent les philosophes grecs, qui met de l'ordre dans les pensées et permet à chaque sujet de mieux se penser. Chacun peut ainsi construire sa propre pensée réflexive conduisant peu à peu à la conscience de soi au travers d'une subjectivité différenciatrice. L'adolescence est le triomphe de cette affirmation subjective de soi. Toutefois, en même temps que ce regard d'autorité permet l'apparition des conditions d'émergence du sujet, en même temps qu'il autorise le sujet à se penser comme tel, il cautionne et renforce les inégalités et les inéluctables injustices entre ceux qui commandent et ceux qui obéissent, entre ceux qui ont le pouvoir et ceux qui ne l'ont pas. Ces sujets réclament une égalité de droit et veulent être tous des individus égaux. L'assujettissement au regard d'un maître devient intolérable.

Chaque individu se voudrait seul maître de sa propre intention. C'est du moins la croyance que tous les individus des sociétés dites occidentales doivent partager. Sous nos yeux, l'« individu hypermoderne » affirme son indépendance, son autonomie, sa volonté de choisir et maîtriser ses liens, d'en changer quand bon lui semble. Nul partage d'intention ne doit faire autorité sur lui s'il ne l'a pas lui-même choisi. Cependant, installés tous sur ce pied d'égalité, les individus découvrent une nouvelle menace, celle de la confusion. Les voilà pris d'une frénésie différenciatrice, seule modalité sociale culturellement acceptée, valorisée : la performance ou à défaut la revendication devient le mode d'être de cet « individu hypermoderne ». Le piège risque de se refermer car la technique, elle aussi, est profondément différenciatrice : l'objet de dernière génération est assurément plus puissant que son précurseur et il a autorité sur lui. Le potentiel de développement, ce que nous appelons l'infantile, fait nécessairement autorité dans une société technologique. C'est pourquoi l'« individu hypermoderne » semble animé par un besoin constant d'être raccordé : il veut contrôler ses branchements et se raccorder au réseau quand il en a envie. Se débrancher, se couper de la relation à l'autre, ne plus avoir la tête prise par une intention commune qui ne viendrait pas de soi, devient l'acte fondateur de l'individu. Voudrait-il être le maître exclusif de tous ses accords ? L'accord n'appartient ni à l'un ni à l'autre, il est le fait de la relation, il échappe à chaque individu qui doit d'une certaine façon l'accepter, voire s'y soumettre. Parallèlement, les pathologies de la dépendance et de l'addiction se multiplient : le produit donne toujours l'illusion qu'on en est le maître, du moins au début.

La technologie caresse l'individu dans le sens de son illusion d'omnipotence, mais où va-t-il ? L'image se regardait dans un sanctuaire, un lieu de culte, les regards des fidèles assemblés convergeaient sur cette image en même temps qu'ils partageaient leurs intentions et croyance dans ce lieu hors de chez eux, hors d'eux-mêmes, qui s'imposait à eux. L'« individu hypermoderne », seul dans sa chambre ou son bureau, se branche sur internet et maîtrise une communication solipsiste mais fondamentalement déséquilibrée car si le flux d'informations se fait débordant, l'échange d'émotions qui sous-tend toute communication interhumaine s'appauvrit avec l'envahissement de la technologie : on *prend* de l'information, mais on *partage* des émotions, des affects.

Steven Spielberg est un réalisateur heureux : la majorité de ses films rencontrent spontanément l'intérêt des spectateurs. Il en est pourtant un qui n'a pas eu beaucoup de succès, peut-être parce que son scénario était trop inquiétant, trop perturbant. *Minority Report* raconte une histoire sinistre : désormais, grâce à la technologie et à des cerveaux surhumains, il est possible de deviner les intentions des humains. Un service spécial de la sécurité est chargé d'éliminer ceux dont les intentions sont criminelles. Et comment détecte-t-on ces intentions ? Par une lecture insidieuse du « cerveau » en captant le regard du passant grâce à des publicités alléchantes : pendant que le passant fixe du regard ces publicités, souvent des jeunes femmes séduisantes et prometteuses, un lecteur optique décrypte subrepticement ses intentions. Il suffit alors d'éliminer préventivement ce « mal-intentionné » pour que l'ordre règne. Parions que certains gouvernements rêveraient de disposer d'une telle technologie : il n'y aurait plus de file d'attente pour monter dans un avion ni fouille minutieuse et incommode ! Le scénario du film est bâti sur le fait qu'un membre de cette police spéciale découvre un jour qu'il est lui-même suspect. Comment établir l'origine de la machination sans être par anticipation deviné dans ses intentions : c'est le défi auquel est confronté ce membre de la police spéciale. Pour échapper à cette suspicion, le suspect n'a d'autre solution que de voler des yeux à un étranger et de se les faire greffer : il est ainsi porteur d'un regard qui n'est pas le sien et avec lequel il ne risque rien. Il est un individu clos sur lui-même dont on ne voit plus l'intention : ses yeux sont vides... En miroir de cet humain aux yeux greffés, la vision de Terminator capte tout ce qui entre dans son champ pour le faire coïncider avec son programme informatique : quand l'image se superpose exactement, il tire. Il est doté de la vue perçante du prédateur et il n'y a aucun état d'âme dans son regard : cette vision a fasciné le grand public...

L'intention est bien ce qui menace l'illusion de clôture existentielle de l'individu : celui-ci doit-il avancer les yeux vides, sans rien regarder autour de lui pour garantir sa propre clôture et préserver celle d'autrui ? Poser ses yeux sur cet autrui, l'interroger du regard deviendrait-il une menace potentielle de harcèlement ? Faut-il se couper des autres ? C'est à ce paradoxe que l'individu contemporain se trouve confronté.

En faisant croire à tous ses membres qu'ils sont des individus libres et maîtres de leurs liens, en exigeant d'eux un comportement qui soit conforme à cette croyance, la société occidentale, démocratique et néolibérale provoque une tension psychique croissante chez chacun d'eux. L'individu est de plus en plus écartelé : il n'est pas évident de s'affirmer par soi-même et de devenir son propre modèle. La course à la performance est épuisante ! Résultat de cette tension psychique envahissante, les manifestations de mal-être se multiplient et deviennent d'autant plus expressives que l'individu revendique son droit au bien-être[1] : dépressions éprouvées sur un mode de vide et d'épuisement comme conséquence de cette course à l'affirmation de soi ; pathologies addictives diverses et multiples comme manière paradoxale d'affirmer une indépendance affective et émotionnelle en recherchant des sensations substitutives ; pathologie de l'agir au cours duquel l'individu par son geste retrouve pour un instant un sentiment de maîtrise et d'activité quand bien même il s'agit d'un acte paradoxal de coupure (de sa peau, de sa vie par une tentative de suicide)... Les consultations des médecins généralistes, des psychiatres sont envahies par ces patients déprimés, addictifs, répétant compulsivement ces actes en apparence si nuisibles à leur santé : par ces manifestations symptomatiques en négatif ils disent leur difficulté à devenir cet individu que l'idéologie sociale leur demande d'être...

En effet, quoi qu'il lui en coûte, l'être humain continue d'avoir besoin du regard de l'autre, du regard d'un proche. Mais il voudrait en même temps avoir la maîtrise sur ces regards comme marque de son individualité, de sa liberté. L'individu contemporain est animé par le désir de devenir le seul maître de cette « communication solipsiste ». La technologie moderne lui en fournit complaisamment les moyens.

Cependant, deux domaines échappent à cette logique de la maîtrise par l'individu : l'éducation et la sexualité.

1. L'OMS donne de la santé la définition suivante : « un état complet de bien-être physique, mental et social ». Les individus qui éprouvent un mal-être ont raison de revendiquer...

L'éducation parce qu'il s'y déploie une relation d'asymétrie entre un enfant, être psychologique marqué du sceau de la dépendance, et un adulte qui semble avoir pour tâche de lui apprendre le refus de la dépendance : tâche éminemment contradictoire qui fait tanguer les modalités d'éducation. La sexualité parce que deux adultes sont face à leur incomplétude d'individus sexués, pris dans les rets d'une intention nécessairement commune, découvrant leur dépendance réciproque. L'éducation des enfants et la sexualité sont les deux domaines où l'individu contemporain des sociétés occidentales découvre les paradoxes de son idéologie et ses scandaleuses limites. C'est probablement ce qui explique les difficultés majeures rencontrées dans ces deux domaines avec, au moins pour la sexualité, une tentative de judiciarisation des rapports amoureux comme rempart pour préserver l'idée de clôture individuelle. En s'affirmant comme maître de ses liens, en voulant contrôler par des branchements et des débranchements successifs sa communication avec les autres, en développant une méfiance presque instinctive dès qu'il est question de dépendance, l'individu contemporain ne risque-t-il pas d'oublier en chemin ce qui faisait son humanité, ce partage de regards où chacun trouve matière à *réflexion* ?

Epilogue

Comment le croisement du regard a changé la condition d'*homo habilis* (conte préhistorique)

Il y a un peu plus d'un million et demi d'années, dans la savane arborée d'Afrique, une bande d'*homo habilis* ou d'*homo ergaster* a repéré depuis plusieurs jours un vieil éléphant qui se débat dans un marécage et semble s'enliser à chaque tentative pour s'extraire de là : les mouvements de l'animal se font rares, il s'épuise, la fin est proche. Les *homo habilis* mâles accompagnés de quelques jeunes observent avec attention la lente agonie. Ils sont tous affamés car la saison avance et les tubercules comme les diverses baies se font de plus en plus rares. Les femelles n'ont plus grand-chose à se mettre sous la dent et déjà un petit, trop faible, semble sur le point de mourir. Toutes restent dans le relatif abri des arbres, évitant de s'aventurer trop loin, trop à découvert. Cependant, une jeune femelle curieuse est venue voir ce qui se passait. Elle a gardé avec elle son percuteur-racloir qui lui sert pour déterrer les tubercules ou fracturer les coquilles de noix résistantes. Elle n'a pas voulu s'en séparer pour qu'on ne le lui dérobe pas car ce percuteur l'étonne : en ratant son coup pour casser une noix, un fragment s'en est détaché et un des bords du percuteur est plus saillant que les autres : elle passe souvent son doigt dessus et c'est le même effet que quand elle passe son doigt sur ses dents...

Après un ou deux jours supplémentaires de veille, l'éléphant ne bouge plus : est-il mort ? Les plus audacieux, ou les plus affamés, s'avancent d'abord prudemment puis, devant l'absence de réaction, tous se précipitent en criant, joyeux et excités, sur le cadavre. Ils tentent d'arracher les membres, la trompe, d'attaquer de leurs dents la partie la plus vulnérable de la peau, le ventre... Mais cela résiste. Quelques-uns arrivent à détacher un faible lambeau de peau mais il en faudrait plus pour être rassasié et surtout pour en garder en réserve afin d'en ramener aux femelles et aux petits. D'autres prédateurs rôdent et pourront avec leurs mâchoires et leurs crocs bien plus puissants dépecer aisément le cadavre ! Ils se regardent et semblent partager un moment de détresse commune. La jeune femelle est là, elle aussi. De colère impuissante elle frappe le cadavre de son percuteur comme elle le fait des noix. Soudain la peau s'ouvre, une brèche est créée, la main peut saisir les bords de la peau, ce qui facilite l'arrachement. Tous l'ont regardée faire ; ils sautent, crient et rient de joie. Etonnée, la jeune femelle regarde son percuteur magique qui ressemble à une dent puis regarde ses congénères en riant. De nouveau elle donne des coups avec le bord tranchant, ayant cette fois l'intention de déchirer la peau. La voyant faire, l'un des jeunes mâles se saisit de cet objet étrange que la jeune femelle vient de poser pour dévorer un morceau arraché. Lui aussi frappe la carcasse : la peau se fend avec une facilité magique. Le bloc de pierre circule alors de main en main et tous le prennent avec un sentiment où se mêlent admiration, crainte et respect. Les uns frappent à leur tour la carcasse ; les autres, imitant la jeune femelle, passent prudemment leur doigt sur le tranchant puis sur leurs dents... Ils se regardent et regardent ce nouvel objet si étonnant. Et bientôt, en mettant les efforts en commun, un morceau de carcasse se détache qu'on pourra emporter aisément dans les arbres pour le partager et le manger tranquillement[1]... Ils rentrent au camp rassasiés, satisfaits. Bien qu'encombrés d'un morceau de carcasse, tous, en se regardant, tendent leur bras libre et pointent du doigt vers le bloc de pierre que tient la jeune femelle en ponctuant ce geste d'un cri vigoureux et guttural.

Arrivés au campement, la pierre au bord biseauté et coupant continue de circuler. Régulièrement un des jeunes mâles l'accapare pour découper un morceau de viande. Tous s'émerveillent de ce pouvoir magique. La jeune femelle proteste vigoureusement chaque fois qu'un mâle lui arrache la pierre des mains pour, triomphant, s'exercer à la découpe, montrer aux autres cette puissance nouvelle. Une bagarre éclate et d'un coup de pierre un jeune blesse un congénère. Alors le mâle dominant récupère cette pierre avec peur et précaution puis réunit les anciens. Après concertation, la pierre est confiée au meilleur des veilleurs, celui dont la vue porte le plus loin, celui qui souvent est le premier à discerner une proie, celui qui la nuit aperçoit le premier les prédateurs : désormais il doit surveiller la pierre, ne pas la quitter des yeux pour qu'elle ne s'échappe pas ou qu'on ne la dérobe pas. Ce « gardien de la pierre » ne la confiera à un autre qu'au moment de partir à la

---

1. « L'outil taillé a pu apparaître fortuitement lors du cassage de noix ou du broyage d'autres nourritures végétales. Puis certains individus – mâles, femelles ou les deux, y compris des jeunes qui témoignent de grandes capacités inventives – ont appliqué ces gestes à la consommation d'une carcasse... Si on lance un bloc de roche sur un os placé sur un billot, l'os se brise mais le bloc aussi, produisant alors des éclats. Ces outils sont ensuite exploités de la même façon pour les nourritures végétales », A. Berthelet et col., « Les débuts de la préhistoire : habitats et cultures chez les australopithèques et les hommes », in *Aux origines de l'humanité, op. cit.*, tome 1, p. 346-347.

chasse, peut-être à celui qui, à la chasse précédente, s'est révélé le plus habile. Dans son coin, la jeune femelle fort triste est retournée à l'endroit où, après l'avoir ramassée, sa pierre percutée s'était fendue, dévoilant ainsi son pouvoir magique. Elle interroge du regard toutes celles qui lui ressemblent en poussant un cri incantatoire, espérant que l'une d'entre elles lui fera signe...

Il n'est pas sûr que les premiers hominidés fussent des chasseurs. Il est plus probable qu'ils furent des charognards, profitant des avantages d'une savane encore assez richement arborée pour trouver protection dans le haut des arbres. En effet ces premiers hominidés ont une constitution faible, étonnamment faible dans un monde où le souci de la survie l'emporte largement sur l'idée d'hospitalité ! Cette faiblesse est due à l'absence relative d'organe de défense et d'attaque naturel : une mâchoire certes puissante mais dépourvue de crocs capables de transpercer des peaux résistantes, une course sur le plat assez lente et maladroite, des membres supérieurs plus propices à saisir des branches qu'à servir d'armes d'attaque, pas de cornes tranchantes, pas de venin paralysant... Rien, si ce n'est la capacité d'agir ensemble, un début de concertation et de communautarisation des besoins comme des moyens : leur faiblesse naturelle les oblige à partager la grande majorité des tâches. Ensemble ils s'éloignent de l'abri des arbres pour chercher quelque charogne encore fraîche ou attraper du petit gibier, ensemble ils tentent de dépecer les carcasses, ensemble ils cueillent des baies et déterrent des tubercules sous la protection vigilante des gardiens du groupe. Pour extraire les tubercules, pour dépecer les carcasses, ils se servent d'« outils », probablement des branches cassées, des fragments d'os et des galets, des pierres qu'ils récupèrent dans le lit asséché des cours d'eau ou des éboulis naturels.

Peu à peu ils ont pris l'habitude de se regarder, non pas de se surveiller ou simplement de s'observer, mais bien plus d'échanger des regards mettant en commun leurs inquiétudes, leurs perplexités. Il arrive même qu'ils se mettent à plusieurs pour aménager leurs abris, s'aidant mutuellement : ils portent à deux ou trois de grosses branches, se les passent de main en main pour les hisser dans les arbres. Ils se prêtent des outils, se les échangent en ponctuant ces gestes de vocalises plus ou moins complexes accompagnées d'un échange de regards qui devient pacifique... Ainsi, on peut raisonnablement conjecturer que les premiers hominidés restent le plus souvent proches les uns des autres, ne s'aventurant loin de leur base qu'en petits groupes, rarement si ce n'est jamais solitaires. Ils se regardent souvent, s'imitent volontiers, s'apostrophent régulièrement et ne se quittent presque jamais du regard : sous le regard des congénères, chacun se sent protégé. Être exclu du groupe conduit à une mort rapide.

Regards partagés et gestes de pointage, ébauche des premières onomatopées, campement protecteur avec un début de différenciation des rôles comportant une aide réciproque, invention de l'outil, un outil qui n'est ni le prolongement naturel du corps ni l'utilisation simple de ce que la nature procure, mais un outil transformé par la technique humaine, un outil qui par cette transformation acquiert une « qualité » radicalement nouvelle : voilà les trois piliers sur lesquels les premiers groupes d'*homo habilis* peut-être, d'*homo ergaster* ou *erectus* assurément ont fondé les principes d'un début de culture, l'émergence de la future condition humaine. L'alimentation principalement carnée, comme semble l'attester l'examen de leur dentition, va conduire ces premiers *homo* sur le chemin de la chasse pour rendre moins aléatoire la quête du charognage. Les premières chasses d'animaux tels que des buffles, des rhinocéros, peut-être même des éléphants, exigent deux choses conjuguées : un minimum d'outils et une véritable stratégie de chasse. Du côté de l'outil, « la nécessité de se procurer des pierres de bonne qualité dans le but d'obtenir certaines ressources impose des stratégies d'anticipation des besoins qui vont au-delà de la simple gestion de l'environnement [1] ». Du côté de la chasse il en va de même : pour attraper du gibier et pas seulement se nourrir de charognage, il faut développer une concertation, une mise en commun des intentions et leur anticipation, une coopération dans le cours de l'action, toutes choses qui réclament une communication élaborée capable de s'abstraire du contexte, de se dégager de l'expérience perceptive directe [2]. Là aussi le développement de l'encéphale, surtout le cortex frontal, accompagne l'émergence de ces possibilités nouvelles.

Perfectionnant ses outils, *homo erectus* agrandit et améliore ses campements (l'amélioration des outils implique la sélection et l'entrepôt de matériaux adéquats, la spécialisation des tâches, la diversification des fonctions). Il chasse du gibier de plus en plus gros et, quand il est question de chasse, c'est toujours au pluriel que les paléontologues s'expriment : la chasse se pratique nécessairement en groupe, c'est une affaire collective. Pendant la chasse, le

1. *Ibid.*, p. 347.

2. *A contrario*, comme le notent D. et A. Premack, « l'échec de l'animal à inférer la cause de l'état de l'informateur suggère que les jeunes chimpanzés ne peuvent résoudre ce problème par inférence, qu'ils ont besoin d'une expérience perceptive directe », *op. cit.*, p. 211.

rôle de la communication n'était pas simplement de déclencher par un signe particulier un comportement d'attaque, comme c'est le cas pour un grand nombre d'espèces animales, mais bien de coordonner les actions, de longuement anticiper les séquences, et peut-être plus encore de vérifier constamment les actes et les comportements des compagnons les plus proches car la propre survie de chacun en dépendait compte tenu de l'absence de défense naturelle et de la vulnérabilité individuelle. Dans la chasse la dépendance au groupe devait être maximale et la réussite de l'entreprise comme la survie de chacun dépendaient de la stricte obéissance aux règles établies : l'obéissance à la stratégie du groupe et la confiance dans la protection commune assurée réciproquement par la proximité des autres sont les piliers probables de cette activité.

Deux formes de regards

Ces deux activités, la chasse et la confection de l'outil, semblent avoir introduit nos lointains ancêtres aux prémices de la culture humaine ; on y discerne aussi les deux types de regard qui aujourd'hui encore organisent et ordonnent les échanges entre humains. La chasse est une activité toujours collective à laquelle tous les membres du groupe participent, sauf peut-être les mères et les jeunes enfants. L'entente entre les membres du groupe conditionne la réussite de l'entreprise. Non seulement il faut se concerter pour anticiper largement les moments successifs de la chasse, mais il faut aussi constamment communiquer pour s'adapter aux imprévus, compter les uns sur les autres pour faire face à un animal bien plus puissant qu'un être humain isolé et à chaque instant faire preuve d'un minimum d'initiative autour de celui qui paraît être sur le point de vaincre la proie. En effet la chasse risquerait de tourner court si, *à l'instant décisif*, une initiative ne pouvait être prise en fonction de telle ou telle réaction de l'animal. La confiance entre chaque chasseur, l'obéissance à la décision commune et à certains moments de l'action une capacité à faire preuve d'initiative, sur un coup d'œil pourrait-on dire, sont les ingrédients de la réussite. Il n'est pas interdit de penser qu'au tout début, la décision à s'engager dans une chasse provenait de facteurs conjoncturels : présence d'une proie, absence de réserve de nourriture, intensité de la faim, et d'une certaine façon ne dépendait pas du commandement d'un individu particulier. C'était une décision commune ou, plus encore, une activité à laquelle tous se mettaient sans qu'aucun individuellement n'en ait pris formellement la décision. La troupe « se mettait à chasser » plus qu'elle ne « partait à la chasse ». La première expression incline à penser qu'aucun membre précis du groupe n'a ordonné ce départ. La mise en œuvre était plutôt fonction des circonstances, des opportunités ou des nécessités présentes. Elle reposait probablement sur un regard commun, partagé entre les divers membres du groupe, éventuellement à partir du geste de pointage sur un animal aperçu par l'un d'eux et d'une onomatopée vite reprise et partagée par tous. L'autorité de la décision n'appartenait à aucun en particulier mais résultait d'un partage d'intentions qui secondairement faisait autorité sur l'ensemble des participants. Cet ordonnancement des regards régulait le comportement de chacun. On pourrait appeler cette autorité *le lien horizontal de régulation sociale*.

Dans le deuxième cas, « partir à la chasse » laisse entendre une décision préméditée, indépendante des circonstances présentes et immédiates, prise soit collectivement, soit par un « gardien de la pierre » sur des critères plus abstraits : diminution des réserves de nourriture, conditions climatiques propices, etc. On voit poindre ici une autre forme d'autorité plus verticale, hiérarchique, conditionnée par un début de différenciation de rôles entre les membres de la troupe. Mais là encore, pour que la troupe dans son entier se mobilise, il fallait que chacun accepte la décision, en soit partie prenante et surtout, pour que l'entreprise réussisse, que chacun coordonne ensuite ses actions avec celles du voisin et du groupe de chasseurs dans son ensemble.

L'irruption de l'outil renforce et cautionne cette composante verticale. Si la pierre peut être utilisée pour sa capacité nouvelle à couper et pas simplement pour sa capacité naturelle à écraser, c'est parce qu'il y a eu une transposition, un transfert de compétences, dans une représentation où la capacité de transmodalité a tenu un rôle essentiel. Ce transfert de compétences semble en être resté au stade d'ébauche dans le monde animal : « Les chimpanzés actuels n'ont pas encore compris le bénéfice qu'ils pourraient tirer de l'usage d'outils de pierre pour débiter une carcasse [1]. » Bien que cassant des noix depuis quelques centaines de milliers d'années, ces chimpanzés n'ont pas su transférer une connaissance d'un domaine pour l'appliquer à un autre domaine. D'une certaine manière, ce qu'on nomme outils chez les chimpanzés, comme pour la quasi-totalité des autres espèces animales, ne représente que la continuité d'une fonction déjà présente dans l'objet naturel. Ainsi, un bloc de pierre donne à la paume de la main la dureté propre à cette pierre : le chimpanzé « utilise » la consistance de la pierre et ne fait que cela. Il n'y a pas de transforma-

1. A. Berthelet et col., *art. cit.*, tome 2, p. 346.

tion ni de transfert de compétences. Depuis plusieurs centaines de milliers d'années, on peut penser raisonnablement que certaines pierres, en étant manipulées par les chimpanzés, ont pu se fendre et laisser apparaître un bord saillant voire coupant : mais à ce jour, les chimpanzés n'ont pas su transférer le pouvoir naturel tiré d'une pierre, celui d'écraser pour casser des noix, au pouvoir artificiel tiré d'une pierre fragmentée, celui de couper pour débiter une carcasse. C'est cette capacité que nous avons imaginée chez *homo habilis* ou *homo ergaster*, celle de transférer l'idée de couper de la fonction naturelle des dents à l'utilisation artificielle du bord de fracture saillant de la pierre et ne pas s'en tenir à sa seule consistance. *Homo habilis, ergaster* ou *erectus* très probablement, *homo sapiens* assurément, furent capables de ce transfert de compétences et de connaissance. « Les origines de l'outil de pierre et de l'outil taillé demeurent très hypothétiques. La séquence suivante paraît néanmoins envisageable. La première étape se manifeste par l'utilisation de galets ou de blocs de pierre pour briser des os, des noix ou des branches. Un éclat accidentel s'en détache. L'auteur de l'action le ramasse ou non pour en faire usage. Pareille attitude ayant été observée chez les chimpanzés actuels, il devait en être de même chez les australopithèques. La deuxième étape mobilise les mêmes actions, mais, cette fois, l'utilisateur s'intéresse aux déchets accidentels. Les éclats servent de couteau ou de grattoir. Si les chimpanzés agissent rarement ainsi, il est probable que les australopithèques les plus anciens aient utilisé de tels éclats, notamment pour gratter les parties souterraines des plantes couvertes de terre[1]. » Au travers de cette longue citation, toute la question se condense dans le verbe « s'intéresse » :

1. *Ibid.*, p. 306.

pourquoi et comment, il y a un peu plus de deux millions d'années, l'australopithèque a-t-il pu s'intéresser à ce qui en apparence n'avait aucun intérêt, des éclats et des fragments de pierre, les résidus d'un événement aléatoire non intentionnel ? Comment a-t-il pu donner au résultat de cet événement un sens potentiel, une intention possible ? Il y a dans ce transfert entre la pierre entière et son éclat à la fois une continuité de sens (« Ce fragment peut m'être utile comme la pierre entière ») et une modification de fonction (« Ça peut couper et pas seulement écraser »). Il faut donc *interroger* l'éclat : « Quelle est ton intention, que veux-tu me dire ? » En quelque sorte, il faut le regarder avec une quête de sens. Qu'est-ce qui a pu favoriser ce transfert qui repose, à l'évidence, sur l'émergence d'une pensée analogique et métaphorique : « Le bord de cette pierre est aussi coupant que les dents d'une mâchoire et racle même mieux que mes mains, aussi je peux faire avec cette pierre ce que je n'arrive pas à faire avec mes doigts et que je pourrais faire avec mes dents si elles étaient au bout de mes doigts... » La manière dont les chimpanzés d'un côté, les Bochimans de l'autre, s'y prennent pour attraper des termites nous apporte une confirmation de la pertinence de ces remarques. Les chimpanzés utilisent une brindille enfoncée dans la termitière et sur laquelle les insectes remontent ; d'une certaine manière, une brindille effilée ne fait que prolonger un doigt ni assez fin ni assez long : l'utilisation de la brindille par le chimpanzé est directement inscrite dans la forme préalable de cet instrument. Considérons maintenant la technique utilisée par les Bochimans, tribu aborigène de chasseurs-collecteurs, eux aussi friands de termites : « Ils ont observé que la pluie fait sortir les termites de leur termitière pour leur vol nuptial. Les humains exploitent cette information... Accroupis au-dessus de la termitière, ils émettent un bruit de crépitement qui doit ressembler de l'intérieur à celui de la pluie. Cela fait sortir les termites qui sont alors cueillis par les hommes[1]. » On conviendra aisément que le bruit de crépitement n'a aucune ressemblance avec la forme du doigt ; en revanche les Bochimans ont effectué un transfert d'intention : « Puisque la pluie fait sortir les termites[2], identifions-nous à la pluie et approprions-nous son pouvoir, celui de faire sortir les termites. » C'est à partir de cette attribution d'intention et d'une constatation de causalité que les Bochimans ont pu perfectionner la technique de chasse aux termites là où les chimpanzés en restent à un procédé mimant simplement la forme du doigt.

Cette capacité d'analogie, de métaphore en quelque sorte, semble très spécifique des êtres humains. D'où nous vient-elle ? Comment est-elle apparue ? Par quel chemin mental peut-on attribuer à un bruit de crépitement la fonction de faire sortir des termites, à une pierre la fonction de couper et pas seulement d'écraser ? En effet, en attribuant à une pierre une capacité qui n'est pas directement inscrite dans sa fonction naturelle, l'être humain semble avoir ouvert une évolution radicalement nouvelle : celle de la transformation du monde à son profit, une transformation qui ne se résume pas à la simple utilisation des objets du

---

1. D. et A. Premack, *op. cit.*, p. 213-214.

2. Laissons de côté la question de savoir à qui appartient l'intention : est-ce la pluie qui a l'intention de faire sortir les termites (la pluie fait sortir les termites) ? Ou inversement : sont-ce les termites qui ont l'intention de sortir quand il pleut (les termites sortent quand il pleut) ? L'essentiel est dans la constatation du lien entre la sortie des termites et la pluie puis d'opérer un glissement entre ce lien d'une part, le désir des Bochimans de manger des termites d'autre part, enfin l'intention de s'identifier au pouvoir de la pluie et ainsi de tromper les termites !

monde au travers de leur compétence naturellement inscrite dans leur forme originelle : effectivement l'être humain *trans*forme : « Chez les hommes, l'outil remplace les canines... Dès l'apparition de l'outil de pierre taillée, les hominidés inventent de nouvelles stratégies écologiques... Ils exploitent de nouvelles ressources de nourriture mais aussi de nouvelles matières premières... La nécessité de se procurer des pierres de qualité dans le but d'obtenir certaines ressources impose en effet des stratégies d'anticipation des besoins qui vont au-delà de la simple gestion de leur environnement[1]. » Que sont des « pierres de qualité » ? Ce sont des pierres qui, par leur consistance, leur morphologie, leur nature, permettent de penser qu'on pourra en obtenir une ligne de fracture coupante, une qualité qui dépasse la simple gestion de l'environnement : une pierre se transforme en hache ou en couteau. En revanche, arracher une petite branche et même l'effiler pour en faire une brindille utile à la récupération des fourmis, choisir une pierre dont la forme en fait un percuteur correct pour casser des noix, cela revient principalement à gérer au mieux les ressources naturelles de la nature, utiliser les formes que cette nature met à la disposition du vivant. Et si les premiers humains ont transformé des pierres, ils ont aussi très probablement transformé d'autres objets, moins résistants, qui ne sont pas parvenus jusqu'à nous. D'où vient à l'être humain cette capacité prodigieuse de transférer, de transformer ?

La pierre au bord biseauté a été regardée « comme si » elle avait eu l'intention de couper : elle a été humanisée, intentionnalisée[2] ! Comme cette intention est mystérieuse,

1. A. Berthelet et col., *art. cit.*, tome 2, p. 339 et p. 347.

2. Nous reprenons ici les hypothèses de M. Gauchet : en attribuant ainsi des intentions au monde, l'être humain cherche non seu-

semble venue d'ailleurs, rapidement elle aura autorité sur les membres du groupe. Tenant en main cette pierre coupante, le possesseur se sent inspiré par sa puissance, désigné par ce signe. Le pouvoir de couper n'est pas naturel à une pierre, ce ne peut être qu'une intention venue d'un ailleurs mystérieux. La possession de l'objet différencie le porteur de son congénère, lui donne par procuration le *pouvoir magique* dont l'objet est pourvu. Celui qui l'a en main détient une part de cette autorité : la technique est différenciatrice et inégalitaire. Elle introduit une hiérarchie. Bras levé, pierre en main, le possesseur de la pierre ordonne l'action. Un chef a toujours un objet, un attribut, qui le désigne comme tel. Est-ce la personne ou l'attribut qui possède cette autorité ? N'est-ce pas plutôt le lien qui les unit, sous l'empire du pouvoir communément attribué à l'objet et ainsi collectivement désigné ? Tous les objets attributs de l'autorité sont des objets intentionnalisés. Le chef porte cette intentionnalité aux yeux de tous, aux regards qui convergent sur lui : il doit se montrer paré de

---

lement une communication avec l'ensemble de ce monde, mais aussi un sens. Tout élément de l'univers acquiert une signification et l'être humain peut se sentir lié à cet univers par la signification qu'il lui donne. Il est possible qu'on touche là à ce que M. Gauchet appelle le « noyau anthropologique du religieux », cet esprit « qui nous détermine à voir de l'autre dans les choses et dans nous-mêmes. Nous sommes ainsi conduits par le mouvement même qui achève d'expulser l'invisible de l'objectivité des choses, vers la reconnaissance du foyer subjectif de la foi dans l'invisible ». En humanisant les objets, en intentionnalisant l'univers, l'homme a doté les objets d'un pouvoir potentiel puis il a cherché à réaliser ces intentions en les manipulant, non pas pour que l'objet se soumette à ses représentations psychiques à lui, l'être humain, comme nous le croyons aujourd'hui, mais pour que la chose, l'objet, accepte de révéler son pouvoir caché, ses intentions secrètes. Voir M. Gauchet, *La Démocratie contre elle-même*, *op. cit.*, p. 293.

ses attributs. Plus tard, beaucoup plus tard, il arrivera que la seule exhibition des attributs suffise, le chef reprenant sur sa personne cachée le mystère du pouvoir et de l'autorité dans un renversement des rôles au profit de la personne humaine et non plus de l'objet mystérieux, ce qui est quand même plus satisfaisant pour l'être humain ! Mais auparavant, pour que les membres de la tribu ne se déchirent pas, ne se massacrent pas, il aura fallu que sous la contrainte de cet objet magique un ordonnancement soit décidé qui instaure un veilleur, un gardien, quelqu'un qui surveille, qui regarde et qui par la délégation de ce pouvoir aura désormais l'autorité d'ordonner. L'autorité verticale, hiérarchique provient de la différenciation entre congénères provoquée par l'objet technique. En façonnant un objet nouveau, même si c'est par hasard, en portant sur cet objet un *regard surpris et interrogateur*, en lui attribuant une intention comme celle que l'on attribue habituellement à ses congénères et comme du temps de l'enfance on le faisait avec sa mère, par l'écart de ce regard décalé, l'homme ouvre un espace nouveau de créativité mais en même temps se soumet à l'autorité de cette création.

Le regard ordonne, il met en ordre comme on dit de se mettre en marche et il donne un ordre comme on dit de se soumettre à un commandement. Il n'est pas étonnant que la fonction du regard parcoure la culture humaine et les échanges entre les personnes.

Remerciements

L'auteur adresse ses remerciements à Véronique Bedin et à Nicole Catheline pour leurs conseils avisés et leur lecture attentive.

Table

DU MÊME AUTEUR

AUX ÉDITIONS ALBIN MICHEL

La Surprise, chatouille de l'âme, 2000.
Tracas d'ados, soucis de parents (avec G. de La Borie), 2002.
L'enfant, chef de la famille. L'autorité de l'infantile, 2003.

Pour les adolescents :
Ados, galères, complexes et prises de tête (avec G. de La Borie), 2005.

CHEZ D'AUTRES ÉDITEURS

Comment leur dire : l'enfant face au couple en crise, Hachette, 1979.
Les Etats limites en psychiatrie, PUF, 1981.
Position autistique et Naissance de la psyché, PUF, 1986.
La Santé des adolescents (avec P. Alvin, P.-A. Michaud, J.-Y. Frappier, J.-P. Deschamps, A. Tursz), Doin, 1997.
Adolescence et Psychopathologie (avec A. Braconnier), Masson, 5e édition, 1999.
Enfance et Psychopathologie, Masson, 6e édition, 1999.
Médecine de l'adolescent (avec P. Alvin), Masson, 2000.
Dictionnaire de psychopathologie de l'enfant et de l'adolescent (codirection avec D. Houzel), PUF, 2000.
Dépression et tentatives de suicide à l'adolescence (avec E. Berthaut), Masson, 2001.

CHEZ LE MÊME ÉDITEUR

Claude Allard
L'Enfant au siècle des images

Gérard Bonnet
Défi à la pudeur. Quand la pornographie devient l'initiation sexuelle des jeunes

Patrick Delaroche
La Peur de guérir

Fernando Geberovich
No satisfaction. Psychanalyse du toxicomane

Jean-Marie Jadin
Côté divan, côté fauteuil. Le psychanalyste à l'œuvre

Pr Daniel Marcelli
La Surprise, chatouille de l'âme

L'Enfant, chef de la famille

Ouvrage collectif dir. par Patrice Huerre et François Marty
Cannabis et adolescence. Les liaisons dangereuses

Serge Tisseron
Comment Hitchcock m'a guéri : que cherchons-nous dans les images ?

Vérités et mensonges de nos émotions

Dr Alain Gérard
Du bon usage des psychotropes : le médecin, le patient et les médicaments